JN022067

イギリス英語音声学

ENGLISH PHONETICS AND
PRONUNCIATION PRACTICE

ポール・カーリー
インガ・M.・メイス
ビバリー・コリンズ　著

三浦 弘　訳

大修館書店

イギリス英語
音声学

ENGLISH PHONETICS AND
PRONUNCIATION PRACTICE

ポール・カーリー
インガ・M.・メイス
ビバリー・コリンズ　著

三浦 弘　訳

大修館書店

English Phonetics and Pronunciation Practice
by Paul Carley, Inger M. Mees
and Beverley Collins

TAISHUKAN PUBLISHING COMPANY, 2021

まえがき

　本書（原題 *English Phonetics and Pronunciation Practice*, 略称 *EPPP* [ˈiː piː piː ˈpiː]）は豊富な発音練習教材を兼ね備えた英語音声学のユニークな入門書です。21 世紀の教養人にふさわしいイギリス英語発音「一般イギリス英語」（GB）をモデルとしています。コンパニオン・ウェブサイト（CW）ではすべての練習教材の録音音声（練習用ポーズの有無別，モデルの男女別）とトランスクリプション（発音記号表記）を提供しています。

　最新の日常会話コーパスを利用して発音練習のための教材を作成しましたので，発音と同時に実用的な英語の慣用表現も学習できます。教材には使用頻度の高い単語を精選しました。語頭・語中・語末という異なる音声環境にある子音や母音を単語だけではなく，慣用句，文，対話文の中でも練習します。さらに類似した混同しやすい音と対比して，最小対語，句，文の中で広範囲にわたった練習を行います。

　個々の音のレベルを超えて，英語のリズムにとって非常に重要な要素である音節の強さの相違に注目できるように「弱母音と弱形」の章を設けました。また，「子音連結」という難しい領域にも理論と練習の章を充当しました。

　EPPP は次のような読者を対象としています。

・英語学や言語学の学生
・英語の教育実習生（教職課程履修者）
・外国語としての英語学習者
・明瞭で正確な英語発音を望む知的職業従事者

ポール・カーリー

インガ・M・メイス

アバデア及びコペンハーゲンにて，2016 年 12 月

To our Japanese readers （日本の読者のみなさまへ）

We are delighted with the publication of the Japanese translation of an abridged version of our book. In addition to our original treatment of English segmental phonetics, we have added a new chapter on English intonation to meet the demand for such information among English teachers in Japan.

We have taught numerous Japanese teachers and students at the University College London (UCL) Summer Course in English Phonetics (SCEP) during the past ten years. It has been a pleasure to see their dedication and enthusiasm, and to make so many friends among them.

We wish to thank our long-standing friend and colleague Professor Hiroshi Miura for having made the book available to a large Japanese readership by adding copious helpful notes on points of particular importance to Japanese learners.

　拙著の縮約版が日本語訳で出版されることを光栄に存じます。原著で扱われている子音や母音などの分節音の説明に加えて，本書には日本の英語教員に需要が高まっている英語イントネーションに関する章を書き下ろしました。

　私たちは過去 10 年にわたってロンドン大学ユニバーシティー・カレッジ（UCL）の英語音声学夏期講座（SCEP）に参加した数多くの日本人教員や学生に講義してきました。日本人のひたむきに取り組む姿勢や熱意に触れたこと，また彼らの多くと友人になれたことをうれしく思います。

　長年の友人であり研究仲間である三浦弘教授には，本書を幅広い日本人読者に利用していただけるように，日本人学習者にとって特に大切な点についてたくさんの有益な注を付けていただきましたことを感謝いたします。

Paul Carley （ポール・カーリー）
Inger M. Mees （インガ・M.・メイス）
Aberdare and Copenhagen, July 2020
（アバデア及びコペンハーゲンにて，2020 年 7 月）

訳者まえがき

　本書は英語学や英米文学を専攻とする学科や教職課程における「英語音声学」の教科書として制作したものです。原著 *EPPP* はロンドン大学 SCEP [skep] 講師陣による最新の英語音声学理論と多数の練習教材を兼ね備えた画期的なテキストです。訳者が練習教材を抜粋して教科書として適切なサイズに整えましたが，理論の章は全訳し，傍注によって初心者にもわかるように橋渡しをいたしました。

　3 名の *EPPP* 著者のうち理論と豊富な練習教材を合冊にするという企画の発案者であったコリンズ先生は，原稿執筆が開始される前に心臓発作で急逝されました。『ピグマリオン』（マイ・フェア・レディ）の主人公ヒギンズ教授の真のモデルがダニエル・ジョーンズであることをユトレヒト大学へ提出した博士論文の中で証明した研究者です。悲しみの中で 2 人の著者が 3 年の歳月をかけて *EPPP* を出版しました。そしてその 2 年後の今年，*EPPP* アメリカ英語版も上梓されました。その裏表紙には訳者が賛辞を贈らせてもらいました。

　英語音声学（英語の音声の仕組み）が 2019 年に中・高等学校教員養成課程外国語（英語）のコア科目となりました。大学入学共通テスト英語においてイギリス英語のリスニングと綴り字の使用が開始される 2021 年には新鮮な教科書が求められます。イギリス英語の発音はここ数十年間で大きな変化を遂げました。最新の情報と工夫がちりばめられた *EPPP* が最適なテキストであると確信いたします。また，すでに教壇に立たれている先生方やイギリス英語の発音をマスターしたい方々にもきっとお役に立つと思います。随所にアメリカ英語発音との比較及び日本語音声との対照に関する訳注を盛り込みました。本書を糸口として *EPPP* に取り組んでいただければ幸甚です。

　大修館書店編集第二部の佐藤純子氏には企画の実現から編集全般まで大変なご苦労をお掛けいたしました。本格的な内容をわかりやすく伝えるためのアドバイス（書式，傍注，付録）もいただきました。カリフォルニア大学ロサンゼルス校（UCLA）大学院生の勝田浩令君と専修大学大学院生の大網康平君には，訳者の草稿すべてに目を通してもらいました。訳文の日本語としての読みやすさとわかりにくい箇所の指摘を依頼したのですが，結果的に多数の有益なコメントが届きました。3 氏にはこの場を借りて御礼申し上げます。

三浦 弘

ヨコハマにて，2020 年 12 月

目次

第1章　音声学の基本概念 ・・・ 3

1.1　発音練習の優先事項　3

1.2　音素と異音　4

1.3　綴り字と発音　7

1.4　音素記号　8

1.5　音節　9

1.6　強勢　10

1.7　発音練習の模範とする方言　12

第2章　子音の分類 ・・ 15

2.1　声道と舌　15

2.2　子音の記述　18

　　2.2.1　声帯振動の有無　18／2.2.2　調音点　19／2.2.3　調音法　20／
　　2.2.4　二重調音と副次調音　21／2.2.5　子音の記述的名称（VPM ラベル）　21

第3章　英語の子音1：阻害音（閉鎖音・摩擦音）・・・・・・・・・・・・・・・・・・・・・・・・・・・・・・・・・・ 23

3.1　英語の子音　23

3.2　阻害音と共鳴音　24

　　3.2.1　硬音前短縮　24／3.2.2　阻害音の無声化　24

3.3　閉鎖音　26

　　3.3.1　閉鎖音の段階　29

3.4　帯気音　30

音声のダウンロード方法

　本文中の例や表に用いられている英語の音声は原著発行元のラウトリッジ社ホームページから著者カーリー先生自身による発音を音声ファイル（MP3 形式）としてダウンロードできます。まず下記の URL から著者カーリー先生とメイス先生の著作サイトにアクセスしてください。（ちなみにメイス先生の姓 Mees はオランダ語の発音では英語の *face* と同韻です。）

Companion Website for … Carley and Mees:　　　　www.routledge.com/cw/carley

　著作の表紙画像がサイトリンクとなっていますから，原著 *English Phonetics and Pronunciation Practice*（以下 *EPPP*）の画像をクリックすると *EPPP* のコンパニオン・ウェブサイトに移動します。（*American English Phonetics and Pronunciation Practice* は *EPPP* のアメリカ英語版ですから間違えないようにしてください。）

　サイト上部の左から 2 つ目のタブ Resources をクリックするとページリンクのドロップダウン・メニューが現れます。4 つのリンクが表示されます。一番上の Theory Section（Audio Files）を選択してください。

　Theory Section では上部に各チャプターへリンクするタブが表示されます。ページタイトルの下にある Download for all audio files ボタンをクリックするとチャプター単位で音声ファイルを一括ダウンロードできます。また，この画面からセクション番号ごとにストリーミング再生で音声を聴くこともできます。

　この訳書では *EPPP* の Chapter 2「子音」を第 2 章「子音の分類」，第 3 章「英語の子音 1（阻害音）」，第 4 章「英語の子音 2（共鳴音）」の 3 つの章に分割しました。また Chapter 5「母音」も第 5 章「母音の分類」と第 6 章「英語の母音」に分けました。そして翻訳は理論編（理論の章）だけに限られたために本書の章番号は *EPPP* とは異なります。

　以下に本書と *EPPP* のセクション番号対応表（音声ファイルがあるセクションのみ）を示しますので，音声は *EPPP* の Chapter とセクション番号を選択してください。第 10 章「英語のイントネーション」は日本語版のための書き下ろしなので音声ファイルはありません。

本書		EPPP	
第1章	1.1	Chapter 1	1.1
	1.2		1.2
	1.3		1.3
	1.5		1.5
	1.6		1.6
第3章	3.2.1	Chapter 2	2.4.1
	表3.2		Table 2.6
	表3.3		Table 2.7
	3.4		2.6
	表3.4		Table 2.8
	3.5.1		2.7.1
	3.5.2		2.7.2
	3.5.3		2.7.3
	3.5.4		2.7.4
	3.6		2.8
	3.7		2.9
	3.8		2.10
	3.9		2.11
	3.10.2		2.12.2
	3.11		2.15
	表3.5		Table 2.11
	表3.6		Table 2.12
第4章	4.1.1	Chapter 2	2.13.1
	表4.1		Table 2.9
	表4.2		Table 2.10
	4.1.2		2.13.2
	4.2.2		2.14.2
	4.2.3		2.14.3
	4.2.4		2.14.4

なお，*EPPP* の音声はカーリー先生個人のホームページからもダウンロードできます。次の URL の最初に *EPPP* が表示されます。理論編の音声は一番左の縦列 Theory Sections に Chapter 順に並んでいます。

ポール・カーリー・ドットコム：　　https://paulcarley.com/resources/

　EPPP の練習編（練習の章）については本書の付録として翻訳の後に母音と子音に関する章の解説を付けました。また一部の練習用テキストデータは大修館書店のホームページ（https://www.taishukan.co.jp/item/BE_phonetics/）からダウンロードできます。練習用音声のダウンロード方法と使い方は付録「練習編の活用法」をご覧ください。

英語の音素記号

子音

無声音		例（語頭，語末）		有声音		例（語頭，語末）	
破裂音							
	p	*pet, lap*	pet, læp		b	*bet, lab*	bet, læb
	t	*town, mat*	taʊn, mæt		d	*down, mad*	daʊn, mæd
	k	*cap, lock*	kæp, lɒk		g	*gap, log*	gæp, lɒg
破擦音							
	tʃ	*chin, batch*	tʃɪn, bætʃ		dʒ	*gin, badge*	dʒɪn, bædʒ
摩擦音							
	f	*fast, safe*	fɑːst, seɪf		v	*vast, save*	vɑːst, seɪv
	θ	*thigh, loath*	θaɪ, ləʊθ		ð	*thy, loathe*	ðaɪ, ləʊð
	s	*sink, face*	sɪŋk, feɪs		z	*zinc, phase*	zɪŋk, feɪz
	ʃ	*shy, wish*	ʃaɪ, wɪʃ		ʒ	*measure*（語中）	ˈmeʒə
	h	*hat,* —	hæt, —				
鼻音							
					m	*meet, team*	miːt, tiːm
					n	*nice, fine*	naɪs, faɪn
					ŋ	—, *long*	—, lɒŋ
接近音							
側面（接近）音					l	*late, sail*	leɪt, seɪl
（正中面）接近音					j	*yes,* —	jes, —
					w	*wait,* —	weɪt, —
					r	*race,* —	reɪs, —

1 上記の音素記号は巻末の推薦図書に示す 2 点の発音辞典（Jones et al., 2011 及び Wells, 2008）と同じである。

2 例には語末と語頭を示す。ただし，/ŋ/ は語頭には生じない。/ʒ/ はほとんど語中に限定される。また /h j w r/ は語末には用いられない。

3 無声・有声の対立は破裂音，破擦音，摩擦音だけに認められる。

母音

　本書全体を通じて小型英大文字（SMALL CAPITALS）によって示される単語は，その母音に言及する際のキーワードとなります。Wells（1982）から導入され，Wells（2008）の発音辞典でも利用され，現在の英語音声学では一般的になっています。

母音	キーワード	別の綴り字
抑止母音		
ɪ	KIT /kɪt/	gym, manage, busy, England, guilt
e	DRESS /dres/	bread, friend, said
æ	TRAP /træp/	plaid
ʌ	STRUT /strʌt/	son, young, blood
ɒ	LOT /lɒt/	swan, because, knowledge
ʊ	FOOT /fʊt/	put, would, woman
自由単一母音		
iː	FLEECE /fliːs/	neat, these, technique, belief
ɑː	PALM /pɑːm/	start, clerk, heart, memoir
ɜː	NURSE /nɜːs/	girl, term, heard, word, journey
ɔː	THOUGHT /θɔːt/	short, caught, war, saw, walk, broad
uː	GOOSE /guːs/	rude, soup, shoe, do, crew
eə	SQUARE /skweə/	fair, their, mayor, vary

自由二重母音

eɪ	FACE /feɪs/	laid, may, weigh, they, break
aɪ	PRICE /praɪs/	try, lie, buy, guide
ɔɪ	CHOICE /tʃɔɪs/	boy
əʊ	GOAT /gəʊt/	nose, blow, soul, toe
aʊ	MOUTH /maʊθ/	drown
ɪə	NEAR /nɪə/	beer, pierce, zero, weird
ʊə	CURE /kjʊə/	tour, Europe, moor

弱母音

ə	シュワー(schwa)	comma, ability, useless, under, forget, bonus, famous
i	弱い FLEECE 母音	happy, money, hippie, mediate, pretend
u	弱い GOOSE 母音	graduate, to（弱形）, "thank you"
ɪ	弱い KIT 母音	cottage, watches, expect
ʊ	弱い FOOT 母音	accurate, regular

PALM 母音については，綴り字に <r> を含む場合（*hard, sergeant, heart, bazaar*），一般アメリカ英語（GA）では /ɑːr/ と発音されるためにそれらを START 母音と呼ぶことがあります。しかし，一般イギリス英語（GB）では，GA でも /ɑː/ と発音される PALM 母音（*calm, father* 等）と START 母音の発音は同一です。GB を扱う本書では便宜上，この母音に言及する際には PALM 母音だけを用います。

その他の音声記号と補助記号

以下のリストは本書で使用する音声記号です。英語の音素記号（前ページ参照）は含まれません。

記号	名称	例
[ç]	無声硬口蓋摩擦音（/hj/ の異音）	*huge*
[ɦ]	有声声門摩擦音	*ahead*
[ɫ]	有声軟口蓋化歯茎側面接近音（暗い /l/）	*well*
[ɹ]	有声後部歯茎接近音	*very*
[ʔ]	声門破裂音（子音の前の /t/ の異音）	*at school* [əʔ ˈskuːl]
	無声破裂音の声門音による強化	*background* [ˈbæʔkgraʊnd]
[̥]	有声音の無声化	[b̥]（通常は記号の下に付与）
		[g̊]（記号が下方に下がる場合は上に付与）
[ʰ]	帯気音	[pʰ]
[̩]	音節主音的子音	*Britain* [ˈbrɪtn̩]（通常は記号の下に付与）
		bacon [ˈbeɪkn̍]（記号が下方に下がる場合は上に付与）
[ˈ]	第1強勢	*intend* /ɪnˈtend/
[ˌ]	第2強勢	*entertain* /ˌentəˈteɪn/
[ː]	長音	/iː/（通常は母音に用いる）
[ʼ]	放出音	*back* [bækʼ]
/ /	音素表記を示す斜線括弧	
[ ]	音声（精密）表記を示す角括弧	
< >	文字（正書法）を示す山括弧	
→	具現化した異音を示す矢印	
*	正しくない，未確認の用法（非文法的）を示すアステリスク	

国際音声記号（2015 年版）

子音（肺気流）

	両唇音 (Bilabial)	唇歯音 (Labiodental)	歯音 (Dental)	歯茎音 (Alveolar)	後部歯茎音 (Postalveolar)	反り舌音 (Retroflex)	硬口蓋音 (Palatal)	軟口蓋音 (Velar)	口蓋垂音 (Uvular)	咽頭音 (Pharyngeal)	声門音 (Glottal)
破裂音 (Plosive)	p b			t d		ʈ ɖ	c ɟ	k ɡ	q ɢ		ʔ
鼻音 (Nasal)	m	ɱ		n		ɳ	ɲ	ŋ	N		
震え音 (Trill)	B			r					R		
たたき音／はじき音 (Tap or Flap)		ⱱ		ɾ		ɽ					
摩擦音 (Fricative)	ɸ β	f v	θ ð	s z	ʃ ʒ	ʂ ʐ	ç ʝ	x ɣ	χ ʁ	ħ ʕ	h ɦ
側面摩擦音 (Lateral fricative)				ɬ ɮ							
接近音 (Approximant)		ʋ		ɹ		ɻ	j	ɰ			
側面接近音 (Lateral approximant)				l		ɭ	ʎ	ʟ			

各セル内の右側の記号は有声音，左側は無声音となる。影付きのセルは調音不可を示す。

（訳注：たたき音は歯茎音のみ。はじき音は唇歯音及び反り舌音。）

子音（非肺気流）

吸着音（Clicks）	有声入破音（Voiced implosives）	放出音（Ejectives）
ʘ 両唇音（Bilabial）	ɓ 両唇音（Bilabial）	ʼ 例：(Examples:)
ǀ 歯音（Dental）	ɗ 歯音／歯茎音（Dental / alveolar）	pʼ 両唇音（Bilabial）
ǃ （後部）歯茎音（(Post)alveolar）	ʄ 硬口蓋音（Palatal）	tʼ 歯音／歯茎音（Dental / alveolar）
ǂ 硬口蓋歯茎音（Palatoalveolar）	ɠ 軟口蓋音（Velar）	kʼ 軟口蓋音（Velar）
ǁ 歯茎側面音（Alveolar lateral）	ʛ 口蓋垂音（Uvular）	sʼ 歯茎摩擦音（Alveolar fricative）

その他の記号

ʍ 無声両唇軟口蓋摩擦音
(Voiceless labial-velar fricative)

w 有声両唇軟口蓋接近音
(Voiced labial-velar approximant)

ɥ 有声両唇硬口蓋接近音
(Voiced labial-palatal approximant)

H 無声喉頭蓋摩擦音
(Voiceless epiglottal fricative)

ʢ 有声喉頭蓋摩擦音
(Voiced epiglottal fricative)

ʡ 喉頭蓋破裂音
(Epiglottal plosive)

ɕ ʑ 歯茎硬口蓋摩擦音
(Alveolo-palatal fricatives)

ɺ 有声歯茎側面はじき音
(Voiced alveolar lateral flap)

ɧ ʃ と x の同時調音
(Simultaneous ʃ and x)

t͡s k͡p 破擦音と二重調音は必要に応じて連結線を付けた 2 つの記号で表記できる。

母音

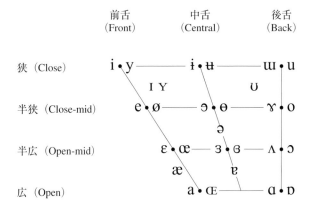

	前舌（Front）	中舌（Central）	後舌（Back）
狭（Close）	i • y	ɨ • ʉ	ɯ • u
半狭（Close-mid）	e • ø	ɘ • ɵ	ɤ • o
半広（Open-mid）	ɛ • œ	ɜ • ɞ	ʌ • ɔ
広（Open）	a • ɶ		ɑ • ɒ

記号が対になっている箇所では，右側が円唇母音を表す。

補助記号　下に付ける補助記号は主たる記号が下方に伸びる場合，上に付けてもよい。例：ŋ̊

̥	無声音（Voiceless）	n̥　d̥	̤	息漏れ声（Breathy voiced）	b̤　a̤	̪	歯音（Dental）	t̪　d̪
̬	有声音（Voiced）	s̬　t̬	̰	きしり声（Creaky voiced）	b̰　a̰	̺	舌尖音（Apical）	t̺　d̺
ʰ	帯気音（Aspirated）	tʰ　dʰ	̼	舌唇音（Linguolabial）	t̼　d̼	̻	舌端音（Laminal）	t̻　d̻
̹	強円唇（More rounded）	ɔ̹	ʷ	両唇音化（Labialized）	tʷ　dʷ	̃	鼻音化（Nasalized）	ẽ
̜	弱円唇（Less rounded）	ɔ̜	ʲ	硬口蓋音化（Palatalized）	tʲ　dʲ	ⁿ	鼻腔開放（Nasal release）	dⁿ
̟	前寄り（Advanced）	u̟	ˠ	軟口蓋音化（Velarized）	tˠ　dˠ	ˡ	側面開放（Lateral release）	dˡ
̠	後寄り（Retracted）	e̠	ˤ	咽頭音化（Pharyngealized）	tˤ　dˤ	̚	無開放（No audible release）	d̚
̈	中舌寄り（Centralized）	ë	̴	軟口蓋音化／咽頭音化（Velarized or pharyngealized）	ɫ			
̽	中段中舌寄り（Mid-centralized）	ě	̝	より狭い（Raised）	e̝（ɹ̝ = 有声歯茎摩擦音（voiced alveolar fricative））			
̩	音節主音（Syllabic）	n̩	̞	より広い（Lowered）	e̞（β̞ = 有声両唇接近音（voiced bilabial approximant））			
̯	非音節主音（Non-syllabic）	e̯	̘	前方舌根性（Advanced Tongue Root）	e̘			
˞	R音性（Rhoticity）	ɚ　a˞	̙	後方舌根性（Retracted Tongue Root）	e̙			

超分節音

ˈ	第1強勢（Primary stress）	
ˌ	第2強勢（Seconday stress）	ˌfoʊnəˈtɪʃən
ː	長（Long）	eː
ˑ	半長（Half-long）	eˑ
̆	超短（Extra-short）	ĕ
ǀ	小群（韻脚）（Minor (foot) group）	
‖	大群（イントネーション）（Major (intonation) group）	
.	音節境界（Syllable break）	ɹi.ækt
‿	連結（無休止）（Linking (absence of a break)）	

音調と語アクセント

平板		
e̋ or ˥	超高（Extra high）	
é or ˦	高（High）	
ē or ˧	中（Mid）	
è or ˨	低（Low）	
ȅ or ˩	超低（Extra low）	
↓	ダウンステップ（Downstep）	
↑	アップステップ（Upstep）	

曲線		
ě or ˩˥	上昇（Rising）	
ê or ˥˩	下降（Falling）	
e᷄ or ˦˥	高上昇（High rising）	
e᷅ or ˩˨	低上昇（Low rising）	
e᷈ or ˧˦˧	上昇下降（Rising-falling）	
↗	全般的上昇（Global rise）	
↘	全般的下降（Global fall）	

イギリス英語音声学

第 1 章

音声学の基本概念

1.1　発音練習の優先事項

　外国語の発音を習得しようとするときには，重要な音を優先して練習することが大切です。最も重要な音は**音素**（おんそ）と呼ばれる 2 つの語を区別する最小の音の単位です（1.2 参照）。例えば，*pin* と言ったつもりでも，*bin* と聞こえてしまえば通じないでしょう。また，*I hid them* という発音が *I hit them* と聞き間違えられると会話は成り立ちません。

　さらに英語の音は**母音の前**，**母音の間**，**子音の前**で発音が変わることがあります。

　また，**語頭**，**語中**，**語末**というように語内の位置によっても音は変わります。英語では *sport* のように /s/ に続く /p/ は弱まって /b/ に近い音になります。*port* と *sport* の音声を聞き比べてみましょう。/r/ も *red* と *tread* では発音が違います。*tread* の /r/ は語頭の /t/ に続くので声がなくなり息だけで発音されます。*global* に含まれる 2 つの /l/ は異なった響きをもっています。また，綴り字が同じでも語によって音質が変わります。*goat* と *goal* の <oa> はそれぞれ別の音を表しています。本書では音と対比して文字を示すときには**山括弧**< > を使い（<f>, <ie> 等），音素を示すときには**斜線括弧** / / でくくります（/r/, /e/ 等）。*spread* の音素表記は /spred/ となります。

　たとえあなたの言いたいことが通じたとしても，語の識別とは関係のない発音が聞き手に滑稽な印象を与えたり，いらつかせたり，困惑させたりすることがあります。例えば，英語の /r/ を前方で（舌先を反らせて）発音しないで，後方で（舌をのどの奥の方に引いて）発音すれば，その発音に慣れていな

□音素（phoneme）
【英語の /p/ は強いので，語頭にあれば，続く母音が息だけで発音され，/t/ は語末にあれば，前の母音が短く発音されます（3.2.1 参照）。】

□母音の前（pre-vocalically）
□母音の間（inter-vocalically）
□子音の前（pre-consonantally）
【例えば /t/ は，母音の前では強い息を伴います。/l/ という子音の前では *dental* のように舌先が歯茎から離れません。アメリカ英語では母音の間の /t/ は日本語の「ラ」のように発音されることがあります。】

□語頭（initial）
□語中（medial）
□語末（final）
【コンパニオン・ウェブサイトの Theory Section（Audio Files）に音声があります（巻頭の「音声のダウンロード方法」参照）。】
【*global* の初めの /l/ は母音の前なので後舌が下がって「明るく」響き，語末の /l/ は後舌が上がって「暗く」響きます。】
【辞書の発音記号では *goat* と *goal* の母音は同じ /əʊ/ ですが，最近のイギリス英語では，暗い /l/ に先行する *goal* の母音は舌を後ろへ引いた [ɒʊ] になります。】

3

い人には奇妙に聞こえてしまいます。誤った発音のために注意をそらせてしまえば，聞き手はあなたが話そうとしていることを聞き取ろうとはしなくなってしまいます。あるいはあなたの発音を理解するのが困難な場合には，そのメッセージは伝わりません。さらに聞き手は発音から受ける印象によって相手の総合的な英語力を判断しがちです。発音が悪くて初心者だと思われてしまえば，たとえ文法，語彙，読解力，作文力が上級レベルであっても，あなたは初心者と見なされるでしょう。

　最善の取り組みは（1）聞き手が苦労せずに理解できる発音，（2）聞き手をいらつかせたり，困惑させたりしない発音を目指して練習することです。外国語の発音を習得するには**母音**や**子音**といった**分節音**をマスターするだけでは十分ではありません。

　さらにいくつかの要点があります。例えば，**弱形**を正しく発音できるようにすると，話し言葉の**リズム**が身につくでしょう。*don't, it's, we'll* のような**短縮形**が使えると会話の流暢さが向上します。

　あなたの英語発音を一層自然なものとするためには**同化**，**脱落**，**連結**の知識も大切です。同化とは隣接する音の影響で音が変わることです。*when my* では *when* /wen/ が後続する *my* の /m/ の影響で /wem/ と変わります。脱落とは音が消失することで，*strictly* では 2 つ目の /t/ が発音されないことが頻繁に生じます。連結とは語の境界を越えて 2 語が 1 語のようにつながって発音されることを指します。*far away* では間に /r/ が挿入されて連結します。

1.2　音素と異音（いおん）

　言語音には非常に重要な相違もあれば，ほとんど重要ではない相違もあります。最も重要な相違はその相違がなければ同じ語とみなされてしまうように意味を変えてしまうものです。英語の場合，*bit, bet, boat* では母音だけが違います。*bit, sit, wit* では語頭の子音だけが異なります。*bit, bill, bin* では語末の子音が意味の違いをもたらします。このように語の意味を区別するような音のことを**音素**と言います。1 つの音素だけで区別される対語のことを**最小対（語）**（つい）と呼びます（例 *bit-hit*）。本書で扱っている英語の方言（**一般イ**

□（文字を示す）山括弧（angle brackets）
＜＞
□（音素を示す）斜線括弧（slant brackets）
／ ／
【後方での発音とはアメリカ英語話者の多くが使用している「**盛り上がり舌の/r/**」のこと】
□盛り上がり舌の /r/（bunched /r/）【舌の上面中央を束ねるように持ち上げて（bunched up）口蓋に近づけると，舌の奥も後ろに引かれて，そり舌の /r/ に似た音になります。】

□母音（vowel）
□子音（consonant）
□分節音（segment）【「単音」（single sound）とも呼ぶ】
□弱形（weak form）【強勢が置かれない語の母音が弱まった発音】
□リズム（rhythm）【英語の場合は強勢が等間隔に生じるリズム】
□短縮形（contraction）

□同化（assimilation）
□脱落（elision）
□連結（liaison）
【/m/ は日本語の「マ行」の子音ですが，日本語の /m/ はとても弱いので，英語の /m/ を発音するときにはハミングするようにしっかりと発音しましょう。】
【標準的なイギリス英語では *far* が単独で発音されるときには /r/ を発音しませんが，後続の語が母音で始まるときには /r/ を発音して連結させます。このような「/r/ の連結」については 4.2.7, 6.3, 9.4 を参照してください。】

□音素（phoneme）
□音素の（phonemic）
□最小対（語）（minimal pair）
□一般イギリス英語（General British, GB）

4

ギリス英語のこと，1.7 参照）には子音の音素が 24，母音の音素が 20 あります。

　すべての音の相違が語の意味を変えるわけではありません。*feet* と *feed* を注意して聞いてみましょう。これら 2 語の母音は長さが明らかに違います。しかし，英語の母語話者はこれらの母音が同一音素 /iː/ の 2 つの**変異音**（変異形）と判断します。その長さの違いは母音に続く子音 /t/ と /d/ の影響によって生じます。

　同様に *keen* と *corn* の 2 つの /k/ は異なっています。*keen* の /k/ は *corn* の /k/ よりも口のやや前の方で調音されます。しかし，英語話者はどちらの /k/ も同一の音素 /k/ の変異音として聞いています。

　deal の /d/ を発音するとき，唇は丸められませんが，*door* の /d/ を発音するときには唇を丸めます。*deal* の母音が**非円唇音**で，*door* の母音が**円唇音**だからです。*deal* や *door* と言うときに唇は子音を発音している間に母音の準備をしているのです。そのために子音の唇の形状は後続する母音の唇の形状に影響されるのです。

　それぞれの音素がこのように多くの異なる変異音から構成されています。これらの変異音を**異音**と呼びます。異音は**相補（的）分布**あるいは**自由変異**のどちらかの関係で現れます。

　上記の *deal/door* の /d/ は異音が相補的分布をしている例です。つまり異なる異音が互いに補完しています。一方の異音が生じる場所には他方の異音は生じません。これら 2 つの異音については次のような規則で言い換えられます。「円唇の /d/ が円唇音の前に生じ，非円唇の /d/ はほかのあらゆる音（**張唇音**から**平唇音**までの非円唇音）の前に生じる。」

　英語では母音は /s/ のような無声子音の前では短く発音されますが，/z/ のような有声子音の前では十分な長さを維持します。例えば，*price* /praɪs/ の母音は *prize* /praɪz/ の母音よりも明らかに短くなります。この二重母音の異音も相補的分布をしています。

【*feet* と *feed* の母音は同じ音素ですが，その母音の長さは *feet* では短く，*feed* では長くなります（3.2.1 参照）。】
☐変異音（変異形）（variant）

【日本語話者も「カキ（柿）」「キク（菊）」「クキ（茎）」の仮名文字が示す音はいずれもカ行音の同じ子音 /k/ とみなしています。ところが「カ」「キ」「ク」の /k/ はそれぞれ舌が閉鎖する位置が違います。「キ」は前寄り，「ク」は後寄りで，「カ」はその中間です。】

☐非円唇（音）の（unrounded）
☐円唇（音）の（rounded）

☐異音（allophone）
☐異音の（allophonic）
☐相補（的）分布（complementary distribution）
☐自由変異（free variation）
【日本語の「ン」も相補分布をしています。「サンネン（三年）」「サンバン（三番）」「サンガイ（三階）」と言ってみましょう。ナ行音の前では /n/，マ行音とバ行音とパ行音の前では /m/，カ行音とガ行音の前では /ŋ/ になります。そして語末では /ɴ/ となります。】
☐張唇（音）の（spread）
☐平唇（音）の（neutral）

【英語の無声子音は強いエネルギーで発音されるために「**硬音**」（fortis）/ˈfɔːtɪs/ と言い，直前の母音が短くなります。この現象を「**硬音前（の母音）短縮**」（pre-fortis clipping, 3.2.1, 6.2 参照）と呼びます。有

もし異音が自由変異の関係であれば，異音の出現は音声的な環境（前後にある音）から予測することができません。例えば，*hat* のような語末の /t/ にはさまざまな異音があります。その /t/ には**声門音による強化**（補強）があってもなくてもかまいません（3.5.3 参照）。多くの英語話者にはこれら2音の使い分けが定まっていませんから次にどちらを使うか予想がつきません。従って声門閉鎖音による強化を伴う変異音と伴わないものは自由変異の関係にあります。

あいにく異なる言語では音素の体系（分類）もたいてい違っています。また間違いなく異音の種類も変わります。そのために学習者は新しく学ぶ言語の音素の全項目と変異音をすべて理解しなければならないのです。まず初めに**音素（の）対立**を見失わないように気を付けることです。これは実際には容易なことではありません。2つの音素が学習者には極めて類似しているか，同一に聞こえる場合であっても，母語話者には全く別の音に聞こえるからです。このことは母語話者にも学習者にも気付きにくいことです。

英語話者は *seat* /siːt/ と *sit* /sɪt/ の母音がたいていの他言語話者（学習者）には同一母音に聞こえるということを聞いて驚くことがよくあります。学習者の母語では同一音素の異音としてみなされるためです。

多くの学習者には *Luke* /luːk/ と *look* /lʊk/ の母音の音素を区別することも難しく感じられます。また，*cat* /kæt/ と *cut* /kʌt/ と *cart* /kɑːt/ の母音を聞き分けることが難しいと感じる人もいます。さらに *three* /θriː/ と *tree* /triː/，あるいは *three* /θriː/ と *free* /friː/，あるいは *theme* /θiːm/ と *seem* /siːm/ の最初の子音を聞き分けたり，区別して発音したりすることができない人もいます。

本書では子音の対比練習を 29 セット（原著 Chapter 4），母音の対比練習を 26 セット（原著 Chapter 7）提供しています。これらの中にはほとんど問題とならないものもあれば，習得するのに長時間を要するものもあるでしょう。ある特定の対比練習を容易に感じたとしても，その2音がさらに正確に習得できるように追加練習のつもりで対比練習に取り組んでください。本書の対比練習を一通りマスターすれば，適切な音声環境における各音素のあらゆる異音が習得できるようになっています。

声子音は弱く発音されるので「**軟音**」（lenis）/ˈliːnis/ と言い，語末では無声化し短くなるので，ほとんど聞こえないことがあります（3.2.2 参照）。英語話者は母音の長さの違いで語を判断しています。】

□声門音による強化（glottal reinforcement）【無声の破裂音の前に声門閉鎖音を入れて補強することです（3.5.3 参照）。】

□音素（の）対立（phoneme contrast）【音素が異なるという意味です。】

【日本人には区別が難しい代表例として /r/ と /l/，/s/ と /θ/ が挙げられます。】

【日本語の「イ」は /iː/ とも /ɪ/ とも異なります。英語の /iː/ は唇と舌に力を入れて口角を横に引くようにして発音します。/ɪ/ は口の力を抜いてリラックスして発音します。】

【付録の「発音練習」参照】

6

　異音は決して語の意味を変えることができないということを忘れないでください。英語の /t/ にはさまざまな発音が可能です。つまり多くの異音（変異音）があります。しかし，異音を換えても語の意味は依然として同じです。少し奇妙に聞こえるだけです。

【/t/ には声門閉鎖音による強化の有無のほかに，語末では閉鎖のみで開放のない発音，語頭では帯気音（3.4 参照）を伴う発音と伴わない発音等があります。】

　ところが *tight* の /t/ を /s/，/f/，/k/ に置き換えれば，*sight*，*fight*，*kite* に変わってしまい，結果として別の意味をもつ新しい語になります。従って /t s f k/ は英語では音素になります。英語の音素体系は本書巻頭の「英語の音素記号一覧」に示してあります。

1.3　綴り字と発音

　英語の**正書法**（綴り字）は発音と合わないことで有名です。例えば，母音 /iː/ には多数の綴り字が用いられます。次の各語を見てみましょう。*me*, *see*, *sea*, *believe*, *receive*, *pizza*, *people*, *key*, *quay*, *quiche*, *Portuguese*, *foetus* の下線部はいずれも /iː/ を表しています。ほかの音素（特に母音）も同様にさまざまな綴り字で綴られます。そこで音声学者は正書法に頼らずに発音記号による**表記**を使います。

□正書法（orthography）

□（発音記号による）表記（transcription）

　発音記号による表記には 2 つのタイプがあります。（1）**音素表記**では音素のみを示します。このタイプは 1.1 で見たように通常斜線括弧 / / でくくります（例 *part* /pɑːt/）。**音素の対立**関係を示す記号として – を用います（例 *let - met* /let - met/）。（2）**音声表記**では**角括弧**で囲んで（例 *part* [pʰɑːt]）一層精密に異音の差異を記します。異音の差異を表すには**補助記号**を使います。補助記号は特別な情報を提供するために発音記号に付加するものです（例 [pʰ]，[ʔt]）。/t/ の円唇化した異音は [tʷ] と表記します。なお，非円唇の /t/ は**デフォルト**なので，それを示す特別な記号はありません（補助記号なしで [t] と表記します）。

□音素表記（phonemic transcription）【簡略表記（broad transcription）とも呼ぶ】
□音素の対立（phoneme contrast）
□音声表記（phonetic transcription）【精密表記（narrow transcription）とも呼ぶ】
□（音声表記を示す）角括弧（square brackets）［ ］
□補助記号（diacritic）

□デフォルト（default）【基本的で使用頻度が高いこと。「無標」（unmarked）とも呼ぶ】

　上記の *key* と *quay* のように意味と綴り字が異なっている語が同様に発音されることがあります。発音が同じで意味が異なる語を**同音異義語**と言います。英語には同音異義語がたくさんあって，別の例として *wait/weight*，*know/no*，*sea/see*，*cite/sight/site* が挙げられます。

□同音異義語（homophone）

7

さらに混乱を招くことに正反対の語も見出されます。つまり，同じ綴り字の語が異なって発音されることがあります。row という語は，GOAT 母音で発音すれば「列」という意味になり，MOUTH 母音で発音すれば「口論」という意味になります。従って，綴り字だけではどちらの発音と意味が意図されているかはわかりません。このような綴り字が同じで発音が異なる語を**同形異音異義語**と呼びます。

1.4　音素記号

　不都合なことに本の執筆者によって英語の母音と子音の音素を表す記号が違うことが時々あります。この理由は1つには執筆者の好みによるものですが，英語の発音が年月とともに変化したことを示している場合もあります。現代の発音に適合するように音素記号を変更することが必要なのです。概して子音の記号はあまり変わりませんが，いくつかの母音記号が異なります。本書の表記法は主要な発音辞典2点，Wells（2008）並びに Jones et al.（2011）に従っています。両発音辞典の音素記号はイギリス英語をモデルとした主要な英語教材すべてで標準となっています。

　最近変化を遂げた母音が3つ（DRESS 母音，TRAP 母音，SQUARE 母音）ありますが，本書では上記2点の発音辞典に準じて伝統的な方法で /e, æ, eə/ と表記しています。しかし，現代のイギリス英語発音をより正確に反映させる音素記号は /ɛ, a, ɛː/ となります。3母音すべてに正確な音素記号を用いているのは Upton et al.（2001）で，後の2母音だけを採用しているものに Cruttenden（2014）があります（第6章参照）。

□ GOAT 母音（the GOAT vowel）【goat に代表される母音 /əʊ/ のこと。英語諸方言の母音を比較する際の基準として，英米の標準英語を参照して分類された「標準語彙セット」(standard lexical sets) の1つ。代表となる語（キーワード）は小型大文字で表記します。】

□ MOUTH 母音（the MOUTH vowel）【mouth に代表される母音 /aʊ/ のこと】

□同形異音異義語（homograph）

【Wells, J. C.（2008）*Longman Pronunciation Dictionary*, 3rd edition. Pearson Longman.】

【Jones, D. et al.（2011）*Cambridge English Pronouncing Dictionary*, 18th edition. Cambridge University Press.】

□ DRESS 母音（the DRESS vowel）【20世紀の発音では /e/】

□ TRAP 母音（the TRAP vowel）【20世紀の発音では /æ/】

□ SQUARE 母音（the SQUARE vowel）【20世紀の発音は /eə/ で，本書では SQUARE 母音を音価の変わらない（二重母音ではない）長母音 [ɛː] とみなしていますが，音素記号には伝統的な二重母音 /eə/ を用いているので注意が必要です。(6.1.3 参照)】

【Upton, C. et al.（2001）*Oxford Dictionary of Pronunciation for Current English*. Oxford university Press.】

上記の例（DRESS 母音，TRAP 母音，SQUARE 母音）のように，英語の母音に言及するために**キーワード**を使うと便利です。キーワードは SMALL CAPITALS（小型大文字）で示すことになっています。キーワードのほかの例には FLEECE 母音，KIT 母音，FOOT 母音，THOUGHT 母音などがあります。FOOT 母音と言えば，*foot* の母音，ほかにも *cook, full, could, woman* のような語に見られる母音，つまり /ʊ/ を指します。

1.5　音節

音節とは一緒に発音される音のまとまりのことです。たった1つの音節で構成されている語を**単音節（の）語**（*tight, time*），2つ以上の音節からなる語を**多音節（の）語**と言います。*waiting* は2音節からなっていて（**2音節（の）語**），*tomato* は3音節，*participate* は4音節，*university* は5音節でできています。1つの音節にはたいてい1つの母音を含んでいて（例 *eye* /aɪ/, *or* /ɔː/），その母音が**音節（の）核**となります。1つの音節の中で音節核の前後には子音が来ることがあります。その子音は1つのこともあれば，2つ以上の場合もあります（例 *tea, tree, stream, at, cat, cats, stamps*）。音節核に先行する子音を**音節の頭子音**と呼び，音節核に後続する子音は**尾子音**と呼ばれます。

英語の音節においては頭子音では3つまでの子音が可能です（例 *strengths* /streŋθs/）。そして尾子音には4つもの子音の例が挙げられます（*texts* /teksts/）。ここで音節は発音に基づいているということに注意してください。正書法では *time* という語には2つの母音字が含まれているので，2音節語のように見えますが，2つ目の母音字は現在では母音を表しませんから *time* は単音節語です。尾子音（音節の結びとしての子音）をもつ音節を**閉音節**と呼びます。一方，母音音素で終わる（尾子音をもたない）音節は**開音節**と呼ばれます。

英語では時折，音節が子音のみから成り立つことがあります。頻繁に見られるのは /n/ と /l/ で，*Britain* /ˈbrɪtn̩/, *hidden* /ˈhɪdn̩/, *mission* /ˈmɪʃn̩/, *middle*

【Cruttenden, A.（2014）*Gimson's Pronunciation of English*, 8th edition. Routledge.】
【現在の標準イギリス英語を最も正確に論述しているのは，Lindsey, G.（2019）*English After RP: Standard British Pronunciation Today*. Palgrave Macmillan.】

□キーワード（keyword）

□FLEECE 母音（the FLEECE vowel）【*fleece* に代表される母音 /iː/ のこと】
□KIT 母音（the KIT vowel）【*kit* に代表される母音 /ɪ/ のこと】
□FOOT 母音（the FOOT vowel）【*foot* に代表される母音 /ʊ/ のこと】
□THOUGHT 母音（the THOUGHT vowel）【*thought* に代表される母音 /ɔː/ のこと】

□単音節の（monosyllabic）
□多音節の（polysyllabic）
□2音節の（disyllabic）

□音節（の）核（syllable nucleus）【単に「核」（nucleus）でも可。著者はイントネーション論の「音調（の）核」（＝「主調子音節」（tonic syllable））と区別して使っています。核は「頂点」（peak）とも呼ばれます。】
□音節の頭子音（syllable onset）【「頭子音」（onset）だけでも可（「オンセット」とも呼ぶ）。ちなみにイントネーション論の「出だしの強音節」も onset（「オンセット」）と称します（10.1参照）。】
□尾子音（coda）【「コーダ」とも呼ぶ】
□閉音節（closed syllable）
□開音節（open syllable）
【英語の音節には閉音節が多いのですが，日本語ではほとんどの音節が開音節です。仮名は音節を表す文字（音節文字）なのでわかりやすいのですが，ア行の5文字は核だけで成立しています。他のす

/ˈmɪdl̩/, apple /ˈæpl̩/, battle /ˈbætl̩/ のような例があります。母音なしで音節を形成する（母音に代わって音節核となる）子音は**音節主音的子音**と呼ばれます。音節主音的子音は小さい垂直の印を子音記号の下に付けて表します。子音の記号が下方にさがっているときには上付き記号を用います（例 bacon /ˈbeɪkŋ̍/）。apple /ˈæpl̩/ という語は 2 音節語ですが，母音を含むのは最初の音節だけで，2 つ目の音節は音節主音的子音（/l̩/）が音節の核となって母音がありません。詳細は 7.2 を参照してください。

1.6　強勢

　通常英語の語は一定の順序で配列された分節音（母音や子音）のまとまりが 2 つ以上組み合わされてできています。また，2 音節以上からなる語には**強勢**を伴う音節と伴わない音節があって特有のリズムの型を生じます。強勢を伴う音節は強勢を伴わない音節よりも多くのエネルギーを使って発音されるので，**卓立**（際立つこと）は一層大きくなります。

　carpet という語は第 1 音節に**強勢があって**，第 2 音節は**無強勢**です。decide という語では第 2 音節に強勢があって第 1 音節には強勢がありません。強勢は強勢のある音節の<u>前</u>に垂直の印を付けて示します。強勢のない音節には印は付けません。英語では強勢の位置が語を認識するために重要な役割を担っています。そのため強勢の位置だけで区別される単語さえあります（例 billow /ˈbɪləʊ/ 対 below /bɪˈləʊ/, import の名詞形 /ˈɪmpɔːt/ 対 import の動詞形 /ɪmˈpɔːt/）。

　強勢のある音節を 2 つ以上伴う語もあります。entertain は第 1 音節と第 3 音節に強勢があり，impossibility では第 2 音節と第 4 音節に強勢が置かれます。これらの例では，また複数の強勢を伴う語すべてに言えることですが，最後の強勢の方が先にある強勢よりも卓立が大きくなります。このため最後に来る一層顕著な強勢を**第 1 強勢**と呼び，先にある強勢を**第 2 強勢**と呼びます。第 1 強勢は通常の強勢記号（上付きの垂直の印）で示し，第 2 強勢の記号は同じ垂直の印を下付きにして使います（/ˌentəˈteɪn/, /ɪmˌpɒsəˈbɪləti/）。

　専門用語や発音記号による表記からは強勢に第 1 強勢，第 2 強勢，無強勢という 3 つのレベルがあるように見えます。しかし強勢には有無の違いし

べての行の文字は頭子音と核からできていて，尾子音はありません。例外となる「ン」は平安時代に生じた新しい子音で先行する音節に付いて，先行音節の尾子音となります。「ン」から始まる語はありません。】

□音節主音的子音（syllabic consonant）

【下付き記号も可（bacon /ˈbeɪkŋ̍/）】

□強勢（stress）

□卓立（prominence）【「際立ち」とも呼ぶ】

□強勢のある（stressed）
□無強勢の，強勢のない（unstressed）

□第 1 強勢（primary stress）
□第 2 強勢（secondary stress）
【強勢を 3 つ伴う語には第 2 強勢が 2 つあって，inconsequentiality /ɪnˌkɒnsɪˌkwenʃiˈæləti/ では第 2 音節，第 4 音節，第 6 音節に強勢が置かれますが，第 6 音節に第 1 強勢があり，先の第 2

かありません。第 1 強勢と第 2 強勢における卓立の相違は**ピッチアクセント**によって生じます。

　ピッチアクセントのある音節には**声の高さ**の変化が伴います。声の高さ（ピッチ）は**声帯**が振動するスピードと関係があります。声帯の振動が速くなるとピッチは高くなり，遅くなるとピッチが低くなります。

　1 語を単独で発音するときには，第 1 強勢をもつ音節にピッチアクセントが生じて，そこにピッチの変動（通常は下降）があります。第 1 強勢より先に第 2 強勢がある語では，第 1 強勢のピッチ変動が生じる前に第 2 強勢としてのピッチの上昇が起こります。英語の音声体系では第 1 強勢に伴うピッチ変動の方が第 2 強勢としてのピッチの上昇よりも際立ちます。このように第 1 強勢と第 2 強勢の違いは実際には強勢よりもむしろピッチ変化の程度によるものです。

　単音節の語を個別に例として発音記号で表記する際には，強勢記号は通常用いません。英語ではあらゆる語が単独で発音されるときは強勢のある音節を伴います。従って単音節語ではそのたった 1 つの音節に強勢が置かれることは明らかなのです。多音節の語を個別に表記する場合には，必要な強勢記号はすべて使って第 1 強勢と第 2 強勢を示します。そうしないと語の発音に関する重要な情報を書き落とすことになります。

　1 語よりも長い**発話**（はつわ）を表記するときは音節に強勢が置かれるたびに強勢記号を付けます。つまり，単音節語に強勢記号が付けられることもあれば，単独（単語 1 つの）発話には見られた語の強勢が語句のまとまりとして話されると消えてしまうこともあります。

　第 1 強勢と第 2 強勢には強勢としての実質的な差異がないので，**連続した音声**の表記では第 1 強勢の記号だけを使います。（イントネーションの音調を表記する場合を除いて）ピッチアクセントのタイプによって生じる強勢音節間の卓立の違いは示されません。

音節と第 4 音節に第 2 強勢があると言えます。】

【一部の英和辞典では，第 1 強勢の後に第 2 強勢の記号を使っていますが，それは単に母音が弱まらないという印であって第 2 強勢ではありません。第 2 強勢はピッチ変動を伴います。】

□ピッチアクセント（pitch accent）【声の高さの変化による卓立】
【日本語のアクセントはピッチアクセントだけです。共通語（東京方言）の場合，「箸」では「ハ」の母音を発音している間にピッチが下降し，「橋」では「シ」で下降します。同様に「花」では「ナ」で下降しますが，「鼻」の場合は下降がありません。国語学では下降がないときも「無アクセント」とは言わずに，「平板式アクセント」と呼びます。】

□声の高さ，ピッチ（pitch）
□声帯（vocal folds）【「声帯」という訳語は昔の呼称 vocal cords の直訳です。】

impossibility のピッチ変化（単独発話）

/ɪm ˌpɒs ə ˈbɪl ət i/

□発話（utterance）

□連続（した）音声（connected speech）【「連声」（れんじょう）とも訳します。単語がつながって，英語のリズムと流暢さを伴う自然な話し言葉の音声です。（第 9 章参照）】

1.7 発音練習の模範とする方言

どんな言語にもさまざまな**方言**，つまり集団特有の発音上の変種があります。方言には地域的なものと階級や職業による社会的なものがあります。イギリスにはロンドン方言（**コックニー**），バーミンガム方言，ブリストル方言，リバプール方言，リーズ方言，グラスゴー方言，カーディフ方言というようにその地域に暮らすほとんどの人が話している地域方言がたくさんあります。

しかし，特にこれらの地域方言を習得したいという理由がなければ，学習者はこれらを発音練習の**模範**とはしない方が賢明です。推奨されるイギリス英語の方言はイギリス全土の教養ある（高等教育を受けた）イギリス人が話している英語です。それはスコットランドやウェールズよりもむしろイングランドで，それもイングランドの北部よりも南部で普及しています。イギリス人のだれもがその方言には消極的ながらも聞き慣れています。本書ではこの社会階級方言を**一般イギリス英語**（**GB**）と呼ぶことにします。

皆さんがイギリスのラジオやテレビ番組を定期的に視聴していれば，大多数のアナウンサーが使っているので，おそらくすでにこの方言に慣れていることと思います。この方言は「BBC英語」とまで呼ばれることがあるからです。この方言には全く**地域的な特徴がない**（つまり，話し手の出身地を判定できない）か，地域の痕跡があってもごくわずかです。

イギリス人が（意識の有無にかかわらず）自分の発音からお国訛りを弱めようとするときには，GBに近づけています。地域方言の訛りの程度に幅がある場合には，社会階級の低い人々（労働者階級）が訛りの強い地域方言を話し，社会階級が上がるにつれて人々は次第にGBに近い方言を話すようになります。このようにGBは教養あるイギリス国民の話し言葉に共通する特徴とみなすことができます。

名称	略語
容認発音（Received Pronunciation）	RP
現代容認発音（Modern Received Pronunciation）	MRP
パブリックスクール発音（Public School Pronunciation）	PSP
参照発音（Reference Pronunciation）	RP
イギリス南部標準発音（Southern British Standard）	SBS
イングランド南部標準発音（Southern England Standard Pronunciation）	SESP
標準イギリス南部英語（Standard Southern British English）	SSBE
非地域発音（Non-regional Pronunciation）	NRP

　BBC 英語のほかにも GB にはよく使われる呼び名があります。例えば**クイーンズ英語**や**オックスフォード英語**が使われてきました。しかし，これらの用語は正しくありません。また音声学者たちもさまざまな呼び名を採用してきました。下記の表はその一覧です。

　最近まで**容認発音**（RP）という名称がこの威信のある発音には頻繁に用いられていました。「容認された」（received）という語はヴィクトリア朝時代には「上流社会で受け入れられる」（socially acceptable）という意味で使われていました。RP は元々イギリスの**パブリックスクール**（学費が非常に高い私立学校）で教育を受けたごく少数の人々の話し言葉として定義されました。

　その後，時が経つにつれてだんだん多くの人々，特にロンドンとイングランド南東部の裕福な人々がパブリックスクールに行かなくても RP によく似た発音で話すようになりました。RP が公共放送で用いられるようになったためにこの傾向は非常に強まりました。つまり，RP という名称はもはや適切ではないのです。

　その名称をより包括的なものとするために，本書ではこの社会的地位の高い方言の名称として一層中立的な「**一般イギリス英語**」（GB）を採用しました。GB という名称を最初に提案したのは Windsor Lewis（1972）です。また近年では Cruttenden（2014）も GB を採用しています。

□クイーンズ英語（Queen's English）
□オックスフォード英語（Oxford English）
【女王陛下が話す王室の英語もオックスフォード大学の英語も GB とは異なります。】

□容認発音（Received Pronunciation, RP）

【19 世紀のヴィクトリア朝時代には産業革命の結果，資本家が出現して *socially* は「上流社会で」という意味でした。】
□パブリックスクール（public school）
【*public* は「公立の」という意味ではなく，「学区制がなく公開されている」という上流階級の（posh）表現です。歴史は古く，元は個人宅の私塾と対比して，教会付属の学校に付けられた名称です。】

【Daniel Jones が PSP を RP と改名したのは *English Pronouncing Dictionary*（第 3 版, 1926 年）からですが，その翌年 1927 年に BBC が設立されて Jones も番組審議委員になっています。】

【Windsor Lewis, J.（1972）*A Concise Pronouncing Dictionary of British and American English*. Oxford University Press.】
【Cruttenden, A.（2014）*Gimson's Pronunciation of English*, 8th edition. Routledge.】

GB はロンドン方言とイングランド南東部方言の影響を受けています。このため「標準イギリス南部英語」（SSBE）やそれと似たような呼称を用いる研究者たちもいます。破裂音の**声門音による強化**（3.5.3 参照）と **/l/ の母音化**（4.2.3 参照）はロンドン方言であるコックニーから GB に入って普及しました。

　本書で説明する英語は標準的な現代の GB 話者の話し言葉です。古めかしい発音は除外しました。また新しすぎてまだ広く受け入れられていない「はやりの」（trendy）発音も除いてあります。

□声門音による強化（glottal reinforcement）

□ /l/ の母音化（/l/-vocalisation）【母音に後続する /l/ を発音するとき，舌先を歯茎に付けずに「ウ」のような母音で代用することです。】

子音の分類

2.1　声道と舌

英語の 24 の子音音素をどのように**調音**（発音）するかを見る前に**声道**（図 2.1）と**舌**（図 2.2）の解剖学的構造に慣れておきましょう。

□声道（vocal tract）

□舌（tongue）【読み方は「ゼツ」でも「シタ」でも可】

□調音する（articulate）【理系では「構音する」と訳す】

図 2.1 の**声道断面図**を初めは奇妙に感じるでしょう。舌が思ったより大きいとか小さいと思うかもしれません。舌は舌尖が下あごからあまり伸ばせないという意味では小さいし，舌が口やのどの奥まで広がって**口腔**（2）（口の中）をほぼ完全に塞げるという意味では大きいと言えます。

□声道断面図（head diagram）

□口腔（oral cavity）【普通の日本語では「コウコウ」ですが，医学関係者の職業方言では「コウクウ」と読みます。】

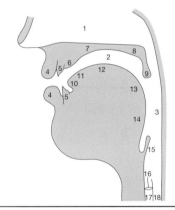

1. 鼻腔（Nasal cavity）	10. 舌尖（Tip of tongue）
2. 口腔（Oral cavity）	11. 舌端（Blade of tongue）
3. 咽頭（Pharynx）	12. 前舌（Front of tongue）
4. 唇（Lips）	13. 後舌（Back of tongue）
5. 歯（Teeth）	14. 舌根（Root of tongue）
6. 歯茎（Alveolar ridge）	15. 喉頭蓋（Epiglottis）
7. 硬口蓋（Hard palate）	16. 喉頭，声帯を含む
8. 軟口蓋	（Larynx, containing vocal folds）
（Soft palate（also termed 'velum'））	17. 気管（Trachea）
9. 口蓋垂（Uvula）	18. 食道（Oesophagus）

図 2.1　声道の解剖学的構造

この図を下から見ていくと，まず2本の導管があります。胃につながる**食道**（18）と肺に通じる**気管**（17）ですが，本書の目的に関連するのは気管の方です。発話時に呼気は気管を通って肺から流出します。その呼気が達する最初の要所が**喉頭**（16）です。喉頭は気管を「のど」（下記の「咽頭」参照）につなぐ，箱形の軟骨組織です。女性よりも男性の方が大きく，いわゆる「喉仏」を構成するのどの前部に突き出した部分です。

喉頭の中に**声帯**という唇のような一対の組織があって，声帯を引き合わせて閉鎖すると気管と肺の入り口を塞ぐことができます。肺や気管から何かを排出しようとするときには，声帯をしっかりと閉じて，胸と腹の筋肉で肺を強く締め付けてから，声帯を急に引き離します。すると閉じ込められていた呼気を放出することで，詰まっていたものを首尾よくはじき飛ばせます。これは咳と同じです。

声帯はまた物を持ち上げたり力仕事をしたりしたときに肺を塞いで胸部を安定させます。重い物を持ち上げる前には，息を吸って声帯を閉じて肺の中に吸気を閉じ込めます。そしてその荷を降ろすときに，飲み込んだ息を吐き出して肺の中の吸気を放出します。

次の器官は**喉頭蓋**（15）と言って，舌の付け根にある軟骨でできた垂れぶたです。喉頭蓋は英語の音声を発音することには関与しませんが，生理的な機能があります。ものを飲み込むときに喉頭の入り口を覆って，食べ物や飲み物を食道へ誘導します。

喉頭の上方，舌の付け根の後方にある空間は**咽頭**（3）と呼ばれます。舌が口の後方へ引かれると狭くなり，舌が前へ押し出されると広くなります。

咽頭の上方には**気流**の分岐点となる器官があります。**軟口蓋**（8）とその先端にある**口蓋垂**（9）ですが，図2.1ではそれらが下がった位置（鼻への通路が開いた状態）を示しています。しかし，軟口蓋は持ち上がって咽頭の後方壁と閉鎖を形成し，**鼻腔**（1）（鼻の中）への入り口を遮断することも可能です。このような軟口蓋と咽頭壁との閉鎖を**軟口蓋背面閉鎖**と呼びます（図3.1等，鼻音以外の声道断面図を参照）。

□食道（oesophagus）/ɪˈsɒfəgəs/
□気管（trachea）/trəˈkiːə/

□喉頭（larynx）/ˈlærɪŋks/

□喉仏（Adam's apple）

□声帯（vocal folds）【この訳語は vocal cords という昔の用語から定着しました。また2本の声帯間のすき間を「声門」（glottis）と呼びます（3.10参照）。】

□喉頭蓋（epiglottis）/ˌepɪˈglɒtɪs/

□咽頭（pharynx）/ˈfærɪŋks/

□気流（airstream）
□軟口蓋（soft palate）/ˌsɒft ˈpælət/，あるいは（velum）/ˈviːləm/
□口蓋垂（uvula）/ˈjuːvjələ/
□鼻腔（nasal cavity）【医学関係者は「ビクウ」と読む】
□軟口蓋背面閉鎖（velic closure）/ˌviːlɪk ˈkləʊʒə/

　このように気流は（図 2.1 のように）口腔と鼻腔の両方を通ることも，（軟口蓋が上がって軟口蓋背面閉鎖を形成して）口腔だけを通ることも可能です。鼻腔は形状が固定しているので，説明することがほとんどありません。言語音声と関連することは軟口蓋が鼻腔への入り口を開閉する弁のような動きをしているということだけです。

　口腔は下部では舌の上面と，上部では**口蓋**と，前面と側面では唇，頬，歯とその境界を接します。あごを開閉することと，舌を後方へ引いたり前方へ押し出したりすることによって，口腔は広くなったり狭くなったりします。舌と下歯と下唇は下あごといっしょに動きますが，上歯と上唇は位置が固定しています。

□口蓋（palate）【口腔内の天井をなす上壁で，後方の軟口蓋と前方の硬口蓋に分けられます。前方の上部には骨があるから硬いのです。】

　上の前歯の後ろの盛り上がった部位を**歯茎**と呼びます。歯茎の後方には口蓋があります。口蓋は軟口蓋と**硬口蓋**に分割されます。舌尖で口蓋をなぞってみると，前部は実際に硬く骨ばっていて，後部は軟らかく肉質になっています。軟口蓋の終端に口蓋垂があり，鏡で見ると中央にそれが垂れ下がっているのがわかります。

□歯茎（alveolar ridge）/ˌælviəʊlə ˈrɪʤ/
□硬口蓋（hard palate）

　図 2.1 に示された器官の位置は実際の発音としてはやや変わった構えをしていますが，部位を明示するうえで有益です。鼻と口から同時に呼吸するときにとる位置を示しています。

　健常者であれば，話をしないときには，口を閉じて上下の唇と奥歯を合わせるので，口蓋に接触する舌で歯茎から軟口蓋まで口腔は塞がれ，軟口蓋が下がり（図 2.1 のように），鼻で通常の呼吸をすることでしょう。

　舌には声道の他の器官のような明確な自然区分はありません。しかし，**音声学者**は言語音とその調音を記述する際に，舌を便宜上いくつかの部位に区分します（図 2.2 参照）。

□音声学者（phonetician）

　舌の先端を**舌尖**と呼びます。舌尖に続く厚みが少ない部位は，口を結んだときにちょうど歯茎の下に来ます。そこが**舌端**です。硬口蓋の下に来るのが**前舌**で，軟口蓋の下に当たる部位が**後舌**となります。

□舌尖（tip）【「舌先」も可】
□舌端（blade）
□前舌（front）
□後舌（back）【「奥舌」とも訳す】

17

初めはこれらの名称が不思議に思われるかもしれませんが，前舌と後舌というのは母音を調音する際に使われる部位を指しています（5.1.1 参照）。つまり，前舌は前舌母音を調音する舌の部位であり，後舌は後舌母音の調音位置から名付けられています。舌尖と舌端は口の中の低い位置に留まるので母音の発音には関与しません。最後に咽頭に位置する舌の部位を**舌根**と呼びます。

□舌根（root）

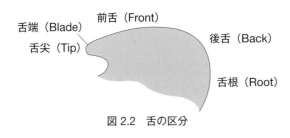

舌端（Blade）　前舌（Front）
舌尖（Tip）　　　　　　後舌（Back）

舌根（Root）

図 2.2　舌の区分

2.2　子音の記述

子音とは声道を通過する気流に何らかの阻害（妨げ）を伴う言語音です。子音を記述するときはその阻害の特徴を表現します。その際，考慮すべき要因が 3 つあって，それは**声帯振動の有無**（無声音か有声音か），**調音点**，**調音法**です。

□声帯振動の有無（voicing）
□調音点（place of articulation）【「調音位置」とも言う】
□調音法（manner of articulation）【「調音様式」とも言う】

2.2.1　声帯振動の有無

声帯振動の有無とは子音を調音している間の声帯の働きを示す用語です。声帯の働きの違いによって**有声の**言語音（有声音）と**無声の**言語音（無声音）に大別します（表2.1）。

□有声の（voiced）
□無声の（voiceless）

表 2.1　英語子音の有声音と無声音

声帯振動の有無 （voicing）	声帯の働き	英語の子音
有声音 （voiced）	声帯をゆるやかに閉じると，肺からの気流によって声帯振動が生じる。	/b d g ʤ v ð z ʒ m n ŋ l r j w/
無声音 （voiceless）	声帯を離して，通常の呼吸のような位置にすると声帯振動はない。	/p t k ʧ f θ s ʃ h/

　/v ð z ʒ m n ŋ l r/ のような有声音は長く引き伸ばして発音できるので，最もたやすく声帯振動を感知できます。のどに手を当てて発音するとその振動が感じられます。これらの子音の発音を止めたり再開したりするときに，振動がどのように止まったり始まったりするかを観察してみましょう。

　英語子音の多くは無声と有声だけの違いからなるペアで構成されています。つまり /f v/, /θ ð/, /s z/, /ʃ ʒ/, /p b/, /t d/, /k g/, /ʧ ʤ/ というペアがあります。容易に長引かすことができそうな /f v/ や /s z/ のペアを取り上げて，各ペアの無声音と有声音を交互にのどに手を当てて発音してみましょう。喉頭の振動がどのように止まり，そして始まるかを感じてください。

　本書では子音の調音を示す声道断面図（第 3 章以降）にプラスとマイナスの記号を使いますから注意してください。喉頭の位置にプラス記号があれば，その子音が有声音であることを示します。無声音の場合にはマイナス記号を付けます。両方を含む記号（±）のときは有声音と無声音のペアを同時に図示しています。

2.2.2　調音点

　子音を記述するときに考慮しなければならない 2 番目の要因は声道のどこで阻害が生じているかということです。調音点は動かせない**受動調音器官**と受動調音器官の方向に動かせる**能動調音器官**の名称を使って記述します（表 2.2 参照）。

【英語子音の発音は第 3 章と第 4 章で詳述されます。また日本語の子音との対照についてもそこで補注します。】

【声帯振動を実感するには，手のひらや指で両耳を塞ぐ方法もあります。】

【プラスとマイナスの記号の代わりに，有声音（声帯振動）を波線で，無声音を直線や 2 本の向かい合った弧線（声門が開いているさま）で表示する方法もあります。】

□受動調音器官（passive articulator）【上部にある調音器官で，唇と声帯以外は動かせません。】
□能動調音器官（active articulator）【下部の動かせる調音器官】

表 2.2 　英語子音の調音点による分類

調音点による名称	能動調音器官	受動調音器官	英語の子音
両唇音（bilabial）	下唇（lower lip）	上唇（upper lip）	/p b m/
唇歯音 （labio-dental）	下唇（lower lip）	上門歯 （upper incisors）	/f v/
歯音（dental）	舌尖（tongue-tip）	上門歯 （upper incisors）	/θ ð/
歯茎音（alveolar）	舌尖（tongue-tip）	歯茎 （alveolar ridge）	/t d n s z l/
後部歯茎音 （post-alveolar）	舌尖（tongue-tip）	後部歯茎（rear of alveolar ridge）	/r/
硬口蓋歯茎音 （palato-alveolar）	舌尖，舌端，及び 前舌（tongue-tip, blade and front）	歯茎，及び硬口蓋 （alveolar ridge and hard palate）	/tʃ dʒ ʃ ʒ/
硬口蓋音（palatal）	前舌 （front of tongue）	硬口蓋 （hard palate）	/j/
軟口蓋音（velar）	後舌 （back of tongue）	軟口蓋 （soft palate）	/k g ŋ/
声門音（glottal）	声帯（vocal folds）	声帯（vocal folds）	/h/
両唇軟口蓋音 （labial-velar）	後舌 （back of tongue） 両唇（lips）	軟口蓋 （soft palate） 両唇（lips）	/w/

【調音点による名称は一般的には簡潔にして，主に受動調音器官の名称だけを使います。能動調音器官はおのずと生理的に対応するからです。しかし，詳細に記述する際には，能動調音器官と受動調音器官の名称を組み合わせます。例えば英語の TH 音である /θ ð/ を「舌尖歯音」（apico-dental）と呼びます。】

　両唇軟口蓋音 /w/ の円唇化，及び声門音 /h/ の声帯の位置に関しては，2つの調音器官（/w/ では両側の口角，/h/ では両側の声帯）が相互に近づくために受動調音器官と能動調音器官に分析することができません。そのために表2.2 の両唇軟口蓋音と声門音では両唇と声帯が能動調音器官と受動調音器官の双方に分類されています。少し時間をかけて声を出さずにこの表の中の子音（少なくとも正しく発音できると思う子音）を発音して，調音点を確認しましょう。

2.2.3　調音法

　調音法は子音の発音にかかわる阻害の種類を表す用語です。英語に見られる5つの調音法を表2.3 で説明します。それらの調音法が実際にどんな発音を指すのか，自信のある子音を選んで発音してそれぞれの調音法の違いを確

かめてください。

表 2.3　英語子音の調音法による分類

調音法による名称	調音法の仕組み	英語の子音
破裂音（plosive）	声道に完全な閉鎖を形成し，気流を一旦阻止してから開放する。	/p b t d k g/
摩擦音（fricative）	声道に狭めを形成し，気流が無理に通過するときに，乱気流と摩擦の騒音が生じる。	/f v θ ð s z ʃ ʒ h/
破擦音（affricate）	声道に完全な閉鎖を形成した後でゆっくりと開放すると，**同器官的な摩擦**，つまり，閉鎖と同じ調音点の摩擦の騒音が生じる。	/ʧ ʤ/
鼻音（nasal）	口腔に完全な閉鎖を形成し，軟口蓋を下げると，呼気が鼻から流出する。	/m n ŋ/
接近音（approximant）	声道に狭めを形成するが，その狭めは摩擦音のように乱気流や騒音を生じるほど狭くはない。	/r l j w/

□同器官的な摩擦（homorganic friction）

2.2.4　二重調音と副次調音

　英語の子音 /w/ は**二重調音**をしています。二重調音とは同規模の調音が 2 カ所で（2 つの**主要調音**が）同時に起こることです。/w/ は後舌と軟口蓋による接近音であり，同時に唇の丸めを伴う両唇の接近音でもあります（両唇軟口蓋音）。二重調音はほかの調音点でも可能ですが，英語には /w/ しかありません。

　主要調音に規模の小さい調音が付随することは**副次調音**と言います。GB における副次調音の例としては，/ʃ ʒ ʧ ʤ r/ に伴う**唇音化**（円唇化）（3.10, 及び 4.2 参照）や特定の環境における /l/ に付随する後舌の軟口蓋への接近（**軟口蓋音化**）（4.2.2 の「暗い /l/」参照）を挙げることができます。

2.2.5　子音の記述的名称（VPM ラベル）

　声帯振動の有無，調音点，調音法という子音の主要因を結合すると，音声学の専門家が使用する各子音音素の独特な呼び名ができます（表 2.4）。

□二重調音（double articulation）
□主要調音（primary articulation）

【両唇軟口蓋音は 2 カ所の調音点をもっています（表 2.2 参照）。英語の /w/ は唇を突き出すように丸めることを覚えておきましょう。】

□副次調音（secondary articulation）【「二次調音」とも訳す】
□唇音化（labialisation）【円唇化（lip-rounding）】
□軟口蓋音化（velarisation）

□記述的名称（descriptive label）
□ VPM ラベル（VPM label）
【子音の記述的名称は近年 Voice-Place-Manner label のイニシャルから VPM label と呼ばれるようになってきました。】

厳密に言えば，英語子音 /r/ の **IPA 記号** は［ɹ］です。しかし，実用的な音素表記では専門家は印刷や執筆を容易にするために風変わりな記号を避けて，それに近いなじみのある記号に置き換えます。そうした場合にも表 2.4 のように子音の記述的名称を発音記号とともに示せば混同する心配はありません。

□ IPA 記号（the IPA symbol）【国際音声学会が制定する発音記号（the International Phonetic Alphabet）】

【英語の /r/ は後部歯茎接近音なので，IPA 記号では［ɹ］とします。IPA 記号の［r］は震え音を表します。日本語のラ行音の子音はたたき音なので［ɾ］。詳細は 4.2 参照】

【表 2.4 では著者は /ʃ ʒ/ の調音点を硬口蓋歯茎としていますが，巻頭の国際音声記号（IPA チャート）では後部歯茎となっています。1989 年の IPA チャート改訂の際，簡素化のためにこれらの音は硬口蓋歯茎音から後部歯茎音に変更されました。しかし，ドイツのキール（Kiel）に集まった学会員約 120 名の多数決投票の結果なので，研究者の好みや信念によってしばしば元の用語が使われます。】

表 2.4　英語子音の VPM ラベル

音素記号	子音名称	Consonant label
/p/	無声両唇破裂音	voiceless bilabial plosive
/b/	有声両唇破裂音	voiced bilabial plosive
/t/	無声歯茎破裂音	voiceless alveolar plosive
/d/	有声歯茎破裂音	voiced alveolar plosive
/k/	無声軟口蓋破裂音	voiceless velar plosive
/g/	有声軟口蓋破裂音	voiced velar plosive
/tʃ/	無声硬口蓋歯茎破擦音	voiceless palato-alveolar affricate
/dʒ/	有声硬口蓋歯茎破擦音	voiced palato-alveolar affricate
/f/	無声唇歯摩擦音	voiceless labio-dental fricative
/v/	有声唇歯摩擦音	voiced labio-dental fricative
/θ/	無声歯摩擦音	voiceless dental fricative
/ð/	有声歯摩擦音	voiced dental fricative
/s/	無声歯茎摩擦音	voiceless alveolar fricative
/z/	有声歯茎摩擦音	voiced alveolar fricative
/ʃ/	無声硬口蓋歯茎摩擦音	voiceless palato-alveolar fricative
/ʒ/	有声硬口蓋歯茎摩擦音	voiced palato-alveolar fricative
/h/	無声声門摩擦音	voiceless glottal fricative
/m/	有声両唇鼻音	voiced bilabial nasal
/n/	有声歯茎鼻音	voiced alveolar nasal
/ŋ/	有声軟口蓋鼻音	voiced velar nasal
/j/	有声硬口蓋接近音	voiced palatal approximant
/w/	有声両唇軟口蓋接近音	voiced labial-velar approximant
/l/	有声歯茎側面接近音	voiced alveolar lateral approximant
/r/	有声後部歯茎接近音	voiced post-alveolar approximant

英語の子音 1 ：阻害音 (閉鎖音・摩擦音)

3.1　英語の子音

　表 3.1 は英語の 24 の子音について声帯振動の有無，調音点，調音法がわかりやすいように配列したものです。それぞれのセル（升目）の中で左側の音は無声音，右側の音は有声音を表しています。

表 3.1　英語子音の体系表

	両唇音 (Bilabial)	唇歯音 (Labio-dental)	歯音 (Dental)	歯茎音 (Alveolar)	後部歯茎音 (Post-alveolar)	硬口蓋歯茎音 (Palato-alveolar)	硬口蓋音 (Palatal)	軟口蓋音 (Velar)	声門音 (Glottal)	両唇軟口蓋音 (Labial-velar)
破裂音 (Plosives)	p　　b			t　　d				k　　g		
破擦音 (Affricates)						ʧ　　ʤ				
摩擦音 (Fricatives)		f　　v	θ　　ð	s　　z		ʃ　　ʒ			h	
鼻音 (Nasals)	m			n				ŋ		
接近音 (Approximants)				l	r		j			w

　巻頭の国際音声記号（IPA チャート，p. xix）では /ʧ ʤ ʃ ʒ/ に「後部歯茎音」，/r/ に「歯茎音」という名称が使われていますが，本書ではそれぞれを「硬口蓋歯茎音」，「後部歯茎音」という英語音声学で昔から用いられている名称で呼びます。その方が英語の調音を適切に説明できるからです。

【IPA チャートに /r/ が歯茎音と明記されているわけではありません。英語の /r/，つまり [ɹ] のセルには歯音，歯茎音，後部歯茎音を区別する境界線がありません。言語によって調音点が多少異なるためです。】

3.2 阻害音と共鳴音

表3.1からまず子音が2つのグループに分類されることがわかります。セルの左右に音が示されるように基本的に無声音と有声音のペアで生じるグループとペアで生じないグループがあります。

破裂音，破擦音，摩擦音をまとめて**阻害音**と言います。気流を阻害する程度が大きく，最も子音らしい子音です。鼻音と接近音は（母音のような）**共鳴音**です。阻害の程度が小さいので最も子音らしくない子音と言えます。

□阻害音（obstruent）/ˈɒbstruənt/【「閉塞音」とも訳す】

□共鳴音（sonorant）/ˈsɒnərənt/【共鳴音の音素は有声音しかなく，母音に似ています。しかし，常に音節主音（1.5参照）になるわけではないので母音としては分類されません。】

3.2.1 硬音前短縮

英語の無声阻害音は**硬音**とも呼ばれますが，同じ音節内で先行する共鳴音（母音を含む，6.2参照）の持続時間を短縮させます。この現象は**硬音前短縮**（こうおんまえたんしゅく）と名付けられています。このため lump の /p/ や lymph の /f/ に先行する /m/ の発音時間は短くなります。さらに例を挙げると，bent の /t/，wince の /s/，bench の /ʧ/ はその前に来る /n/ を，bank の /k/ は先行する /ŋ/ を短縮させます。さらに共鳴音 /l/ に硬音前短縮の影響を及ぼす硬音の例には，help の /p/，belt の /t/，sulk の /k/，belch の /ʧ/，golf の /f/，health の /θ/，else の /s/，Welsh の /ʃ/ 等があります。

□硬音（の）（fortis）【fortis はラテン語「強い」から】

□硬音前短縮（pre-fortis clipping）【6.2で説明されますが，実際には共鳴音に先行する母音も併せて短縮されます。】

3.2.2 阻害音の無声化

ここまで英語の子音は無声音か有声音であるとしてきましたが，実際には英語の有声阻害音は潜在的に完全な有声音になり得るということに過ぎません。音声的な前後関係によって有声阻害音はしばしば部分的に**無声化**します。時には完全に無声化することさえあります。つまり有声阻害音では部分的に，あるいは完全に声帯振動がなくなります。

□無声（音）化した（devoiced）/ˌdiːˈvɔɪst/【日本語では無声化するのは母音 /i/ と /u/ だけで，子音が無声化することはありません。/i/ と /u/ は無声子音に挟まれた場合や語末で無声化することがあります。例えば，「シカ」（鹿），「キク」（菊），「クシ」（櫛），「タカシ」＜名前＞，「カク」（書く）。】

24

　このため硬音と**軟音**という用語が無声音と有声音の代わりに使われることがあります。硬音は「強い音」，軟音は「弱い音」という意味で，無声阻害音が有声阻害音よりも力強く発音されるという事実を反映しています。

　調音上の強さという特徴はわかりにくいので，学習者の多くが硬音と軟音という用語に混乱する傾向があります。有声音は大きく聞こえるから強いだろう，無声音は音が小さいから弱いだろうと感じてしまいます。従って，本書では無声音と有声音という用語を使います。英語の /b d g ʤ v ð z ʒ/ を有声阻害音と呼ぶときには，「潜在的に」完全な有声音であるという意味になります。

　英語の有声阻害音は有声音の間に生じるときには，鼻音，接近音，母音と同様に通常完全な有声音です（表 3.2）。

　英語の有声阻害音はポーズや無声子音が先行したり後続したりするときには，概して部分的あるいは完全に無声化します（表 3.3）。無声化された子音は通常その子音記号の下に丸印を付けて表記しますが（例 [b̥]），その記号が下方にさがっているときには上付き記号を使います（例 [g̊]）。

□軟音（の）（lenis）【lenis はラテン語「軟らかい」から】

【無声化を示す補助記号も 1.5 の音節主音的子音の記号と付け方は同じです。】

表 3.2　完全な有声阻害音の例

	語中：母音と母音の間 (Medial between vowels)	語中：共鳴音と母音の間 (Medial between sonorants and vowels)	語頭：母音と母音の間 (Word-initial between vowels)	語末：母音と母音の間 (Word-final between vowels)
/b/	rabbit [ˈræbɪt]	amber [ˈæmbə]	a boat [ə ˈbəʊt]	rub it [ˈrʌb ɪt]
/d/	powder [ˈpaʊdə]	balding [ˈbɔːldɪŋ]	a dog [ə ˈdɒg]	read it [ˈriːd ɪt]
/g/	ago [əˈgəʊ]	finger [ˈfɪŋgə]	my gate [maɪ ˈgeɪt]	big oak [ˈbɪg ˈəʊk]
/ʤ/	badger [ˈbæʤə]	banjo [ˈbænʤəʊ]	a joke [ə ˈʤəʊk]	page eight [ˈpeɪʤ ˈeɪt]
/v/	saving [ˈseɪvɪŋ]	envy [ˈenvi]	a view [ə ˈvjuː]	move it [ˈmuːv ɪt]
/ð/	other [ˈʌðə]	southern [ˈsʌðn̩]	for this [fə ˈðɪs]	with it [ˈwɪð ɪt]
/z/	loser [ˈluːzə]	frenzy [ˈfrenzi]	the zoo [ðə ˈzuː]	his own [hɪz ˈəʊn]
/ʒ/	treasure [ˈtreʒə]	vision [ˈvɪʒn̩]	a genre [ə ˈʒɒnrə]	beige is [ˈbeɪʒ ɪz]

表 3.3　無声化した有声阻害音の例

	ポーズの後 (Following a pause)	ポーズの前 (Preceding a pause)	無声子音の後 (Following a voiceless consonant)	無声子音の前 (Preceding a voiceless consonant)
/b/	boy [b̥ɔɪ]	tab [tæb̥]	this book [ˈðɪs ˈb̥ʊk]	grab some [ˈɡræb̥ ˈsʌm]
/d/	day [d̥eɪ]	load [ləʊd̥]	this dog [ˈðɪs ˈd̥ɒɡ]	hid some [ˈhɪd̥ ˈsʌm]
/g/	gate [ɡ̊eɪt]	pig [pɪɡ̊]	this guy [ˈðɪs ˈɡ̊aɪ]	big sign [ˈbɪɡ̊ ˈsaɪn]
/ʤ/	joy [ʤ̊ɔɪ]	page [peɪʤ̊]	this joke [ˈðɪs ˈʤ̊əʊk]	cage fight [ˈkeɪʤ̊ ˈfaɪt]
/v/	van [v̥æn]	cave [keɪv̥]	this verb [ˈðɪs ˈv̥ɜːb]	give time [ˈɡɪv̥ ˈtaɪm]
/ð/	this [ð̥ɪs]	bathe [beɪð̥]	miss that [ˈmɪs ˈð̥æt]	with Tom [wɪð̥ ˈtɒm]
/z/	zip [z̥ɪp]	buzz [bʌz̥]	that zone [ˈðæt ˈz̥əʊn]	his turn [hɪz̥ ˈtɜːn]
/ʒ/	genre [ˈʒ̊ɒnrə]	beige [beɪʒ̊]	what genre [ˈwɒt ˈʒ̊ɒnrə]	beige top [ˈbeɪʒ̊ ˈtɒp]

　摩擦音の場合，無声子音やポーズの前の方がそれらの後よりも無声化の程度が大きくなります。無声化が生じると，阻害音の有声・無声のペアにそれほど顕著な相違がなくなりますが，それでも有声・無声の対立は依然として残ります。/b d g ʤ v ð z ʒ/ が /p t k ʧ f θ s ʃ/ に変わることはありません。

【表3.3の /v/ では，cave や give time の [v] は，van や this verb の [v] よりも無声化される部分（発音時間）が長くなります。】

【有声音と無声音では発音の強さが異なります。つまり，上記の軟音と硬音の対立が残ります。】

3.3　閉鎖音

　破裂音と破擦音を合わせて**閉鎖音**と分類します。破裂音と破擦音には**軟口蓋背面閉鎖**と口腔内の閉鎖の 2 カ所の閉鎖があって，空気の流れが完全に遮られます（従って，閉鎖音，英語では stop と呼びます）。

□閉鎖音（stop）

□軟口蓋背面閉鎖（velic closure）【軟口蓋が持ち上がった軟口蓋背面と咽頭壁による閉鎖で，鼻腔への気流の通路を塞ぎます。】

　英語の**破裂音**には両唇，歯茎，軟口蓋の調音点で 3 つの有声・無声のペアがあります。

□破裂音（plosive）

・　両唇破裂音の /p/ と /b/ では，両唇が合わさって完全な閉鎖を形成し，気流を塞ぎます（図3.1）。
・　歯茎破裂音の /t/ と /d/ では，舌尖と歯茎，及び舌の両側と上臼歯によって完全な閉鎖が作られます（図3.2）。
・　軟口蓋破裂音 /k/ と /g/ では，後舌が軟口蓋に接触し，同時に舌の両側の後部も上臼歯に密着して閉鎖を形成します（図3.3）。

【/p/ は日本語の「パ行」，/b/ は「バ行」，/k/ は「カ行」の子音ですが，いずれの音も日本語では弱いので，英語を話すときには意識的に強く発音しましょう。】

【/g/ は「ガ行」の子音のうち，共通語では鼻濁音にならない語頭や外来語の子音です。】

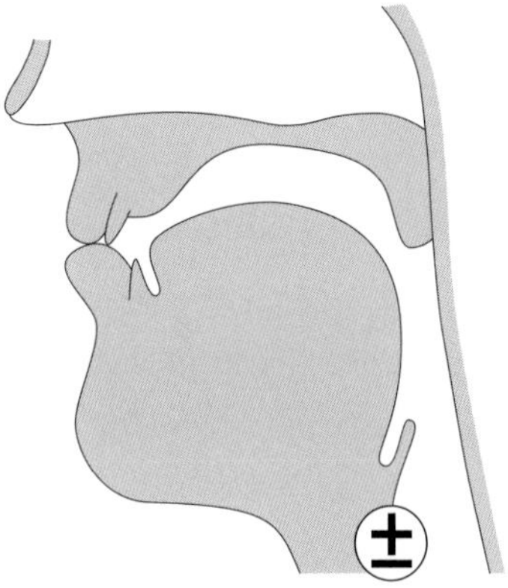

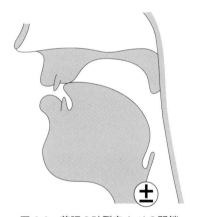

図 3.1　英語の破裂音 /p b/ の閉鎖

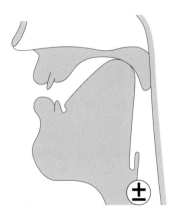

図 3.2　英語の破裂音 /t d/ の閉鎖

図 3.3　英語の破裂音 /k g/ の閉鎖

【/t/ には注意が必要です。/t/ は「タ行」の「タ，テ，ト」の子音（「チ，ツ」はそれぞれ別の破擦音）ですが，過半数の日本語話者は舌尖を前歯の裏側に付けて発音しています。英語の /t/ を発音するときには，基本的に舌尖をやや後ろへそらすようにして，前歯の裏には一切触れずに歯茎で閉鎖を作りましょう。】

【/d/ は「ダ行」の「ダ，デ，ド」の子音で，上記の /t/ と同様の注意が当てはまります。】

【声道断面図は頭部の正中断面図なので，声道の中央だけが示されます。そのため舌の側面と臼歯の閉鎖は表示できません。】

27

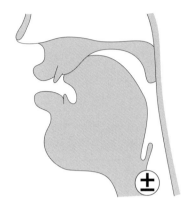

図 3.4　英語の破擦音 /tʃ dʒ/ の閉鎖

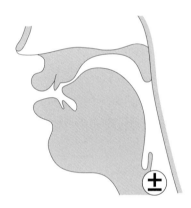

図 3.5　英語の破擦音 /tʃ dʒ/ の閉鎖の開放と同器官的摩擦

　英語の**破擦音**には**硬口蓋歯茎**の調音点をもつ有声・無声のペアが1つだけあります。

□破擦音（affricate）

□硬口蓋歯茎の（palato-alveolar）

- 硬口蓋歯茎破擦音の /tʃ/ と /dʒ/ では，舌尖と舌端を後部歯茎に，前舌を硬口蓋に付けて閉鎖を作ります。同時に舌の両側も上臼歯に密着させます（図 3.4）。
- その閉鎖はゆっくりと開放されるので，**同器官的な**摩擦が瞬間的に生じます（図 3.5）。

□同器官的な（homorganic）【「調音点が同じ」という意味です。】

破擦音を表す音素記号は 2 つの要素からできていますが，音素としての破擦音は 1 つの音です。また，どちらの音素記号の第 1 要素も歯茎破裂音の記号（/t d/）と同じですが，（上記の図が示すように）調音点は異なります。便宜上同じ記号が使われるだけです。

【「音素的破擦音」については 3.9 を参照】

【硬口蓋歯茎破擦音の調音点は，歯茎から硬口蓋にかけての広い範囲となっています。】

3.3.1　閉鎖音の段階

閉鎖音には 3 つの段階があります（図 3.6）。

1 **接近**の段階：能動調音器官が閉鎖を形成するために受動調音器官の方へ移動します。

2 **保持**の段階：閉鎖が形成されて，気流が妨げられ，気圧が上昇します。

3 **開放**の段階：能動調音器官が受動調音器官から離れて，閉鎖が開放され，圧縮された気流が放出します。

□接近（approach）

□保持（hold）

□開放（release）

　破裂音と破擦音の相違は，破擦音の開放段階の方がゆっくりと進行して摩擦音が聞こえることです。もう 1 つの重要な相違は破擦音の開放段階には常に摩擦音が含まれるのに対して，破裂音の開放段階は非常に変化を受けやすいことです。

【破裂音の開放段階では，帯気音（3.4 参照）を伴ったり，伴わなかったり，無開放であったりする場合があります。】

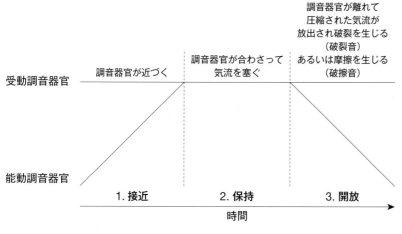

図 3.6　閉鎖音の 3 つの段階

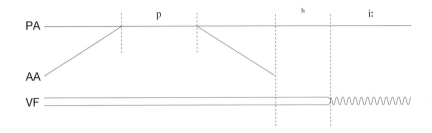

PA　＝受動調音器官
AA　＝能動調音器官
VF　＝声帯

━━　＝無声音を発音するときのように声帯が離れている
〰〰　＝有声音を発音するときのように声帯が振動している
──　＝声門閉鎖音を発音するときのように声帯が合わさっている（図 3.8 参照）

図 3.7　*pea* における /t/ の帯気音
閉鎖音の開放後，母音の声帯振動が開始される前に短い無声音[ʰ]が示されている。

3.4　帯気音

　英語では無声破裂音 /p t k/ が強勢のある音節の初めに来ると，**帯気音**を伴って開放されます。帯気音とは破裂音の開放と次に来る母音の声帯振動の始まりの間にある短い無声期間のことです（図 3.7）。

　この期間，声帯は開いたままで，声道から流出される気流が短い [h] 音のような印象を与えます。そのため帯気音は上付きの [ʰ] で表記されます（例 [tʰ]）。

[pʰ]　*peas* [pʰiːz]　　*palm* [pʰɑːm]　　*pound* [pʰaʊnd]

[tʰ]　*toad* [tʰəʊd]　　*tail* [tʰeɪl]　　*torn* [tʰɔːn]

[kʰ]　*kind* [kʰaɪnd]　　*care* [kʰeə]　　*curb* [kʰɜːb]

□帯気音（aspiration）【「有気音」とも訳す】
【日本語でも語頭の無声破裂音は多少の帯気音を伴います（「パパ」「タイカイ（大会）」「ここ（此処）」）。英語を話すときには，息をもっと多めに漏らすように発音しましょう。】

30

/p t k/ は強勢のある音節の初めになければ，弱い帯気音を伴うか，**非帯気音化**されます（帯気音を伴いません）。無強勢音節の初めや音節末に生じる場合です。しかし，強勢音節の初めであっても，/s/ が先行すると /p t k/ は非帯気音となり，それが英語では非常に顕著です。次の単語リストをよく見てください。

□ 非 帯 気 音 化 し た，非 帯 気 音 の（unaspirated）

[p]	*perform* [pəˈfɔːm]	*pacific* [pəˈsɪfɪk]	*pyjamas* [pəˈʤɑːməz]
[t]	*today* [təˈdeɪ]	*taboo* [təˈbuː]	*together* [təˈgeðə]
[k]	*concern* [kənˈsɜːn]	*kebab* [kəˈbæb]	*canal* [kəˈnæl]

[p]	*leap* [liːp]	*rope* [rəʊp]	*map* [mæp]
[t]	*fight* [faɪt]	*goat* [gəʊt]	*rate* [reɪt]
[k]	*like* [laɪk]	*sick* [sɪk]	*cheek* [tʃiːk]

[pʰ]	*pin* [pʰɪn]	*pot* [pʰɒt]	*pie* [pʰaɪ]
[p]	*spin* [spɪn]	*spot* [spɒt]	*spy* [spaɪ]
[tʰ]	*tone* [tʰəʊn]	*top* [tʰɒp]	*till* [tʰɪl]
[t]	*stone* [stəʊn]	*stop* [stɒp]	*still* [stɪl]
[kʰ]	*core* [kʰɔː]	*kill* [kʰɪl]	*cool* [kʰuːl]
[k]	*score* [skɔː]	*skill* [skɪl]	*school* [skuːl]

帯気音化した /p t k/ のすぐ後に接近音 /l r j w/ が続くと，接近音を発音する間に帯気音が生じて，その有声（接近）音は部分的に，あるいは完全に無声化されます（[l̥ r̥ j̥ w̥]）。帯気音が乱気流を起こして，接近音の調音点で摩擦音を生じるためです（表3.4）。

□帯気音化した，帯気音の（aspirated）

このような無声破裂音 /p t k/ と接近音 /l r j w/ の子音連結の前に /s/ が先行すると，強勢音節の初めにあっても無声破裂音に帯気音は生じません。従ってその接近音は無声化せず，摩擦音にもなりません。次の語を比較してください。

splay [spleɪ] *play* [pl̥eɪ]   *spray* [spreɪ] *pray* [pr̥eɪ]

spew [spju:] *pew* [pj̥u:]   *scream* [skri:m] *cream* [kr̥i:m]

skew [skju:] *queue* [kj̥u:]   *squad* [sqwɒd] *quad* [qw̥ɒd]

　有声破裂音は頻繁に部分的あるいは完全に無声化しますから（3.2.2 参照），帯気音は /p t k/ を /b d g/ から区別する重要な手掛かりとなります。

表 3.4　無声化した接近音の例

	/l/	/r/	/j/	/w/
/p/	*plot* [pl̥ɒt]	*proud* [pr̥aʊd]	*pure* [pj̥ɔ:]	
/t/		*try* [tr̥aɪ]	*tune* [tj̥u:n]	*twin* [tw̥ɪn]
/k/	*clay* [kl̥eɪ]	*cry* [kr̥aɪ]	*cute* [kj̥u:t]	*quick* [kw̥ɪk]

3.5　声門破裂音 [ʔ]

　英語の破裂音には両唇音 /p b/，歯茎音 /t d/，軟口蓋音 /k g/ に加えて，**声門破裂音** [ʔ] もあります（**声門閉鎖音**ともよく呼ばれます）。声門破裂音のための閉鎖は軽く咳をするときのように声帯を閉じます。声門破裂音を発音するときには声帯を振動させることはできないので，声門破裂音は無声音だけで，有声音はありません。

□声門破裂音（glottal plosive）
□声門閉鎖音（glottal stop）

　声門破裂音は英語ではよく使われますが，独自の音素ではありません（言語によっては音素となる場合もあります）。英語の声門破裂音にはいくつかの用法があります（下記 3.5.1 ― 3.5.3 を参照）。

【アラビア語，ヘブライ語，ハウサ語，タイ語等では声門破裂音が子音として用いられます。】

3.5.1　硬起声

　無声音やポーズの後に母音で始まる語を発音する際には，声帯を徐々に近づけて声帯振動を開始するのが普通です。先行する音が有声音の場合には，声帯振動を継続させたまま調音器官を母音の位置へ移動します。

　これに代わる方法として，声門破裂音を母音の前に付けて発音することができます。先行する音が無声音やポーズのために声帯が開いていても，有声音のために振動していても，声帯は一旦しっかりと閉じてから，すぐに開いて声帯振動を開始します。すると母音が唐突に開始されたような印象を聞き手に与えます。

　このような母音の発音法は**硬起声**（こうきせい）と呼ばれ，英語ではその語を強調するために用いられます。言語によっては語頭母音の一般的な発音法になっている場合もあります。

□硬起声（hard attack）

【日本人の多くは常にのどを緊張させて，日本語の語末や文末に弱い声門破裂音を付加しているので，結果的に常に硬起声を用いていると言えます。日本語の音節（仮名一文字の音）のほとんどが短母音で終わるためです。しかし，英語話者は通常のどをリラックスさせて話します。英語話者にとって硬起声は強調のための例外です。】

Take this apple, not my orange.

硬起声あり　　['teɪk ðɪs 'ʔæpl̩, 'nɒt maɪ 'ʔɒrɪnʤ]
硬起声なし　　['teɪk ðɪs 'æpl̩, 'nɒt maɪ 'ɒrɪnʤ]

　類似の用法として声門破裂音が語中の母音連続を分割するために用いられることがあります。*react* /riˈækt/, *cooperate* /kəʊˈɒpəreɪt/, *deodorant* /diˈəʊdərənt/ のような語では，母音から母音への移行は通常，舌の急速なわたりによって調音されます。

　強調された話し言葉では別の方法で発音されます。母音と母音の間に声門破裂音を挿入します。これは連続する 2 番目の母音が強勢を伴う場合のみ可能なので，*serious* /ˈsɪəriəs/, *hire* /ˈhaɪə/, *leotard* /ˈliːətɑːd/ のような語には見られません。声門破裂音を付けたり，付けなかったりして次の語を発音してみましょう。

声門破裂音あり　*react* [riˈʔækt], *cooperate* [kəʊˈʔɒpəreɪt], *deodorant* [diˈʔəʊdərənt]
声門破裂音なし　*react* [riˈækt], *cooperate* [kəʊˈɒpəreɪt], *deodorant* [diˈəʊdərənt]

3.5.2　声門音による置換

　英語では声門破裂音の最も重要な用法は音素 /t/ の異音として用いられることです。これを**声門音による置換**と呼びます。声門音による置換は特定の音声環境にのみ生じます。それは /t/ が音節の尾子音（1.5参照）にあって，共鳴音（母音，鼻音，接近音）に先行され，さらに別の子音が後続するときです。

語内　　*butler* [ˈbʌʔlə], *lightning* [ˈlaɪʔnɪŋ], *pitfall* [ˈpɪʔfɔːl], *cats* [kæʔs]
2 語の間 *felt wrong* [ˈfelʔ ˈrɒŋ], *sent four* [ˈsenʔ ˈfɔː], *light rain* [ˈlaɪʔ ˈreɪn],
　　　　part time [ˈpɑːʔ ˈtaɪm],

　GB（一般イギリス英語）では，[ʔ] が語中で母音間に生じることはありませんが，使用頻度の高い句では，*got a* [ˈgɒʔ ə] や *let us* [ˈleʔ əs] のように母音が後続する語末の位置で [ʔ] が聞かれることがあります。また，若者の中には *wait* [weɪʔ] のようにポーズの前で [ʔ] を使う人もいます。

　一定の音声環境にある音素 /t/ の具現化として [t] を [ʔ] で置換することは非常に興味深く，現代英語の際立った特色です。しかし，声門破裂音の他の用法と同様に，その置換は必須のものではなく，置換せずに [t] を用いても間違っているわけではありません。

3.5.3　声門音による強化

　[ʔ] は /t/ の異音としての役割のほかに，**声門音による強化**として知られている働きがあり，/t/ や別の無声閉鎖音の /p k tʃ/ と一緒に用いられることがあります。つまり，声門閉鎖が口腔の閉鎖と重なります（図3.8）。まず，声門閉鎖が起こり，続いて両唇か歯茎か硬口蓋歯茎か軟口蓋での閉鎖が生じ，その口腔での閉鎖の背後で声門閉鎖は音もなく開放されます。その後で口腔での閉鎖が開放されます。この現象は**前声門音化**と呼ばれることもあります。

　声門音による強化は［t］の声門音による置換と同一の音声環境に生じます（ただし，/tʃ/ の場合は，子音が後続しなくても声門音による強化が可能です）。また，声門音による置換と同様に，声門音による強化は一般的となっていますが，必須ではありません。

captive　［ˈkæʔptɪv］	*keep calm*　［ˈkiːʔp ˈkɑːm］	
curtsey　［ˈkɜːʔtsi］	*hot sauce*　［ˈhɒʔt ˈsɔːs］	
action　［ˈæʔkʃn̩］	*take five*　［ˈteɪʔk ˈfaɪv］	
hatchet　［ˈhæʔtʃɪt］	*catch me*　［ˈkæʔtʃ mi］	*catch it*　［ˈkæʔtʃ ɪt］

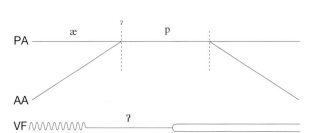

図 3.8　*captive* における /p/ の声門音による強化
/p/ が保持の段階に入る前に補強としての声門閉鎖が形成されて
/p/ が開放される前にその声門閉鎖は開放される（略号については図 3.7 を参照）。

3.5.4　放出音としての /p t k/

　さらに音節末の無声破裂音は声門の動きと結びついて，語末の位置，特にポーズの前に生じると**放出音**になることがあります。放出音というのは気流を生み出す一つの仕組みとして喉頭を利用した発音です。

　本書ではこれまで**肺気流**（直接肺から出ている気流による）子音だけを扱ってきました。そのような気流が英語でもほかの言語でも標準的であるためです。しかし，声帯を閉じてから，喉頭を持ち上げることによって気流を引き起こすことも可能です。

【3.5.1 から 3.5.3 で示された声門閉鎖音の使用法は，アメリカ英語にも見られます。西海岸地方ではほとんど聞かれませんが，東部出身者は使用しています。しかし，アメリカ英語の場合，声門音の使用よりも「/t/ のたたき音化」の方が優勢です。】

□ /t/ のたたき音化（/t/-tapping）【無強勢母音が後続する母音間の /t/ をたたき音（日本語のラ行子音）として発音することです。】

□放出音（ejective）【無声破裂音の閉鎖と声門の閉鎖の間に閉じ込められた空気が圧縮されて，その破裂音が開放されるときに空気が勢いよく流出します。】

□肺気流（pulmonic airstream）

放出音［p' t' k'］の調音法ではまず肺気流による［p t k］と同様の軟口蓋背面閉鎖（鼻腔への通路の閉鎖）と口腔内閉鎖を形成します。その後，声帯を閉じて，喉頭を持ち上げて，口腔内閉鎖の奥の空気を圧縮させてからその閉鎖を開放します。放出音［k'］は［t'］や［p'］に比べて使用頻度がはるかに高いのですが，いずれの放出音も英語では必ずしも用いる必要はありません。

quick ［kwɪk'］   *right* ［raɪt'］   *stop* ［stɒp'］

3.6　鼻腔開放

両唇破裂音 /p b/ と歯茎破裂音 /t d/ の調音点はそれぞれ両唇鼻音 /m/, 歯茎鼻音 /n/ の調音点と同じです。破裂音と鼻音の違いは軟口蓋の位置だけです。軟口蓋は破裂音のためには上がって（軟口蓋背面閉鎖を形成し），鼻音のためには下がります。

従って，/p/ か /b/ から /m/, あるいは /t/ か /d/ から /n/ への移行は，調音点での口腔閉鎖を維持したまま，軟口蓋を下げるだけで可能になります。このような破裂音の開放の仕方を**鼻腔開放**と呼び，破裂音に同じ調音点をもつ鼻音が後続するときに英語ではよく使われます。しかし，軟口蓋鼻音 /ŋ/ が音節の初めに生じることはないので，軟口蓋破裂音の /k g/ ではあまり使用されません。

□鼻腔開放（nasal release）

【テンポの速い会話で *bacon* が［ˈbeɪkn̩］と発音されるようなときには軟口蓋破裂音でも鼻腔開放が用いられることがあります（1.5 参照）。】

/pm/	*chipmunk* /ˈtʃɪpmʌŋk/	*ripe melon* /ˈraɪp ˈmelən/
/bm/	*submit* /səbˈmɪt/	*drab mood* /ˈdræb ˈmuːd/
/tn/	*witness* /ˈwɪtnəs/	*got none* /ˈgɒt ˈnʌn/
/dn/	*kidney* /ˈkɪdni/	*good news* /ˈgʊd ˈnjuːz/

鼻腔開放によって音節主音的な /n̩/ が頻繁に生じます。しかし，ここ数十年の間に鼻腔開放は以前ほど一般的ではなくなりました（7.2.2 参照）。また，音節主音的な /m̩/ と /ŋ̩/ は同化の結果としての鼻腔開放によってのみ起こります（9.3.1 参照）。

[tn̩]	*button* [ˈbʌtn̩]	*cotton* [ˈkɒtn̩]	*pattern* [ˈpætn̩]
[dn̩]	*burden* [ˈbɜːdn̩]	*sudden* [ˈsʌdn̩]	*modern* [ˈmɒdn̩]

3.7　側面開放

　鼻腔開放に類似した動作が歯茎破裂音 /t/ や /d/ の後に /l/ が続くときにも見られます。舌の片側か両側を下げるだけで /t d/ から /l/ の調音の構えまで移行できます。それがこれらの音の唯一の調音上の違いだからです。このような /t d/ の開放の仕方を**側面開放**と呼びます。

□側面開放（lateral release）

/tl/	*atlas* /ˈætləs/	*at least* /ət ˈliːst /
/dl/	*badly* /ˈbædli/	*hard luck* /ˈhɑːd ˈlʌk/

　側面開放によって音節主音的な /l/ が頻繁に生じます（4.2.4 及び 7.2.1 参照）。

[tl̩]	*bottle* [ˈbɒtl̩]	*total* [ˈtəʊtl̩]	*crystal* [ˈkrɪstl̩]
[dl̩]	*idol* [ˈaɪdl̩]	*model* [ˈmɒdl̩]	*cradle* [ˈkreɪdl̩]

　歯茎音以外の破裂音では，つまり両唇破裂音の /p b/ と軟口蓋破裂音の /k g/ の後に /l/ が続くときには**側面流出**となります。両唇破裂音や軟口蓋破裂音の保持の段階で舌尖は /l/ のために歯茎に接触します。そしてその破裂音が開放されるときには，口腔に閉じ込められた気流はこの（舌尖と歯茎による）阻害の側面から流出します。

□側面流出（lateral escape）【口の中央からではなく，側面から気流が漏れ出ること。/l/ に先行する破裂音の保持の段階で，/l/ の調音点である歯茎の閉鎖がなされなければならないということは日本人学習者の最弱点の 1 つです。】

/pl/	*stripling* /ˈstrɪplɪŋ/	*stop lying* /ˈstɒp ˈlaɪɪŋ/
/bl/	*public* /ˈpʌblɪk/	*grab lunch* /ˈgræb ˈlʌntʃ/
/kl/	*backlash* /ˈbæklæʃ/	*thick legs* /ˈθɪk ˈlegz/
/gl/	*burglar* /ˈbɜːglə/	*big lights* /ˈbɪg ˈlaɪts/

　側面流出によってもまた音節主音的な /l/ が頻繁に生じます（4.2.4 及び 7.2.1 参照）。

[pl̩]	apple [ˈæpl̩]	pupil [ˈpjuːpl̩]	opal [ˈəʊpl̩]
[bl̩]	double [ˈdʌbl̩]	label [ˈleɪbl̩]	global [ˈgləʊbl̩]
[kl̩]	tackle [ˈtækl̩]	local [ˈləʊkl̩]	snorkel [ˈsnɔːkl̩]
[gl̩]	eagle [ˈiːgl̩]	legal [ˈliːgl̩]	single [ˈsɪŋgl̩]

3.8 閉鎖音連続

同一の破裂音が2つ連続すると，初めの破裂音には通常開放がありません。代わりにその連続音は1つの長い破裂音になります。長い破裂音とは接近の段階に続く保持の段階が長いもので，開放は1回だけです。

/pp/ ripe pear /ˈraɪp ˈpeə/   /tt/ get two /ˈget ˈtuː/   /kk/ black car /ˈblæk ˈkɑː/

/bb/ grab both /ˈgræb ˈbəʊθ/ /dd/ red door /ˈred ˈdɔː/ /gg/ big guy /ˈbɪg ˈgaɪ/

同一の破擦音が2つ連続する場合は，初めの破擦音にも必ず開放があります。つまり，摩擦音を伴う破擦音の開放段階が前後どちらの破擦音にも生じます。

/tʃtʃ/ rich cheese /ˈrɪtʃ ˈtʃiːz/   /ʤʤ/ large jaw /ˈlɑːʤ ˈʤɔː/

調音点が同じで声帯振動の有無が異なる破裂音が連続するときにも，初めの破裂音には通常開放がありません。

/pb/ stop by /ˈstɒp ˈbaɪ/   /bp/ rob people /ˈrɒb ˈpiːpl̩/

/td/ hot dinner /ˈhɒt ˈdɪnə/   /dt/ red tie /ˈred ˈtaɪ/

/kg/ black gown /ˈblæk ˈgaʊn/   /gk/ big cat /ˈbɪg ˈkæt/

さらに声帯振動の有無が異なる破擦音が2つ連続するときも，初めの破擦音にも必ず開放があります。つまり，前後どちらの破擦音も開放の段階を伴います。

/tʃʤ/ *which job* /ˈwɪtʃ ˈʤɒb/　　　　/ʤtʃ/ *large child* /ˈlɑːʤ ˈtʃaɪld/

　調音点が異なる 2 つの破裂音が連続する場合は，最初の破裂音の閉鎖が開放される前に 2 番目の破裂音の閉鎖が生じます。従って，2 番目の破裂音の閉鎖が口腔の前方にあれば，あるいは口腔の後方にあって気流を圧縮していれば，最初の破裂音の開放は**不可聴**となります。

□不可聴の，聞こえない（inaudible）

【最初の破裂音は開放（破裂）が不可聴であっても，閉鎖の段階が保持されていれば，脱落ではありません。】

2 番目の破裂音が最初の破裂音よりも前方で閉鎖される例

/tp/ *that part* /ˈðæt ˈpɑːt/　　　　/tb/ *what beach* /ˈwɒt ˈbiːtʃ/

/dp/ *bad place* /ˈbæd ˈpleɪs/　　　　/db/ *good boy* /ˈɡʊd ˈbɔɪ/

/kp/ *black pony* /ˈblæk ˈpəʊni/　　　/kb/ *thick book* /ˈθɪk ˈbʊk/

/ɡp/ *big picture* /ˈbɪɡ ˈpɪktʃə/　　　/ɡb/ *big bang* /ˈbɪɡ ˈbæŋ/

/kt/ *lack time* /ˈlæk ˈtaɪm/　　　　/kd/ *back door* /ˈbæk ˈdɔː/

/ɡt/ *big town* /ˈbɪɡ ˈtaʊn/　　　　/ɡd/ *big dog* /ˈbɪɡ ˈdɒɡ/

2 番目の破裂音が最初の破裂音よりも後方で閉鎖される例

/pt/ *top team* /ˈtɒp ˈtiːm/　　　　/pd/ *strap down* /ˈstræp ˈdaʊn/

/bt/ *grab two* /ˈɡræb ˈtuː/　　　　/bd/ *job done* /ˈʤɒb ˈdʌn/

/pk/ *top cat* /ˈtɒp ˈkæt/　　　　/pɡ/ *cheap gift* /ˈtʃiːp ˈɡɪft/

/bk/ *drab colours* /ˈdræb ˈkʌləz/　　/bɡ/ *superb garden* /suˈpɜːb ˈɡɑːdn̩/

/tk/ *what car* /ˈwɒt ˈkɑː/　　　　/tɡ/ *that guy* /ˈðæt ˈɡaɪ/

/dk/ *sad case* /ˈsæd ˈkeɪs/　　　　/dɡ/ *hard game* /ˈhɑːd ˈɡeɪm/

【/pk/ 連続の例は原著の初版では，/pk/ *deep trouble* /ˈdiːp ˈtrʌbl̩/ となっていますが，それは /pt/ の例で，誤植です。】

（/t d/ は破裂音が連続する場合には，上記の発音の代わりに，最初の /t d/ が次の破裂音の調音点に同化することがあります（9.3.1 参照）。また，/t/ は声門音によって置換されることもあります（3.5.2 参照）。しかし，それでもこれらの最初の破裂音の開放は通常聞こえません。）

　破擦音については同じことが言えません。破裂音が破擦音に後続する場合でも破裂音の閉鎖の前に最初の破擦音の開放が必ずあります。

/tʃp/ *HP* /ˈeɪtʃ ˈpiː/　　　　/tʃb/ *catch both* /ˈkætʃ ˈbəʊθ/

/tʃt/ *each time* /ˈiːtʃ ˈtaɪm/　　/tʃd/ *each day* /ˈiːtʃ ˈdeɪ/

/tʃk/ *reach Cardiff* /ˈriːtʃ ˈkɑːdɪf/　/tʃg/ *teach grammar* /ˈtiːtʃ ˈgræmə/

/dʒp/ *barge past* /ˈbɑːdʒ ˈpɑːst/　/dʒb/ *edge back* /ˈedʒ ˈbæk/

/dʒt/ *large team* /ˈlɑːdʒ ˈtiːm/　/dʒd/ *charge down* /ˈtʃɑːdʒ ˈdaʊn/

/dʒk/ *large cuts* /ˈlɑːdʒ ˈkʌts/　/dʒg/ *huge grin* /ˈhjuːdʒ ˈgrɪn/

3.9　破擦音

音声学の教科書では普通ですが，本書でもこれまで破擦音という用語をや
やあいまいに使ってきました。しかし，**音声学的破擦音と音素的破擦音**には
相違があるということを心に留めておきましょう。

　音声学的には（発音上は），破擦音というのは完全な閉鎖の後に同器官的
な摩擦が続く音のことです。ですから，閉鎖音の要素と摩擦音の要素がとも
に硬口蓋歯茎音である英語の /tʃ/ と /dʒ/ は音声学的破擦音です。しかし，こ
のような定義では，歯茎音の要素が連続する /ts/ と /dz/ もまた音声学的破擦
音と言えます。

　/tʃ/ と /dʒ/ は音声学的破擦音であると同時に音素的破擦音でもあります。
/tʃ/ と /dʒ/ は英語の音声体系の中では分割できない構成単位となっていて，
母語話者には 1 つの音と感じられるからです。これに対して，/ts dz/ は母語
話者が 2 つの音の連続と感じていますから音素的破擦音にはなりません。

　/r/ が /t/ や /d/ に後続する一対の音連続 /tr dr/ も**非音素的な**音声学的破擦音
です。この場合の /t/ や /d/ の閉鎖の調音点は /r/ が続くことを予測して，単
独での発音よりも後方の後部歯茎となります（図3.9）。そして /r/ の調音点
に向かう開放が同器官的な摩擦を引き起こします。/tr/ と /dr/ の音響的な効
果は /tʃ/ と /dʒ/ に類似していますが，これら 2 対の性質は異なっています。

□音声学的破擦音（phonetic affricate）
□音素的破擦音（phonemic affricate）

【/ts/ と /dz/ は日本語にもあります。「ツ」
と「ズ」の子音です。日本語には 4 つの
破擦音があって，残りの 2 つは「チ」
（「チャ」「チュ」「チェ」「チョ」）の /tɕ/ と
「ジ」（「ジャ」「ジュ」「ジェ」「ジョ」））の
/dʑ/ です。】

【日本語の「ジ」と「ズ」が破擦音
/dʑ dz/ になるのは，語頭と外来語（語頭・
語中）だけです。ほかの位置では [ʑ z]
と摩擦音で発音します。この日本語での
習慣が日本人の英語発音に影響を与えて
しまいます。語中や語末の英語の破擦音
が摩擦音になってしまいます。*major*
[dʒ] や *cards* [dz] では [d] の要素（舌
尖と歯茎の閉鎖）を落とさないように，
舌尖を一旦歯茎にしっかりと押し当てま
しょう。】

【/tʃ/ と /dʒ/ は *chin – tin, gin – din* のよ
うに最小対が存在するから音素であると
も言えます。しかし，*tree – tea* という
対語があっても [tr] は音素であるとは
言えません。また，[ts dz] は複数形
（*cats, cards*）や三人称単数現在形を表す
ときだけに生じるので，2 つに分割でき
ます。従って音素ではありません。】

□非音素的な（non-phonemic）

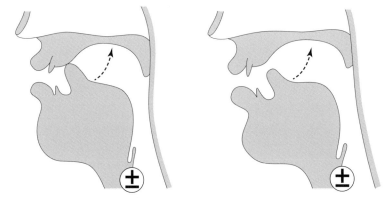

図 3.9　英語の後部歯茎（音声学的）破擦音 /tr/ と /dr/ の保持（左）と開放（右）の段階：
train, drain における /tr dr/ ［tʂ̣, dʐ̣］
矢印は舌の側面が奥歯に向かって上昇する動きを示す。

3.10　摩擦音

　英語には，唇歯，歯，歯茎，硬口蓋歯茎の調音点をもつ**摩擦音**の有声・無声のペアが 4 つと無声の声門摩擦音があります。

- 唇歯音 /f/ と /v/ では，下唇が上の切歯に軽く触れて，そのすき間から気流が押し出されます（図 3.10）。
- 歯音 /θ/ と /ð/ では，舌の両側が臼歯に密着して，舌尖と上切歯の裏側のすき間から気流が押し出されます（図 3.11）。
- 歯茎音 /s/ と /z/ では，舌尖か舌端と歯茎のすき間から気流が押し出され，舌の両側は上の臼歯に密着しています。（図 3.12）。
- 硬口蓋歯茎音 /ʃ/ と /ʒ/ では，舌の両側が上の臼歯に密着して，舌尖か舌端と歯茎，及び前舌と硬口蓋の狭いすき間から気流が押し出されます（図 3.13）。この主要調音は同時に起こる副次調音（唇の**丸め**と**突き出し**）を伴います。
- 声門音 /h/ では，気流は通常以上の圧力を受けて口腔から押し出されます。その結果，口腔全体，特に最も狭くなっている**声門**（声帯が開いたときにできる間の空間）で摩擦が生じます。

□摩擦音（fricative）
【/f/ と /v/ は日本語にはない子音です。*fan* を ［ɸ］（「フ」の子音）を使って「ファン」と発音したり，*very* を「ベリー」と ［b］で発音したりしないように気を付けましょう。/f/ と /v/ では下唇の内側を上の歯に押し当てます。上の歯で下唇を噛むわけではありません。】

【/θ/ と /ð/ も日本語にはありません。舌尖を上の歯の裏側に押し付けてから，息や声を出しましょう。舌尖を上下の歯の間に挟んでも，気流は舌の上面を通るので，音は変わりません。】

【/s/ では，*see, sea, sick* のように /s/ の後ろに「イ」のような母音が続くときに，日本語の「シ」/ɕ/ とならないように注意しましょう。「スィ」に近い発音です。】

上記の摩擦音ではいずれも軟口蓋が上がって，軟口蓋背面閉鎖を形成し，気流が鼻腔に侵入することを防いでいます。

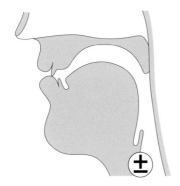

図 3.10　英語の摩擦音 /f/ と /v/

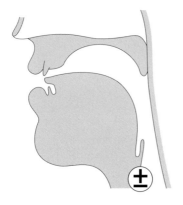

図 3.11　英語の摩擦音 /θ/ と /ð/

【/z/ は摩擦音ですから語頭でも舌尖が歯茎に接触することはありません。zoo を日本語の語頭の「ズ」のように破擦音の [ʣ] で発音しないでください。[z] の摩擦を長く延ばせるように練習しましょう。】

【/ʃ/ と /ʒ/ は，日本語の「シャ」/ɕ/ と語中の「ジャ」/ʑ/ に近い音ですが，発音記号が異なるように調音点が若干違います。同じ摩擦音でも日本語の /ɕ/ と /ʑ/ は「歯茎硬口蓋音」と言って，調音点（摩擦を起こす位置）が英語の硬口蓋歯茎音よりも前方になります。】

【/h/ は，日本語の「ハ行」の「ハ，ヘ，ホ」の子音と同じですが，「ヒ，フ」とは異なります。日本人学習者の弱点は hit や heat のように /h/ の後ろに「イ」のような母音が続くときに，日本語の「ヒ」/ç/（硬口蓋摩擦音）で発音してしまうことです。試しに息を吸いながら hit, heat と発音してみましょう。のどが冷たく感じられれば，声門音が正しく発音できています。口の天井（硬口蓋）が冷たくなった人は要注意です。】

□丸め（rounding）
□突き出し（protrusion）

□声門（glottis）

42

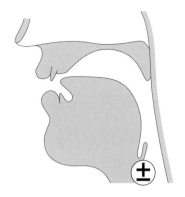

図 3.12　英語の摩擦音 /s/ と /z/

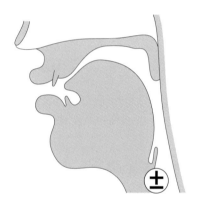

図 3.13　英語の摩擦音 /ʃ/ と /ʒ/

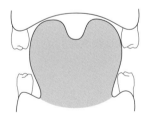

図 3.14　縦（長手方向）に溝のある /s/ と /z/ の舌（前面）

3.10.1 歯擦音

摩擦音は**歯擦音** /s z ʃ ʒ/ と**非歯擦音** /f v θ ð h/ に下位分類されます。舌は歯擦音のためには縦（長手方向）に**溝のある**形をとり（図3.14），非歯擦音では表面が平らになっています。舌に作られた溝は気流に激しい勢いを与え，気流が口腔前方にある障害物，つまり歯に当たるときに乱気流となって騒音を発します。

非歯擦摩擦音の場合は乱気流や騒音が各摩擦音の調音点での狭めだけで起こされます。歯擦音の騒々しい乱気流を生み出す気流噴射の方式は調音器官だけによって作られる狭めよりも効果的なので，歯擦音の摩擦は非歯擦音よりも著しく騒々しくなります。

英語の有声非歯擦音 /v ð/ の場合には摩擦音としての騒音がほとんど聞こえなくなることがあります。そうなると同じ調音点をもつ接近音との相違は非常に小さくなります。

□歯擦音（の）（sibilant）【スーやシューという前歯の辺りで立てる耳障りな音】
□非歯擦音（の）（non-sibilant）
□溝のある（grooved）【「歯擦音」のことを「溝型摩擦音」（grooved fricative）とも呼びます。日本人にはその溝が簡単には作れないので，音色が変わってしまいます。】

【摩擦音と接近音の違いは狭めの程度によります。摩擦音の狭めが幾分広くなって騒音がなくなれば接近音となります。】

3.10.2 /h/

/h/ を発音している最中に，声道はすでに次の音（通常は母音）の調音位置を取っています。そのために /h/ は次の母音の無声音，あるいは次の子音の摩擦音という音質をもつことになります。従って，/h/ だけを切り離してみると，*heart* の /h/ と *hit* の /h/ は著しく異なっています。前者の音質は [ḁ] で，後者は [ɪ̥] となっています。

後続音が /j/ の場合には，*huge* のように /h/ は通常 [ç] と無声硬口蓋摩擦音で発音されます。また /h/ が声門以外の調音点をもつ摩擦音として具現化されることが後舌母音の前で時々聞かれます。/ɒ/ の前で**咽頭音**（[ħ]）になったり，/ɔː/ の前で**口蓋垂音**（[χ]）になったり，/uː/ の前で軟口蓋音（[x]）になったりします。

/h/ が *ahead* や *a house* のように母音の間に挟まれると，有声声門摩擦音 [ɦ] が，必須ではありませんが，一般的によく用いられる具現形となります。[ɦ] という発音には短い**気息音**があって，その間は振動している声帯が完全

【正確には音素 /hj/ が [ç] と具現化されます。】
【[ç] は日本語「ヒ」の子音です。*huge, human, hue* のような語では，語頭の子音が声門摩擦音ではなく，「ヒ」と同じく硬口蓋摩擦音になります。】

□咽頭音（の）（pharyngeal）/ˌfærənˈdʒiːəl/
□口蓋垂音（の）（uvular）/ˈjuːvjələ/

【日本語でも「オハヨー」（おはよう），「ゴヘンジ」（ご返事）と言うときには，/h/ が有声声門摩擦音 [ɦ] になります。】

に閉じられることがありません。声帯の間から息が漏れて「気息」という特質が生じます。

3.10.3　摩擦音の分布

　摩擦音の中には**分布**に制約をもつ音があります。/h/ は後ろに母音（*hot*, *who*, *home* 等）か /j/（*human*, *hue* 等）が続く音節の頭子音にだけ現れ，音節の尾子音には生じません。

□分布（distribution）【語や音節の中で出現し得る位置の広がり具合のことです。】

　/ʒ/ は主として語中に出現します（*treasure*, *pleasure*, *vision* 等）。語頭や語末に現れるのは比較的新しい外来語だけですが（*genre*, *camouflage* 等），そのような語でも /ʒ/ はしばしば /ʤ/ で代用されます。

3.11　屈折語尾

　複数形（*cats*），三人称現在時制（*thinks*），所有格（*John's*）に生じる接尾辞 *-s* の発音は直前の音によって決まります。歯擦音に続く時は /ɪz/，他の無声音に続けば /s/，他の有声音の後なら /z/ と発音されます（表3.5）。

□屈折語尾（inflection）【「語形変化」のこと。ここでは接尾辞 *-s*（摩擦音）と *-ed*（破裂音）を指しています。】

　同様の規則は助動詞 *has* と *is* が関わる短縮形にも当てはまります（7.7.2, 7.6.2 参照）。例として *what's* (*happened*), *that's* (*good*), *Mike's* (*left*), *it's* (*difficult*), *where's* (*Pete*), *who's* (*seen him*), *Emma's* (*arrived*) /wɒts, ðæts, maɪks, ɪts, weəz, huːz, ˈeməz/ が挙げられます。しかし，気を付けなければならないことは，先の語が歯擦音で終わる場合，*has* の発音は /əz/ であって，屈折語尾のように /ɪz/ にはなりません（*George's* (*disappeared*), *the ice's melted* /ʤɔːʤ əz, aɪs əz/）。

屈接接尾辞 *-ed*（例 *talked*）の発音もまた先行音によって決まります。/t/ あるいは /d/ に続く時には /ɪd/，他の無声音の後では /t/，他の有声音に続けば /d/ と発音されます（表3.6）。

□屈折接尾辞（inflectional suffix）【屈折語尾となる接尾辞のことです。】

表 3.5　屈折接尾辞 <-s> の発音規則

接尾辞（-s）	例
/ɪz/	buses, Alice's, seizes, Rose's, wishes, churches, catches, judges, George's, camouflages
/s/	stops, lips, hats, Pete's, thinks, Mike's, laughs, Jeff's, months, Beth's
/z/	Bob's, needs, bags, leaves, breathes, seems, Jean's, things, Jill's, bees, Sue's, cars, shores, stirs, ways, Joe's, lies, cows, toys, fears, cures, cares, Hilda's

表 3.6　屈折接尾辞 <-ed> の発音規則

接尾辞（-ed）	例
/ɪd/	waited, needed
/t/	stopped, thanked, laughed, unearthed, kissed, wished, watched
/d/	robbed, begged, saved, breathed, judged, seemed, frowned, banged, sailed, starred, stirred, ignored, played, sighed, allowed, employed, showed, feared, toured, cared

特定の形容詞（*crooked, dogged, naked, -legged, wicked* 等）の語尾は /ɪd/ と発音されることに注意。

英語の子音 2：共鳴音（鼻音・接近音）

4.1　鼻音

　英語には，両唇，歯茎，軟口蓋の調音点をもつ 3 つの**鼻音**があり，すべて有声音です。

・　両唇鼻音 /m/ では，両唇が合わさって完全な閉鎖を形成します。軟口蓋が下がり，呼気は鼻腔を通って放出されます（図 4.1）。

・　歯茎鼻音 /n/ では，舌尖が歯茎に接触し，舌の両側も上臼歯に密着して，口腔内には完全な閉鎖が作られます。同時に，軟口蓋が下がり，呼気は鼻腔を通って放出されます（図 4.2）。

・　軟口蓋鼻音 /ŋ/ では，後舌が軟口蓋に接触して閉鎖を形成し，舌の両側の後部が上臼歯に密着します。軟口蓋が下がり，呼気は鼻腔を通って放出されます（図 4.3）。

□鼻音（nasal）

【/m/ は日本語の「マ行」の子音です。1.1 の注を参照】

【/n/ は「ニ」を除く「ナ行」の子音です。「ニ」は母音「イ」の影響で調音点がやや後方にあるので，硬口蓋音 /ɲ/ となります。】

【語末や音節末の /n/ を発音するときにも，英語では最後まで舌尖が歯茎に接触しています。舌尖を離して，日本語の「ン」にならないように気を付けましょう。】

【/ŋ/ は日本語（共通語）のいわゆる「ガ行鼻濁音」（ガ行の鼻音）の子音です。日本語音声学では半濁音符「゜」を付けて表します。語中・語末の（外来語を除く）ガ行音や助詞「ガ」（「カ゚」）の発音と同じです。例「カカ゚ミ」（鏡），「テンク゚」（天狗），「コレカ゚」（此れが）。】

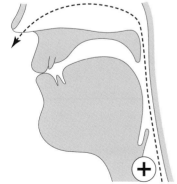

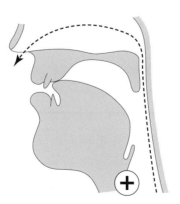

図 4.1　鼻音 /m/　　　　　図 4.2　鼻音 /n/
（矢印は気流が鼻腔を通って放出することを示す。）

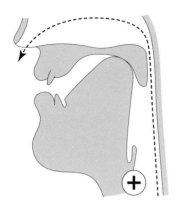

図 4.3 鼻音 /ŋ/

これらの 3 つの調音点は両唇 /p b/，歯茎 /t d/，軟口蓋 /k g/ 破裂音と同じですが，軟口蓋の状態だけが異なります。破裂音のときには上がり，鼻音のときには下がります。

4.1.1 鼻音の分布

歴史的に見れば，有声破裂音の /b/ と /g/ が語末の**子音連結**である /mb/ と /ŋg/ から消失しました。 このために /d/ が形態素末で鼻音に続いて生じる唯一の有声破裂音となりました。

表 4.1 は形態素の内部では，鼻音＋破裂音の連結は同器官的でなければならないことを示しています。つまり，同じ調音点をもつ音の連結，両唇音 /m/ ＋ 両唇音 /p/，歯茎音 /n/ ＋ 歯茎音 /t d/，軟口蓋音 /ŋ/ ＋ 軟口蓋音 /k/ に限られるということです。しかし，形態素の境界を越えた場合は，鼻音と続く破裂音が同器官的である必要はありません。1 つの音節の中でも，<-ed> 屈折形による /d/ は /m/ と /ŋ/ にも続くことができます（3.11 参照）。そして音節の境界が間にあるときにはあらゆる**子音連続**が可能です（表 4.2）。

□子音連結（consonant cluster）【「子音連結」と「子音連続」の相違については 8.1 を参照してください。】

【*climb* や *comb* の /b/ も，*sing* や *song* の /g/ も，イングランド南東部の標準英語では初期近代英語期（16〜17 世紀）まで（英語がアメリカに渡る前）に消失したとみなされています。しかし，*sing* や *song* の /g/ はイングランド中西部等の方言には今でも残っています。そのような /g/ は英語音声学では「軟口蓋鼻音の余剰」（velar nasal plus）と呼びます。】

□子音連続（consonant sequence）（8.1 参照）

表 4.1　形態素内部での鼻音 + 破裂音連結の分布

	無声破裂音の前	有声破裂音の前
/m/	*stamp* /stæmp/	*comb* /kəʊm/（*/kəʊmb/ ではない）
/n/	*hint* /hɪnt/	*land* /lænd/
/ŋ/	*bank* /bæŋk/	*ring* /rɪŋ/（*/rɪŋg/ ではない）

アステリスク * は誤りか，あるいは確認されていない発音を示す。

表 4.2　形態素の境界を越えた非同器官的な鼻音 + 破裂音の連続

	<-ed>	/p/	/b/	/t/	/d/	/k/	/g/
/m/	*rammed* /ræmd/	*homepage* /ˈhəʊmpeɪʤ/	*steamboat* /ˈstiːmbəʊt/	*timetable* /ˈtaɪmteɪbl̩/	*someday* /ˈsʌmdeɪ/	*tomcat* /ˈtɒmkæt/	*filmgoer* /ˈfɪlmgəʊə/
/n/		*pinpoint* /ˈpɪnpɔɪnt/	*sunbed* /ˈsʌnbed/	*suntan* /ˈsʌntæn/	*fandom* /ˈfændəm/	*pancake* /ˈpænkeɪk/	*wineglass* /ˈwaɪnglɑːs/
/ŋ/	*banged* /bæŋd/	*ringpull* /ˈrɪŋpʊl/	*songbird* /ˈsɒŋbɜːd/	*Paddington* /ˈpædɪŋtən/	*kingdom* /ˈkɪŋdəm/	*spring-clean* /ˈsprɪŋkliːn/	*dressing-gown* /ˈdresɪŋgaʊn/

/n/ は /p b/ や /k g/ が後続すると同化する傾向がある（9.3.1 参照）。

　軟口蓋鼻音 /ŋ/ は音節末の尾子音の位置だけに制限されます（*sing* /sɪŋ/, *sink* /sɪŋk/）。**接尾辞**が /ŋ/ で終わる語に付く場合，/ŋ/ が語中となっても，その発音には /g/ がないままとなります（*ring* /rɪŋ/, *ringing* /ˈrɪŋɪŋ/; *hang* /hæŋ/, *hanger* /ˈhæŋə/ 等）。

□接尾辞（suffix）

　要するに，語中では /ŋ/ は形態素末（接尾辞の前）にあって（*singer*, *hanging*），/ŋg/ は形態素内部（*finger*, *angry*, *angle*, *bongo*）に見られます。後者のこれらの語では /ŋg/ が語末に来ることがなかったので，/g/ が脱落しなかったのです。しかし，この一般化した規則にも例外があって，*long*, *young*, *strong* のような語は比較級と最上級では形態素末であっても（接尾辞が付いても）歴史上の /g/ が保持されています。

long /lɒŋ/	*longer* /ˈlɒŋgə/	*longest* /ˈlɒŋgɪst/
young /jʌŋ/	*younger* /ˈjʌŋgə/	*youngest* /ˈjʌŋgɪst/
strong /strɒŋ/	*stronger* /ˈstrɒŋgə/	*strongest* /ˈstrɒŋgɪst/

【最上級の接尾辞 *-est* の発音は /ɪst/ あるいは /əst/ です。「エスト」と「エ」で発音しないように気を付けましょう。】

4.1.2 音節主音の鼻音

音節 /əm/ /ən/ /əŋ/ はある特定の音声環境では（7.2 参照），音節主音の子音 [m̩] [n̩] [ŋ̍] として発音されます。つまり，**あいまい母音** /ə/ が発音されずに，鼻音が（母音に代わって）その音節の核となります。

これら 3 つの音節主音の鼻音の中では，音節主音の /n/ は他の 2 つよりもずっと頻繁に用いられ（7.2.2 参照），音節主音の /ŋ/ は**同化**（9.3 参照）の結果としてのみ生じる発音です。音節主音の子音は一般イギリス英語（GB）では非常によく使われますが，必ず用いなければならないというものではありません。

[m̩]	*chasm* /ˈkæzm̩/	*a dozen miles* /ə ˈdʌzm̩ maɪlz/
[n̩]	*raisin* /ˈreɪzn̩/	*a dozen nights* /ə ˈdʌzn̩ naɪts/
[ŋ̍]	*taken* /ˈteɪkəŋ̍/	*a dozen cats* /ə ˈdʌzŋ̍ kæts/

4.2 接近音

英語には，歯茎，後部歯茎，硬口蓋，両唇軟口蓋の 4 つの**接近音**があり，すべて有声音です。

- 歯茎（側面）接近音 /l/ では，舌尖は歯茎に接触していますが，舌の側面は片側あるいは両側が下がったままになっているので，臼歯との閉鎖は生じません。気流は閉鎖を形成している舌尖の周囲から放出されます（図 4.4）。
- 後部歯茎接近音 /r/ では，舌端と前舌でくぼみを作り，同時に舌尖が後部歯茎に向かってわずかに反り上がります（図 4.5）。唇は若干丸められます。
- 硬口蓋接近音 /j/ では，前舌が硬口蓋に接近します（図 4.6）。
- 両唇軟口蓋接近音 /w/ では，後舌が軟口蓋に接近し，同時に唇が丸められます（図 4.7）。

□あいまい母音，シュワー（schwa）

□同化（assimilation）

□接近音（approximant）

【英語の /l/ と /r/ は日本語にはない子音なので，日本人学習者はどちらの音も日本語のラ行音の子音で代用しようする傾向があります。ラ行子音はたたき音なので [ɾ]，つまり舌尖が歯茎に触れるのは一瞬です。現在の GB と GA にはたたき音はありません。】

【アメリカの標準発音である「一般アメリカ英語」（General American, GA）では，舌尖が後ろへ一層反り上がった「反り舌音」（retroflex）[ɻ] として，/r/ を発音する話者も見られます。また，GA でよく用いられている /r/ の調音は盛り上がり舌の /r/ です（1.1 の注を参照）。】

いずれの接近音でも軟口蓋が上がって，鼻腔への入り口を塞ぐ軟口蓋背面閉鎖を形成しています。

2つの調音点を示す**両唇軟口蓋音**という名称は /w/ が**二重調音**であることを示しています。つまり，同時に同程度の2つの調音，両唇接近音と軟口蓋接近音を伴っています。

【/j/ は日本語の「ヤ行」の子音や「ヤ行拗音」（「ミャ，ミュ，ミョ」（/mja, mju, mjo/）など）の2つ目の子音です。】

【/w/ は日本人の最弱点とも言えます。たいていの学習者はスピーキングでは「ワ」の子音で代用しているため，リスニングで聴き取れずに苦労します。現在の日本語では「ワ行拗音」（「クヮ，グヮ」など）が廃れてしまったために，日本人は「ワ」を発音するときに，唇をほとんど丸めません。英語の /w/ は唇を丸めて突き出して発音しましょう。】

□両唇軟口蓋音（labial-velar）
□二重調音（double articulation）（2.2.4 参照）

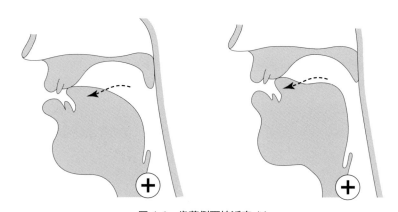

図 4.4　歯茎側面接近音 /l/
左：明るい /l/　　右：暗い /l/（軟口蓋化した /l/）
（矢印は下げられた舌の側面を通る気流の通路を示す。）

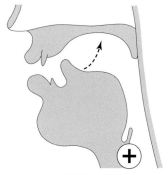

図 4.5　後部歯茎接近音 /r/
（矢印は舌の両側が臼歯に向かって上昇することを示す。）

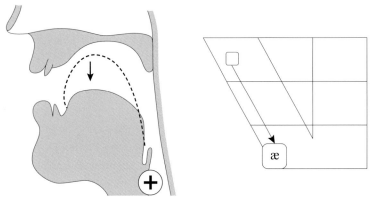

図 4.6　硬口蓋接近音 /j/：*yak* の /jæ/

(/j/ は半母音（4.2.5 参照）なので，右の母音図に舌の調音位置のおおよその変化を示す。
また，矢印は /j/ のわたり（移行）を表す。）

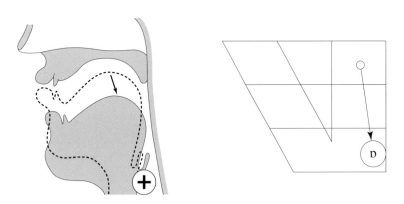

図 4.7　両唇軟口蓋接近音 /w/：*wash* の /wɒ/

(/w/ は半母音なので，右の母音図に舌の調音位置のおおよその変化を示す。
また，矢印は /w/ のわたり（移行）を表す。）

　接近音は鼻音（及び母音）と同様に共鳴音ですから，有声阻害音が無声音や休止に隣接するときに被るような無声化は生じません。しかしながら，接近音に帯気音化した無声破裂音が先行すると，その帯気音が接近音の一部，あるいは全体を無声化してしまいます。同時に接近音の狭窄を通る気流が増加して摩擦音が生じます（3.4 参照）。

【接近音の狭窄（stricture）とは，気流の通路が少し狭められている調音点を指しています。その狭めが一層狭くなると，耳障りな音が生じて摩擦音になります。】

【例えば，*pray* /preɪ/ は，/r/ が無声歯茎摩擦音 [ɹ̝] となって，[pɹ̝eɪ] と発音されます。[̝] は IPA の補助記号で，狭窄がより狭いことを表します。手書きのときには，この記号の下に無声化の補助記号 [̥] を付けることが多いようです（[ɹ̥]）。】

4.2.1　側面接近音と正中面接近音

　接近音は**側面接近音**（/l/）と**正中面接近音**（/r j w/）に分けられます。名称が示すように，気流は側面接近音では阻害のある中央の側面を通り，正中面接近音では口腔の正中線に沿って流出します。

□側面接近音（lateral approximant）
□正中面接近音（median approximant）

　このことは舌を /l/ の調音位置に付けて深く息を吸い込むと確かめられます。舌の片側か両側が側面気流のために冷たく感じられます。英語では /l/ が唯一の側面接近音ですから，通常は単に「**側面音**」と呼ばれます。また，他の接近音はすべて正中面で調音されるので，「**正中面音**」という表示は音の名称から通常省かれます。

□側面音（lateral）
□正中面音（median）

4.2.2　明るい /l/ と暗い /l/

　/l/ の調音には舌尖と歯茎の接触だけが必須なので，非常に順応性がある調音器官としての舌の残りの部位はさまざまな形状を取ることができます。後に母音（半母音（4.2.5 参照）の /j/ を含む）が続くとき，舌は比較的水平な形状をして，次の母音の位置に先に移動します。これを**明るい**（種類の）/l/（[el]）と呼びます（図 4.4 左）。

□明るい /l/（clear /l/）【明るい響きをもつためです。】

　子音（/j/ を除く）の前，あるいは休止の前の語末の位置では，後舌が軟口蓋に向かって持ち上がり（図 4.4 右），**副次調音**が行われます。このことは**暗い /l/**，あるいは**軟口蓋化した /l/** としてよく知られています。暗い /l/ を表す音声記号は [ɫ] です。

□副次調音（secondary articulation）（2.2.4 参照）
□暗い /l/（dark /l/）【後舌が軟口蓋に近づくと，響きが暗くなります。】
□軟口蓋化した /l/（velarised /l/）

【GA では，母音の前を含むすべての環境で暗い /l/ になる傾向があって，語末では特に顕著となりますが，その程度には個人差があります。】

明るい　/l/：*lead* [liːd]，*let* [let]，*lap* [læp]，*luck* [lʌk]，*law* [lɔː]，*loose* [luːs]
暗い　/l/：*well* [weɫ]，*dull* [dʌɫ]，*fall* [fɔːɫ]，*tool* [tuːɫ]，*milk* [mɪɫk]，
　　　　help [heɫp]，*salt* [sɔːɫt]，*model* [ˈmɒdɫ]，*pedal* [ˈpedɫ]

4.2.3　/l/ の母音化

イングランド南部の方言では暗い /l/ が発音されるとき，舌尖と歯茎の接触がなくなる傾向があります。そうすると，後舌だけが上がったままになり，後舌狭母音 [ʊ] のような母音が聞こえます。この発音の仕方は **/l/ の母音化**と呼ばれています。下記の語のように /l/ の母音化が音節主音の /l/ に生じると [ʊ] ~ [u] の領域の母音が発音されます。

□ /l/ の母音化 (/l/-vocalisation)

people [ˈpiːpl̩] vs. [ˈpiːpʊ]　　*middle* [ˈmɪdl̩] vs. [ˈmɪdʊ]　　*castle* [ˈkɑːsl̩] vs. [ˈkɑːsʊ]

/l/ の母音化が非音節主音の /l/ に起こると，後舌狭母音へのわたりをもつ二重母音が生じます。

self [self] vs. [seʊf]　　*milk* [mɪlk] vs. [mɪʊk]　　*canal* [kəˈnæl] vs. [kəˈnæʊ]

/l/ の母音化は GB 話者にも時折見られますが，特にイングランド南部の地域方言話者が使用しています。

4.2.4　音節主音の /l/

音節 /əl/ は音節主音の /l/，つまり [l̩] となることがよくあります (1.5, 7.2.1 参照)。調音器官が先行子音から直接 /l/ に移行して，あいまい母音 /ə/ は発音されません。/l/ はその音節の核となります。音節主音の /l/ は GB で最もよく使われる音節主音的子音で，音節主音の /n/ よりも多くの子音の後で用いられます。

音節主音の /l/：*people* [ˈpiːpl̩]，*devil* [ˈdevl̩]，*satchel* [ˈsætʃl̩]，*camel* [ˈkæml̩]，
　　　　　　　giggle [ˈgɪgl̩]

4.2.5　半母音

　接近音を分類するもう 1 つの方法は調音に関与する舌の部位によるものです。/j/ と /w/ は**半母音**で，/l/ と /r/ は**非半母音**と呼ばれます。　半母音は母音を調音するために使われる舌の部位，つまり前舌（/j/）と後舌（/w/）で調音されます。/j/ と /w/ の調音位置はそれぞれ [i] と [u] の母音と同じです。[j] と [i] では前舌が硬口蓋に接近し，[w] と [u] では，唇の丸めを伴いながら，後舌が軟口蓋に接近しています。従って [j] と [w] はこれらの母音の調音位置から始まって，後に続くより長い持続時間をもつ母音への**わたり音**となります。非半母音の接近音（/l/ と /r/）は母音の調音には用いられない舌尖や舌端で調音しています。

□半母音（semi-vowel）【調音法は母音と同じですが，音節主音（音節の核）にはならないので，子音として接近音に分類されます。】

□非半母音（non-semivowel）

□わたり音（glide）【「移行音」とも訳しますが，続く音の調音点に舌が移動する間に発せられるつなぎの音です。】

4.2.6　半母音の分布

　半母音の /j/ と /w/ は英語では音節の頭子音にだけ用いられます（*young* /jʌŋ/, *unit* /ˈjuːnɪt/, *few* /fjuː/, *one* /wʌn/, *wax* /wæks/, *twin* /twɪn/）。英語以外の言語を母語とする学習者には /j/ と /w/ が音節の尾子音（1.5 参照）にも生じると感じるかもしれませんが，英語では [i] と [u] に向かう，頭子音以外のわたり音は二重母音を形成する音節核の一部（第 2 要素）であると分析するのが一番良いとされています（6.1.3 参照）。

【音節の頭子音（1.5 参照）には /fj/, /tw/ などの子音連結も含まれます。】

FACE 母音	*cake* /keɪk/	*sail* /seɪl/	*day* /deɪ/
PRICE 母音	*like* /laɪk/	*ride* /raɪd/	*try* /traɪ/
CHOICE 母音	*voice* /vɔɪs/	*coin* /kɔɪn/	*boy* /bɔɪ/
GOAT 母音	*oak* /əʊk/	*rose* /rəʊz/	*no* /nəʊ/
MOUTH 母音	*shout* /ʃaʊt/	*clown* /klaʊn/	*plough* /plaʊ/

【左の例は [i] に向かうわたり音をもつ 3 つの二重母音 [u] に向かう 2 つの二重母音の分布を示しています。/ej/ よりも /eɪ/, /aw/ よりも /aʊ/ 等と分析することが一般的であるという意味です。】

4.2.7　/r/ の分布：R 音性

　GB は音節の頭子音以外の /r/ を発音しない，**非 R 音性的な**英語方言の代表です。別の言い方をすれば，/r/ は母音の前だけに生じて（*red* /red/），子音の前（*card* /kɑːd/）やポーズの前（*car* /kɑː/）には現れません。非 R 音性的な英語方言では音節の尾子音に来る /r/ は発音されませんが，その位置にあった歴史上の /r/ は（標準的な正書法が確立した後で消失したために）綴り字には

□R 音性（rhoticity）（6.3 参照）
□非 R 音性的な（non-rhotic）

【標準英語となったイングランド南東部の上流階級の発音が非 R 音性的になったのは，18 世紀のことです。つまり，アメリカに英語が渡った後のことです。】

残されています。そのため，たいていのアメリカ英語，スコットランド英語，アイルランド英語のような**R音性的な**英語方言話者の発音では尾子音の /r/ が今でも聞かれます。

□ R 音性的な（rhotic）
【アメリカでも北東部のニューイングランドや南部の英語は非 R 音性的です。】

　現代の GB の祖型において，/r/ が音節末から失われたとき，新しい母音音素（NEAR 母音，CURE 母音，SQUARE 母音，NURSE 母音）が出現しました。また，既存母音（THOUGHT 母音，PALM 母音，あいまい母音）を用いる語彙を増やす結果となりました。

【例えば thought と north の母音が同一となったのは，north が既存の THOUGHT 母音で発音されるようになったからです。】

NEAR 母音：	*deer* /dɪə/	*here* /hɪə/	*fear* /fɪə/
CURE 母音：	*tour* /tʊə/(/tɔː/)	*poor* /pʊə/(/pɔː/)	*sure* /ʃʊə/(/ʃɔː/)
SQUARE 母音：	*bare* /beə/	*pair* /peə/	*wear* /weə/
NURSE 母音：	*hurt* /hɜːt/	*bird* /bɜːd/	*verb* /vɜːb/
THOUGHT 母音：	*north* /nɔːθ/	*force* /fɔːs/	*door* /dɔː/
PALM 母音：	*start* /stɑːt/	*farm* /fɑːm/	*heart* /hɑːt/
あいまい母音：	*surprise* /səˈpraɪz/	*offer* /ˈɒfə/	*donor* /ˈdəʊnə/

　非 R 音性的な英語方言では /r/ がポーズ前の語末で脱落しても，ポーズなしに次の語が母音で始まる場合には /r/ が残されることに注意が必要です（*far away* /ˈfɑːr əˈweɪ/）。**/r/ の連結**という現象が生じるからです（6.3, 9.4 参照）。

□ /r/ の連結（/r/-liaison）

4.2.8　ヨッドの脱落

　/j/（**ヨッド**）が音節の頭子音だけに生じることはすでに見ましたが（4.2.6 参照），頭子音にあっても位置によって /j/ は脱落する傾向があります。その現象は**ヨッドの脱落**と呼ばれます。歴史的には /j/ は硬口蓋歯茎音（*chute* /ʃuːt/, *chew* /tʃuː/, *juice* /dʒuːs/），/r/（*rude* /ruːd/），及び子音が先行する /l/（*blue* /bluː/, *flew* /fluː/）の後で脱落しています。

□ ヨッド（yod）【/j/ の呼び名】
□ ヨッドの脱落（yod-dropping）

この傾向は現在も広がり続けています。単独の /l/（*lute* /luːt/, *allude* /əˈluːd/）や語頭の /s/（*suit* /suːt/）に続く /j/ が落ちることは今では普通となり，語中の /s/（*assume* /əˈsuːm/），/z/（*presume* /prɪˈzuːm/），/θ/（*enthusiasm* /ɪnˈθuːziæzm̩/）に続く /j/ の脱落も一般的になってきました。要するに，/j/ は特定の舌尖子音（歯音と歯茎音）の後では脱落しますが，唇音（両唇音と唇歯音）と軟口蓋音の後では常に保持されています（*few* /fjuː/, *beauty* /ˈbjuːti/, *cute* /kjuːt/）。

【GB と多くのイギリス英語方言では，歯茎破裂音や歯茎鼻音の後のヨッドがまだ保持されていますが，GA ではそのようなヨッドも脱落します。GA の例としては，*tune* /tuːn/, *duke* /duːk/, *news* /nuːz/ などが挙げられます。】

4.2.9　ヨッドの融合

/j/ が語中で /t/ あるいは /d/ に先行されるとき（*tuna, mature, Tuesday; duty, reduce, duke*），/tj/ と /dj/ の子音連結はそれぞれ /tʃ/ と /dʒ/ に変わる傾向が強くなっています。**ヨッドの融合**と呼ばれる，/j/ が /t/ や /d/ と結合して /tʃ/ や /dʒ/ を形成するプロセスは，歴史的に見れば，以前から強勢のない弱音節に生じてきました（*nature, question; soldier, procedure*）。それが強勢のある音節にも広がっています。

□ヨッドの融合（yod-coalescence）

　融合同化（9.3.2 参照）と呼ばれる音声変化に含まれるものですが，ヨッドの融合は *you* と *your* が後続するとき（*don't you, did you*），には語境界を越えてよく起こります。

□融合同化（coalescent assimilation）

　ヨッドの脱落とヨッドの融合の結果として，/j/ は唇音（*few, view, pure, beauty*）と軟口蓋音（*cute, argue*）に続く連結においてのみ確実に見出されるに過ぎないものになりました。

第 5 章

母音の分類

5.1 母音の記述

第 2 章で見たように子音とは声道を通過する気流に何らかの阻害を伴う言語音です。それでは母音とは何でしょうか。母音は子音とは反対の言語音です。つまり、声道を通過する気流を阻害しない音のことです。

/ɑː/ と長く言ってください。医者がのどを診察するときに指示する発音です。気流が支障なく口から出ていることがわかるでしょう。次に /iː/ と /ɔː/ を発音してみてください。/iː/ は *tree* の <ee>、/ɔː/ は *saw* の <aw> の発音です。唇と舌がこれらの異なった母音のために違った位置をとることに気付くでしょう。しかし、どちらの場合にも子音に見られるような妨げや閉鎖はありません。

子音が阻害の種類と声道における阻害の位置によって分析されるとすれば、阻害のない母音はどのように分析できるでしょうか。舌と唇はさまざまな母音に対応して変化に富んだ複雑な形状をとりますが、比較的簡単な分類法が母音を記述するために考案されました。図 5.1 の母音図は**国際音声学会**の国際音声記号（IPA チャート）からの抜粋で、その母音の分類法に基づいています。

□国際音声学会（the International Phonetic Association）【略号は同学会が制定する発音記号と同じ IPA です。（2.2.5 参照）】

5.1.1 舌の形状

図 5.1 の背景にある母音の分類法を理解するためには、まず**母音領域**という呼び名で知られる、母音を発出するときの舌の位置の範囲を確かめることです。その分類法には決まった調音上の**基準点**（参照点）が 2 つあります。

□母音領域（vowel space, vowel area）

□基準点（reference point）

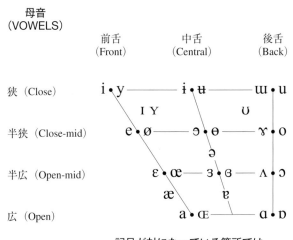

母音
(VOWELS)

| | 前舌
(Front) | 中舌
(Central) | 後舌
(Back) |

狭（Close）

半狭（Close-mid）

半広（Open-mid）

広（Open）

記号が対になっている箇所では，
右側が円唇母音を表す。

図 5.1　IPA チャートの母音図

　最初の基準点を見つけるには，**舌体**の前舌面をできるだけ前に出し，かつ硬口蓋との隙間が狭くなるように前舌面をできるだけ押し上げながら母音を発音してみることです。これが［i］という母音の調音位置になります（図5.2）。もしそれ以上前方や上方へ舌を移動させれば，耳に聞こえるほどの摩擦音が舌と硬口蓋の間に生じてしまい，その音はもはや母音ではなくなります。

　2 番目の基準点は反対のことをすれば見つかります。口を開いて，舌根と咽頭壁の間に摩擦音が生じない限りできるだけ舌を下げて，かつ後方に引きます。この基準点は［ɑ］という母音です。

　さらに 2 つの母音の調音位置が確認できます。舌を可能な限り上方へ，かつ後方へ押し上げると，［u］という母音になります（図5.4）。また，舌をできるだけ前方へ，かつ下方へ押し下げると，［a］という母音になります（図5.5）。

□舌体（body of tongue）【舌の口腔部を指します。】

【これら 2 つの基準点は母音を分類・比較するために Daniel Jones が第一次世界大戦中に考案した，特定の自然言語の母音ではない人工的な「基本母音」（Cardinal Vowels, CVs）の第 1 番［i］と第 5 番［ɑ］に基づいています。CVs の母音図は Jones（1917）が初出で，その詳細は Jones（1918）で解説されました。】

【［a］は［æ］よりも舌が前方に押し下げられます。英語の /æ/ は，現在の GB ではこの［a］で発音されます（6.1 参照）。一方，GA では［æ］のままです。】

59

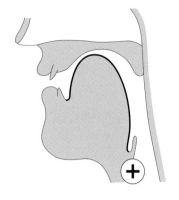

図 5.2　母音 [i] の舌の形状

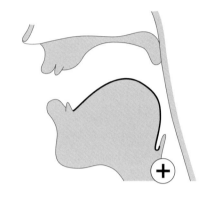

図 5.3　母音 [ɑ] の舌の形状

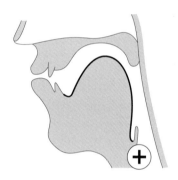

図 5.4　母音 [u] の舌の形状

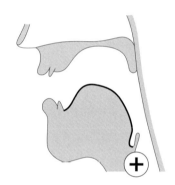

図 5.5　母音 [a] の舌の形状

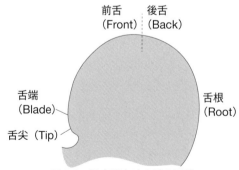

図 5.6　母音調音時の舌の形状
（舌体が持ち上がり，舌尖と舌端が下がっている。）

これらの母音を発音している間は，舌尖と舌端が口中の低い位置にある（図5.6）ことに注意してください。舌尖と舌端は母音の発音にはかかわっていません。このために前舌という専門用語の位置が音声学の専門家以外にはわかりにくいのです。前舌は実際には母音を調音するために用いられる舌の前部であって，一般の人が舌の中心，あるいは中央であるとみなす部位です。

ではしばらく母音領域の境界を探ってみてください。矛盾するように思われるかもしれませんが，声を出さないでそうすることが一番良いです。母音を発音するときに声を出すと，調音器官の感触や動きや位置の感覚がわかりにくくなってしまいます。

[i] の位置から始めましょう。それから，[u] の位置まで無言でゆっくりと舌を移動させましょう。舌をできる限り口蓋に近づけたまま，母音が子音に変わらないように気を付けましょう。次に [ɑ] の位置までゆっくりと舌を移動してください。舌を母音領域の低い後ろの限界まで引き下げましょう。

同様に [i] の位置から [a] の位置まで，母音領域の前面の境界に沿って舌を動かして，そのまま [ɑ] の位置まで移動させてください。舌が図5.7と図5.8に示されるような楕円形で動いている感じがするでしょう。

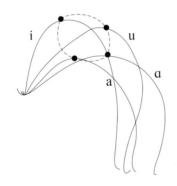

図 5.7　母音 [i, u, a, ɑ] の舌の形状を重ねた図
（黒点は各母音を発音するときの舌の最も高い位置を示し，破線は母音領域の範囲を示す。）

【Daniel Jones の基本母音システムでは，調音的な定義をもつのは基準点となる 2 つの母音だけで，他の母音は聴覚的に定義されています。第 1 番と第 5 番の間にある第 2 番 [e]，第 3 番 [ɛ]，第 4 番 [a] は母音領域の周辺に沿って，聴覚的に等間隔に配置されました。そしてその聴覚的な間隔を後舌母音の周辺領域に延長して割り当て，第 6 番 [ɔ]，第 7 番 [o]，第 8 番 [u] が決められました。】

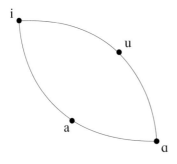

図 5.8　母音領域

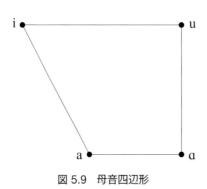

図 5.9　母音四辺形

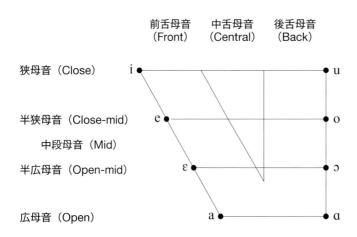

図 5.10　8 つの基本となる参照母音

楕円は実用には扱いにくい形ですから，図式化する場合は，IPA チャートにあるように，弧を直線にした**母音四辺形**を使います（図 5.9）。その形状は正方形ではありません。[i] と [u] の調音位置（舌の最も高い位置）の距離が [a] と [ɑ] の調音位置の距離よりも長いこと，及び [i] と [a] の調音位置の間隔が [u] と [ɑ] の調音位置の間隔よりも広いことを示しています。

この母音図にはさらに 4 つの位置が補足され，左側に [e, ɛ]，右側に [o, ɔ] が等間隔に配置されます。最後に母音領域を扱いやすくするために，垂直と水平に上下左右平行な直線を加えて仕切ります（図 5.10）。縦の区分は，**狭母音**，**中段母音**，**広母音**と呼ばれ，中段母音はさらに，**半狭母音**と**半広母音**に分割されます。横の区分は，**前舌母音**，**中舌母音**，**後舌母音**となります。

5.1.2　唇の形状

本章ではここまで舌の位置だけを説明してきましたが，唇の形状も同様に大切です。舌と唇はそれぞれ独自に動かせますから，あらゆる母音の舌の調音位置は**非円唇**と**円唇**のどちらを伴うこともできます。このために IPA の母音図の記号はほとんどのものが対になっています。左側の記号が非円唇母音，右側の記号が円唇母音を表しています。

5.1.3　母音の記述的名称

幸運なことに，子音の場合と同じように（2.2.5 参照），母音の記述的名称が 3 つの要素を用いて手短に述べられます。舌の垂直の位置，舌の水平の位置，唇の形状の 3 点です。例えば，図 5.1 に示されているような**周辺母音**（母音領域の周辺部に位置する母音）は，表 5.1 のように記述できます。

□母音四辺形（vowel quadrilateral）

【図 5.10 に示された基準となる**参照母音**（reference vowel）を考案した Daniel Jones は，これら 8 つの母音を「**第一次基本母音**」（Primary Cardinal Vowels）と名付けました。名称の番号は左上（前舌狭母音）から反時計回りに第 1 番 [i] から第 8 番 [u] と振られています。】

□狭母音（close vowel）
□中段母音（mid vowel）
□広母音（open vowel）
□半狭母音（close-mid vowel）
□半広母音（open-mid vowel）
□前舌母音（front vowel）
□中舌母音（central vowel）
□後舌母音（back vowel）

□非円唇（unrounded lips）
□円唇（rounded lips）

【第一次基本母音では，ヨーロッパの諸言語を考慮して，第 1 番 [i] から第 5 番 [a] までが非円唇母音であるのに対して，第 6 番 [ɔ]，第 7 番 [o]，第 8 番 [u] は円唇母音となっています。各基本母音の調音位置に近い，英語やフランス語の母音を観察して，優勢な唇の形状が選ばれました。】

【「**第二次基本母音**」（Secondary Cardinal Vowels）の第 9 番 [y] から第 16 番 [ɯ] までは第一次基本母音と同じ調音位置で，唇の形状だけが反対になるものです。IPA の母音チャートも基本母音が基になっていますから，その記号は図 5.1 に示されています。また，第二次基本母音には第 17 番 [ɨ]（非円唇）と第 18 番 [ʉ]（円唇）として中舌狭母音が加えられました。】

表 5.1　周辺母音の記述的名称

記号	日本語名称	母音名称
[i]	非円唇前舌狭母音	close front unrounded
[y]	円唇前舌狭母音	close front rounded
[e]	非円唇前舌半狭母音	close-mid front unrounded
[ø]	円唇前舌半狭母音	close-mid front rounded
[ɛ]	非円唇前舌半広母音	open-mid front unrounded
[œ]	円唇前舌半広母音	open-mid front rounded
[a]	非円唇前舌広母音	open front unrounded
[Œ]	円唇前舌広母音	open front rounded
[ɯ]	非円唇後舌狭母音	close back unrounded
[u]	円唇後舌狭母音	close back rounded
[ɤ]	非円唇後舌半狭母音	close-mid back unrounded
[o]	円唇後舌半狭母音	close-mid back rounded
[ʌ]	非円唇後舌半広母音	open-mid back unrounded
[ɔ]	円唇後舌半広母音	open-mid back rounded
[ɑ]	非円唇後舌広母音	open back unrounded
[ɒ]	円唇後舌広母音	open back rounded

【日本語の母音「ウ」を IPA の母音記号で示すときには，基本母音第 16 番の [ɯ]（逆さまの m, "turned em"）を使います。「ウ」は唇が平唇なので，丸めて突き出すような円唇の [u] は不適切です。】

【子音の記述的名称を VPM ラベルと呼ぶように，P. Ashby（2011: 89）では母音の記述的名称を「**BOR** ラベル」（BOR label, Backness-Openness-(lip) Rounding label）と呼んでいます。この場合，要因となる舌の垂直位置と水平位置の順番が逆になります。しかし，英語名称における順序としては，本書の表 5.1 に示されるものが一般的です。また，日本語訳の場合は，3 要素の順序は 3 通りあって，定着しておりません。人によって語呂が良いと感じるものが異なるようです。】

□周辺母音（peripheral vowel）
【自然言語（英語や日本語など）の母音は人工的な参照母音（基本母音）のように調音位置が母音領域の周辺部にあるとは限りません。内側に寄っている母音があります。】

英語の母音

6.1　英語の母音音素

　一般イギリス英語（GB）には母音音素が 20 あります。表 6.1 に辞書や教材で広く使われている母音の発音記号を示します。また，発音記号に続けて各母音に言及するための**キーワード**（Wells 1982 に基づく名称）を提示します。**シュワー**(/ə/) にキーワードがないのは，シュワーという呼び名が定着しているためです。

　英語の母音を表す音素記号が必ずしも正確な音質を適切に表示しているとは限りません。（1）音素記号が決められた後で母音の音質が変わったものもあれば，（2）「エキゾチックな」（珍しい）母音記号が印刷や執筆を容易にするために避けられることもあるからです。

　例えば，TRAP 母音の音素記号は /æ/ ですが，これは音素記号が選択された約 50 年前に発音されていた母音の記号で，半広母音と広母音の中間に位置する非円唇前舌母音を示すものです。近年ではこの母音は完全な広母音となっていますから，/a/ がより適切な音素記号と言えます。

　DRESS 母音も半狭母音 /e/ より半広母音 /ɛ/ に近い非円唇前舌母音に変わってから久しいのですが，音素記号を /e/ のままにしておく方がより正確な /ɛ/ を使うよりも日々の教育目的にはわかりやすくなります。

　表 6.2 には，もし IPA チャートの母音記号（図 5.1）を使って，現在の英語母音を表記するとすれば，どんな記号になるか，顕著な違いのある母音素の記号について IPA の最も近い記号を示します。

【一般アメリカ英語（GA, 4.2 の注を参照）では母音音素は 16 となります。母音の後の /r/ が発音されるために，一般イギリス英語のような NEAR 母音 /ɪə/, CURE 母音 /ʊə/, SQUARE 母音 /eə/ はありません。これらの母音音素はそれぞれ /ɪ, ʊ, e/ となります。さらに LOT 母音 /ɒ/ が PALM 母音 /ɑː/ と同じ [ɑː] となるためです。また，アメリカ合衆国のほぼ西側半分の地域では，LOT 母音と THOUGHT 母音 /ɔː/ が融合して，どちらも [ɑː] となりますから，アメリカの西部では，母音音素は 15 とみなすことができます。】

□融合する（merge）【発音が変化して，2 つの音素が 1 つの音素に合併することです。】

□キーワード（keyword）【Wells（1982）は標準語彙セット（1.3 の注を参照）を作成し，各セットの母音を代表するキーワード（その母音を含む単語）を採って，KIT 母音，FOOT 母音等をその母音の名称としました。】

□シュワー(schwa /ʃwɑː/)【強勢を伴わないあいまい母音】

【本書のアメリカ英語版である Carley & Mees（2020）では大胆にも GA の母音音素は 13 としています。STRUT 母音 /ʌ/ と NURSE 母音 /ɜː/（GA では /ɚː/）をシュワーとみなすためです。しかし，強勢のある母音をシュワーと呼ぶことは一般的ではありません。】

表 6.1　一般イギリス英語（GB）の母音

抑止単一母音（checked monophthongs）

/ɪ/	KIT 母音	gym, busy, pretty, build, sieve, women
/ʊ/	FOOT 母音	book, put, would, woman
/e/	DRESS 母音	bread, friend, leisure, leopard, bury, said
/ɒ/	LOT 母音	job, want, sausage, knowledge
/æ/	TRAP 母音	cat, plait, meringue
/ʌ/	STRUT 母音	mud, love, touch

自由単一母音（free monophthongs）

/iː/	FLEECE 母音	pea, bee, key, even, kilo, field
/uː/	GOOSE 母音	food, blue, fruit, move, group, flew
/ɜː/	NURSE 母音	fur, sir, word, earn, berth
/ɑː/	PALM 母音	pass, park, heart, clerk
/ɔː/	THOUGHT 母音	war, oar, door, sore, paw, fraud, fort
/eə/	SQUARE 母音	rare, pair, wear, heir, aerial

自由二重母音 — 狭母音化, 前舌化（free diphthongs – closing, fronting）

/eɪ/	FACE 母音	pay, mail, take, break, vein, prey, gauge
/aɪ/	PRICE 母音	pie, dry, dye, pi, high, aisle
/ɔɪ/	CHOICE 母音	toy, foil, buoy

自由二重母音 — 狭母音化, 後舌化（free diphthongs – closing, backing）

/aʊ/	MOUTH 母音	now, loud
/əʊ/	GOAT 母音	blow, hero, nose, hoax, soul

自由二重母音 — 中舌化（free diphthongs – centring）

/ɪə/	NEAR 母音	fear, idea, era, cheer, weird, here, pier
/ʊə/	CURE 母音	poor, tour, jury

弱母音（weak vowels）

/ə/	シュワー	fibre, water, forget, perform, future, about
/ɪ/	弱い KIT 母音	savage, naked, basic, invest
[i]	弱い FLEECE 母音	baby, honey, taxi, coffee, cookie, acne, react, serious
[u]	弱い GOOSE 母音	genuine, continuous, jaguar, virtual
/ʊ/	弱い FOOT 母音	accurate, deputy, regular

表 6.2　母音音素の記号比較（現在の記号と IPA の最も近い記号）

キーワード	現在の記号	IPA の代用記号
FOOT 母音	/ʊ/	/ɵ/
DRESS 母音	/e/	/ɛ/
LOT 母音	/ɒ/	/ɔ/
TRAP 母音	/æ/	/a/
STRUT 母音	/ʌ/	/ɐ/
GOOSE 母音	/uː/	/ʉː/
NURSE 母音	/ɜː/	/əː/
THOUGHT 母音	/ɔː/	/oː/
SQUARE 母音	/eə/	/ɛː/
CURE 母音	/ʊə/	/ɵə/

6.1.1　強母音と弱母音

　英語の母音を説明するときは，強勢のある音節に通常生じる母音と強勢の
ない音節に通常生じる母音に区別されます。前者は**強母音**の体系に，後者は
弱母音の体系に分類されます。これら 2 つのタイプの音節で分けられる英語
母音にははっきりとした区別があって，その違いは他の言語にはあまり見ら
れません。

　シュワーを除くすべての母音が強勢のある音節で用いられるのに対して，
強勢がない音節に生じる母音の種類はずっと少なく，シュワーのほかには，
KIT 母音，FLEECE 母音，GOOSE 母音，FOOT 母音が弱母音に含まれます（表 6.1
の最下段，第 7 章参照）。これは別の強母音が無強勢音節に全く生じないとい
うことではなく，どちらかと言えば，そのような母音が弱母音として無強勢
音節で用いられることが例外的であるとみなされるためです。

　逆に言えば，シュワーが無強勢音節だけに生じる唯一の弱母音であり，他
の 4 つの弱母音は強勢のある音節でもよく用いられる強母音にもなります。
表 6.1 の弱母音の欄を見ると，弱い FLEECE 母音と弱い GOOSE 母音に音素記
号ではない特別な記号，[i] と [u] が表示されていることに気付くでしょう。
これら 2 つの弱母音は歴史的にそれぞれが弱い KIT 母音と弱い FOOT 母音か
ら発達したことを示しています。

□強母音（strong vowel）
□弱母音（weak vowel）
【日本語には強母音と弱母音の区別はな
く，一定の音価と持続時間が保たれま
す。しかし，共通語では「イ」/i/ と「ウ」
/ɯ/ が無声子音の間や文末に来るときに
は無声化して，息だけで発音されるか，
あるいは脱落します。例「シカ（鹿）」「〜
デス（文末）」】
【FOOT 母音が弱母音として使われるのは
GB であって，その環境では GA はシュ
ワーとなります。例 *stimulus*, *regular*,
uvular】
【例外的に強母音が弱母音となる例とし
ては，*idea*, *okapi*, *hyperbola* や派生語
の *hostility*, *vitality*, *representation* な
どが挙げられます。表 6.1 の GOAT 母音
の綴り字一覧にある *hero* も弱母音とし
て使われている例です。*narrow* も同様
ですが，語末の GOAT 母音が弱化して
シュワーとなることはリズムの関係で難
しいと言えます。*thorough* が GB でシュ
ワーとなった（GA では GOAT 母音）の
はこの母音が弱化したときにはまだ後ろ
の子音（gh）が発音されていたためで
す。つまり上記の例はすべて無強勢音節
にありますが，リズム強勢としての強母
音が維持されています。】

本書ではこれらの弱母音の表記は，これらの記号が必要となって考案された 20 世紀末時点の表記法に従っています。[i] が「FLEECE 母音，あるいは KIT 母音」，[u] が「GOOSE 母音，あるいは FOOT 母音」というようにそれぞれ 2 つの音素の可能性を示しています。

しかし最近では，このような音声環境の弱母音に KIT 母音や FOOT 母音を使用すると，間違いなく時代遅れの印象を与えてしまいます。それでも辞典や英語教材では広く用いられているので，その表記法と一致させるために本書でもこれらの記号を使っています。

6.1.2 抑止母音と自由母音

強母音は**抑止母音**（図 6.1）と**自由母音**（図 6.2～図 6.5）に二分されます。

- **抑止母音**

    KIT 母音 /ɪ/，FOOT 母音 /ʊ/，DRESS 母音 /e/，LOT 母音 /ɒ/，
    TRAP 母音 /æ/，STRUT 母音 /ʌ/

- **自由母音**

    FLEECE 母音 /iː/，GOOSE 母音 /uː/，THOUGHT 母音 /ɔː/，PALM 母音 /ɑː/，
    NURSE 母音 /ɜː/，SQUARE 母音 /eə/，FACE 母音 /eɪ/，PRICE 母音 /aɪ/，
    CHOICE 母音 /ɔɪ/，MOUTH 母音 /aʊ/，GOAT 母音 /əʊ/，NEAR 母音 /ɪə/，
    CURE 母音 /ʊə/

本書の以下の母音図には母音の唇の形状が図形で示されています。非円唇母音には四角 □，円唇母音には丸 ○ を使っています。二重母音に関しては，非円唇から円唇に移行するものには四角から丸に変わる図形，円唇から非円唇に移行するものには丸から四角に変わる図形を用います。

抑止母音と自由母音という分類は強母音が生じる音節のタイプに基づいています。自由母音は閉音節にも開音節にも（1.5 参照）生じるから「自由」なのです。閉音節には尾子音があって，母音の後に 1 つか 2 つ以上の子音が続きます。

【[i] と [u] は音素記号ではないので，本書では斜線括弧を使いません。20 世紀中頃までの容認発音（RP）では，音節末に生じる弱母音（*happy, radiation, value, influence*）は短母音の KIT 母音と FOOT 母音が一般的でした。それが次第に KIT 母音は FLEECE 母音と，FOOT 母音は GOOSE 母音と**中和**（neutralisation）して，同一話者にも揺れが生じ，さらに音価もあいまいになったために，これらの記号が 1980 年頃から用いられるようになりました。発音辞典には *LPD* の初版（Wells, 1990）から見られるので，本文中に「20 世紀末時点」と表現されています。】

□抑止母音（checked vowel）
□自由母音（free vowel）【「開放母音」と訳されることもあります。】

【/ɪ/ は口の力を抜いて，軽く「イ」と発音した母音です。それに対して /iː/ は口角を横に強く引いて，力を入れて発音します。】

68

自由母音をもつ**閉音節**（単音節語）の例

 seed /siːd/, *lose* /luːz/, *sword* /sɔːd/, *hard* /hɑːd/, *bird* /bɜːd/, *pears* /peəz/,

 haze /heɪz/, *size* /saɪz/, *boys* /bɔɪz/, *town* /taʊn/, *load* /ləʊd/, *beard*

 /bɪəd/, *cures* /kjʊəz/

開音節は母音の後に<u>尾子音がない</u>音節です。

自由母音をもつ**開音節**（単音節語）の例

 tea /tiː/, *do* /duː/, *law* /lɔː/, *star* /stɑː/, *sir* /sɜː/, *pair* /peə/, *pay* /peɪ/,

 tie /taɪ/, *boy* /bɔɪ/, *now* /naʊ/, *go* /gəʊ/, *fear* /fɪə/, *cure* /kjʊə/

抑止母音は閉音節だけに生じるので，その分布が制限されているという意味で「抑止」された母音なのです。

抑止母音をもつ**閉音節**（単音節語）の例

 sit /sɪt/, *put* /pʊt/, *head* /hed/, *boss* /bɒs/, *sad* /sæd/, *luck* /lʌk/

 上記の抑止母音を語末（開音節）にもつ英単語を何か思い付きますか。/nɪ/, /tʃʊ/, /de/, /plɒ/, /fæ/, /lʌ/ のような語があるでしょうか。いいえ，そのような英単語はありません。

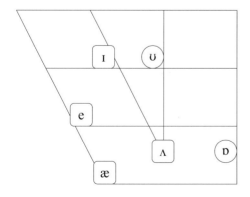

図 6.1　抑止母音

69

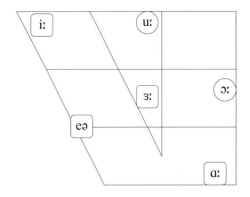

図 6.2　自由母音 — 単一母音

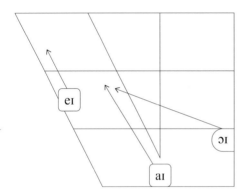

図 6.3　自由母音 — 前舌狭母音化二重母音

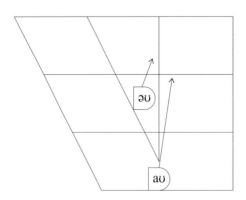

図 6.4　自由母音 — 後舌狭母音化二重母音

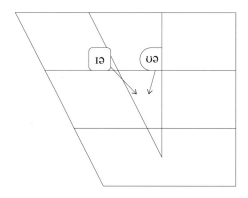

図 6.5　自由母音 ― 中舌化二重母音

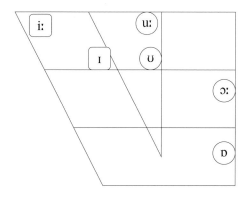

図 6.6　FLEECE 母音 /KIT 母音，GOOSE 母音 /FOOT 母音，
THOUGHT 母音 /LOT 母音の各音価

　抑止母音と自由母音はまた，長さの相違として従来説明されてきました。抑止母音は「短い」母音（短母音），自由母音は「長い」母音（長母音）と呼ばれてきました。このような一般化にも一理あります。同一の音声環境であれば，自由母音は一貫して抑止母音よりも長いからです。そのため自由母音のうち**単一母音**には音素記号に長音の印 [:] が付けられるのです。

□単一母音（monophthong）【母音を調音している間，舌が移行しないで，母音の音価が一定の母音です。表 6.1 のように自由母音には単一母音と二重母音があります（6.1.3 参照）。】

71

しかし，英語の話し言葉には母音の持続時間に影響を与える要因がたくさんあります。「短い」抑止母音が時には長めに発音され，また特に，「長い」自由母音が短縮されることは頻繁に生じます。従って，変わりやすい母音の持続時間に基づくのではなく，開音節と閉音節における分布という固定された不変の事実に基づいて強母音を分類する方が適切です。

「短母音／長母音」という専門用語には音素記号を使い分けるための意味合いがありました。以前は KIT 母音，FOOT 母音，LOT 母音にはそれぞれ /i/, /u/, /ɔ/ という記号が使われていました。それに対して，FLEECE 母音，GOOSE 母音，THOUGHT 母音は，現在でも使われているように /iː/, /uː/, /ɔː/ と表記されました。

これは出版物に使用する際に風変わりな記号を避けることで表記を簡単にするために工夫されたものです。従って，長音記号 [ː] は 3 つの抑止母音（KIT 母音，FOOT 母音，LOT 母音）に独自の記号を用いることなく，上記各ペアの母音を区別するために使われました。

しかし，これが不運な結果をもたらしました。英語学習者にこれらのペアの母音は長さだけが異なるものと誤解されるようになってしまったのです。図 6.6 に示すように，これらの母音の違いは長さだけではありません。

FLEECE 母音／KIT 母音，GOOSE 母音／FOOT 母音，THOUGHT 母音／LOT 母音の各ペアは舌の調音位置の違いに起因する母音の音質が異なります。それが各ペアの母音を区別する最も重要な特徴です。母音の長さは変わりやすく，一定ではありません。

ですから一部の英語学習者に誤解されているように，FLEECE 母音，GOOSE 母音，THOUGHT 母音を短く発音すると KIT 母音，FOOT 母音，LOT 母音になるとか，あるいは逆に，KIT 母音，FOOT 母音，LOT 母音を長く発音すると FLEECE 母音，GOOSE 母音，THOUGHT 母音になるというのは，全く正しくないのです。

【長い自由母音が頻繁に短く発音されるのは硬音前短縮（3.2.1 参照）によりますが，それを逆に考えれば，軟音の前の母音は長められるとも言えます。また，方言によっては音素的に長母音と短母音の対立がない英語もあります。スコットランド英語では，どの母音も有声摩擦音と /r/ と形態素境界の前でのみ長母音となり，その他の音声環境ではすべて短母音として発音されます。】

【GA には GB の LOT 母音に当たる円唇母音はありません。GA の LOT 母音は非円唇母音なので，PALM 母音と同じです。】

【日本語の「ウ」は抑止母音に似ていますが，「イ」と「オ」は自由母音の方が調音位置は近くなります。しかし，やや力を加える必要があります。「エ」と「ア」は GB の /e/ と /ʌ/ に近似しています。日本語母音は口や舌にあまり力を入れずに発音されています。】

6.1.3　単一母音と二重母音

　母音はさらに**二重母音**と単一母音に分けられます。二重母音は発音の間に初めの母音から別の母音へと**わたり**がある母音です。単一母音は母音の調音位置が一定です。抑止母音はすべて単一母音であり，自由母音は下記のように単一母音と二重母音の両方に分類できます。

- **自由単一母音**
  FLEECE 母音 /iː/, GOOSE 母音 /uː/, THOUGHT 母音 /ɔː/, NERSE 母音 /ɜː/, PALM 母音 /ɑː/, SQUARE 母音 /eə/

- **自由二重母音**
  FACE 母音 /eɪ/, PRICE 母音 /aɪ/, CHOICE 母音 /ɔɪ/, MOUTH 母音 /aʊ/, GOAT 母音 /oʊ/, NEAR 母音 /ɪə/, CURE 母音 /ʊə/

　単一母音はただ 1 つの母音記号で表記されますが，二重母音は 2 つの記号で示されます。最初の記号が二重母音の開始位置を表し，2 つ目の記号がそのわたりの方向を示します。

　本書の単一母音と二重母音の表記法には 1 つだけ特例があって，近年では単一母音 [ɛː] として発音される SQUARE 母音を 2 つの母音記号 /eə/ で示しています。その理由はこの音素記号が用いられるようになった頃，この母音が二重母音だったためですが，それから数十年が経過し，現在では単一母音の発音が最も一般的な発音として優勢になりました。しかし，英語教育の教材ではいまだに二重母音の記号が用いられているので，それと整合性をもたせるために本書でもやや紛らわしいこの記号を採用しました。

　二重母音はわたりの方向に従って分類できます。**中舌化二重母音**（図6.5）はわたりが母音領域の中央にあるシュワーの位置に向かう二重母音です（NEAR 母音 /ɪə/ と CURE 母音 /ʊə/）。上述のように SQUARE 母音も単一母音に変化する前はその音素記号が示すように中舌化二重母音でした。

　中舌化二重母音以外の二重母音は**狭母音化二重母音**と呼ばれます。調音が進むにつれて舌が母音領域の最上部にある狭母音の位置に向かうためです。

□二重母音（diphthong）

□わたり（glide）【舌が移動する距離，また，それに伴う音の変化を指します。】

□自由単一母音（free monophthong）

【FLEECE 母音は口角を思いきり左右に張り，GOOSE 母音は唇をすぼめて突き出し，NURSE 母音はシュワーの調音位置で舌に力を入れて発音すると通じるようになります。】

□自由二重母音（free diphthong）

【二重母音の 2 つ目の記号は終着点ではなく，舌が移行する方向を示しているので，実際にはその記号で示されている母音に到達しないことがよくあります。日本語の「アイ」（愛）とか「アオ」（青）は連母音（<ruby>連母音<rt>れんぼいん</rt></ruby>）と言って，2 つの母音の連続ですから，二重母音ではありません。英語の二重母音は初めの母音を強く長く発音して，後半にわたりを付けるようにしましょう。】

□中舌化二重母音（centring diphthong）【GA には中舌化二重母音はありません。第 2 要素のシュワーは非 R 音性的な方言で，/r/ が脱落する少し前の時期に，母音が割れ（6.5 参照）を起こして生じたものだからです。】

□狭母音化二重母音（closing diphthong）

狭母音化二重母音はさらに母音領域の前方へのわたりがある**前舌化二重母音**（FACE 母音 /eɪ/, PRICE 母音 /aɪ/, CHOICE 母音 /ɔɪ/, 図 6.3）と後方へのわたりをもつ**後舌化二重母音**（MOUTH 母音 /aʊ/, GOAT 母音 /əʊ/, 図 6.4）に分類されます。

GB の二重母音はすべてが**下降二重母音**です。下降二重母音というのは第 1 要素の母音を第 2 要素よりも長く発音し，第 2 要素のわたりを短く弱く発音する二重母音です。そのため，狭母音化二重母音は前舌狭母音や後舌狭母音に向かって移行しようとするだけで，第 2 要素の母音に達することはめったにありません。

狭母音化二重母音の第 2 要素の音素記号 [ɪ] と [ʊ] は，全般的な前舌狭母音と後舌狭母音の領域を示しているだけで，[ɪ] と [ʊ] が実際の到達目標ではありません。本書の母音図（図 6.3～図 6.5）では二重母音の出発点を示し，わたりは矢印で表しています。

二重母音の分類にはわたりの程度による方法もあります。つまり，PRICE 母音 /aɪ/, MOUTH 母音 /aʊ/, CHOICE 母音 /ɔɪ/ はわたりが比較的長いので，**広い二重母音**と呼ばれます。FACE 母音 /eɪ/, GOAT 母音 /əʊ/, NEAR 母音 /ɪə/, CURE 母音 /ʊə/ はわたりが幾分短いので，**狭い二重母音**です。

6.1.4 三重母音

三重母音という用語は英語の母音に関連して多くの文献で用いられてきましたが，英語には音素としての三重母音はありません。二重母音が 1 つの音節の中で，ある位置から別の位置へのわたりをもつ母音であるように，三重母音もすべて 1 音節の内部で 3 つ目の母音へのわたりがなくてはならないからです。

これまで三重母音と呼ばれてきた母音は，実は 2 つの音節が連続したものだけで，下記の例のように，狭母音化二重母音の後にシュワーが付いたものです。

□前舌化二重母音（fronting diphthong）

□後舌化二重母音（backing diphthong）

【GA の GOAT 母音は第 1 要素も後舌母音で /oʊ/ になります。開始点の調音位置は日本語の「オ」とほぼ同じです。】

□下降二重母音（falling diphthong）
【ちなみに第 2 要素の方が長くて強いものを「上昇二重母音」（rising diphthong）と呼び，英語 yes の [je] や日本語のヤ行音「ヤ，ユ，ヨ」等がそれに該当すると解釈できますが，通常その第 1 要素は母音ではなく，接近音（子音）とみなされます。しかし，ウェールズ英語等では GOOSE 母音が GOOSE 母音 /uː/ と JUICE 母音 /ɪu/ に分かれて対立します（blue /bluː/ vs. blew /blɪu/）。その JUICE 母音は上昇二重母音です。】
【中舌化二重母音は第 2 要素がシュワーなので，わたりが短くてもシュワーには達することができます。それでも第 1 要素の方が長いので，下降二重母音と言えます。】

□広い二重母音（wide diphthong）
□狭い二重母音（narrow diphthong）

□三重母音（triphthong）

- PRICE 母音 /aɪ/ ＋ シュワー /ə/：*fire* /ˈfaɪə/, *wire* /ˈwaɪə/, *choir* /ˈkwaɪə/, *iron* /ˈaɪən/
- MOUTH 母音 /aʊ/ ＋ シュワー /ə/：*tower* /ˈtaʊə/, *sour* /ˈsaʊə/, *hour* /ˈaʊə/, *flour* /ˈflaʊə/
- FACE 母音 /eɪ/ ＋ シュワー /ə/：*layer* /ˈleɪə/, *player* /ˈpleɪə/, *greyer* /ˈgreɪə/, *slayer* /ˈsleɪə/
- GOAT 母音 /əʊ/ ＋ シュワー /ə/：*lower* /ˈləʊə/, *mower* /ˈməʊə/, *rower* /ˈrəʊə/, *slower* /ˈsləʊə/
- CHOICE 母音 /ɔɪ/ ＋ シュワー /ə/：*buoyant* /ˈbɔɪənt/, *employer* /ɪmˈplɔɪə/, *joyous* /ˈdʒɔɪəs/

　PRICE 母音 /aɪ/ と MOUTH 母音 /aʊ/ にシュワーが付いたものが三重母音として最もよく論じられてきました。それらの母音連続がより多くの語で用いられ，また 1 つの形態素の中に見られることも多いからです。

　それに対して FACE 母音 /eɪ/，GOAT 母音 /əʊ/，CHOICE 母音 /ɔɪ/ とシュワーが連続したものはほとんど，上記の例が示すように，シュワーが接尾辞（別の形態素）の部分にあります。

　このような母音連続の状況は**平滑化**と呼ばれる音声変化の過程でさらに複雑になります。平滑化とは母音の連続において 1 つの母音要素が部分的に，あるいは完全に消失することです。

□平滑化（smoothing）

　二重母音のわたりの要素はかなり弱いので，後にシュワーが続くときにはほとんど消えてしまうように短縮されることがあります。舌は二重母音の開始位置から直接シュワーへと移行してしまいます。そうするとその母音は単音節（たった 1 つの音節）となり，*fire* [faə] や *sour* [saə] のように，別の二重母音を形成します。

　このような変化が PRICE 母音 /aɪ/ と MOUTH 母音 /aʊ/ でより頻繁に生じるために，そのプロセスはさらに進んで，舌が二重母音の出発点から動かない場合があります。その結果，それは *fire* [faː] や *sour* [saː] のような長い単一母音となります。

FACE 母音 /eɪ/，GOAT 母音 /əʊ/，CHOICE 母音 /ɔɪ/ とシュワーの連続では平滑化があまり見られません。単語の数も少ないながら，話し手がそのような母音連続を構成している 2 つの要素（形態素）に気付いているためです。

　しかし，平滑化は興味深い現象ですが，結局は学習者に模倣することをお勧めできません。平滑化を多用すると，社交上は「気取った（上流の）」話し方として目立ってしまいますし，平滑な母音連続は決して必須の発音ではないのです。学習者が適切に個々の二重母音とシュワーを発音できれば，その発音が他の音連続以上に大きな混乱を引き起こすはずがありません。

6.2　硬音前短縮

　抑止母音と自由母音の固有の長さに加えて，多数の要因が母音の持続時間に影響を与えます。そのような要因の多くは発話速度のように英語特有のものではありません。しかし，英語で特に強調されている全般的な傾向は，同一音節内で直後に無声子音が続くときの母音（及び母音以外の共鳴音）の短縮です。この現象は「硬音前短縮」（3.2.1 参照）と呼ばれますが，「硬音」とは「無声音」の別名であり，「短縮」とは共鳴音の持続時間を短くすることです。

　この短縮が最も顕著に見られるのは自由母音ですが，そもそも自由母音は本質的に持続時間がかなり長いためです。下記の完全な長さ（軟音の前）と短縮された長さ（硬音の前）をウェブサイトの音声を聴いて比べてみましょう。

seed /siːd/ vs. *seat* /siːt/　　　*lose* /luːz/ vs. *loose* /luːs/

save /seɪv/ vs. *safe* /seɪf/　　*side* /saɪd/ vs. *site* /saɪt/　　*void* /vɔɪd/ vs. *voice* /vɔɪs/

code /kəʊd/ vs. *coat* /kəʊt/　*loud* /laʊd/ vs. *lout* /laʊt/

　二重母音が短縮される場合は，わたりではなく，第 1 要素が短くなるので，下降二重母音であることがあまり明瞭ではなくなります。

　上記の例は，狭い単一母音（FLEECE 母音 /iː/，GOOSE 母音 /uː/），及び前舌狭母音へのわたりをもつ二重母音（FACE 母音 /eɪ/，PRICE 母音 /aɪ/，CHOICE

母音 /ɔɪ/），あるいは後舌狭母音へのわたりをもつ二重母音（GOAT 母音 /əʊ/，MOUTH 母音 /aʊ/）です。

　狭母音の要素を含まない自由母音，つまり中舌化二重母音，広い単一母音，及び中段の単一母音では，短縮の程度はそれほど際立たなくなります。次の完全な長さとわずかに短縮された長さを聴き比べてみましょう。

peers /pɪəz/ vs. *pierce* /pɪəs/

heard /hɜːd/ vs. *hurt* /hɜːt/

cord /kɔːd/ vs. *court* /kɔːt/

card /kɑːd/ vs. *cart* /kɑːt/

scares /skeəz/ vs. *scarce* /skeəs/

　該当する状況を示す（硬音前短縮が生じる）英単語の数に注意しましょう。CURE 母音には見当たりません。NEAR 母音と SQUARE 母音にはほんのわずかだけ見つけられます。NURSE 母音と CHOICE 母音には適度な数の語があり，PALM 母音と THOUGHT 母音ではたくさん見つかります。

　抑止母音は元々本質的に短い母音なので，それがこうむる短縮の程度もごくわずかです。しかしそれでもまだ硬音前短縮が認められます。次の完全な長さとわずかに短縮された長さを聴き比べてみましょう。

his /hɪz/ vs. *hiss* /hɪs/　　*hood* /hʊd/ vs. *hook* /hʊk/

bed /bed/ vs. *bet* /bet/　　*mug* /mʌg/ vs. *muck* /mʌk/

rag /ræg/ vs. *rack* /ræk/　　*log* /lɒg/ vs. *lock* /lɒk/

　硬音前短縮は母音だけではなく，あらゆる共鳴音に影響を与えます。先行する母音とともに側面接近音 /l/ と鼻音 /m, n, ŋ/ は持続時間が短くなります（3.2.1 参照）。

【硬音前短縮が生じる語として，NEAR 母音では *fierce* と *pierce* の 2 語，SQUARE 母音では *scarce* だけしか見つかりません。NURSE 母音では *birth*, *dirt*, *first* 等の十数語，CHOICE 母音では *voice*, *joint*, *moist* 等の数語があるので，適度な数（a moderate number）と説明されています。】

共鳴音と阻害音の連続が後に続くことができる母音は概して抑止母音です。その場合，共鳴音と抑止母音が結合した短縮効果は抑止母音だけが短縮した場合に比べてずっと顕著なものになります。完全な長さと短縮された長さを比較してみましょう。

build /bɪld/ vs. *built* /bɪlt/　　*bulb* /bʌlb/ vs. *pulp* /pʌlp/

hummed /hʌmd/ vs. *hump* /hʌmp/　　*rammed* /ræmd/ vs. *ramp* /ræmp/

lend /lend/ vs. *lent* /lent/　　*wand* /wɒnd/ vs. *want* /wɒnt/

wins /wɪnz/ vs. *wince* /wɪns/　　*lunge* /lʌnʤ/ vs. *lunch* /lʌntʃ/

banged /bæŋd/ vs. *bank* /bæŋk/　　*anger* /ˈæŋgə/ vs. *anchor* /ˈæŋkə/

　硬音前短縮は適切な発音習得と母音の聞き分けのためだけではなく，後の子音が何であるかを識別する手掛かりとしても大切です。3.2.2 で見たように，英語の有声阻害音（破裂音，破擦音，摩擦音）は実際には完全な有声音になる可能性があるというに過ぎません。それらはしばしば部分的にのみ有声音であるか，あるいは完全に無声化する場合すらあります。

　このような場合，先行する共鳴音（母音，鼻音，接近音）の長さは，その阻害音が有声音か無声音かを識別するための重要な指標となります。

6.3　R 音性

　一般イギリス英語（GB）は**非 R 音性的**な英語方言で，音素 /r/ は母音の前だけに生じて，子音の前とポーズが続く語末では発音されなくなりました。スコットランド，アイルランド，北米大陸に見られる R 音性的な英語方言では，母音の直前ではない位置でも /r/ が消失することなく，綴り字に <r> がある場合には，今でもそれが発音されています。

　非 R 音性方言では，音節末の /r/ が消失した結果として，<r> で綴られながらも <r> を発音しない新しい母音が下記のように発生しました。

□ R 音性（rhoticity）【音節末の /r/ を発音することです。】（4.2.7 参照）

□非 R 音性的な（non-rhotic）

- NEAR 母音 /ɪə/：*steer* /stɪə/, *here* /hɪə/, *fear* /fɪə/, *fierce* /fɪəs/, *beard* /bɪəd/
- SQUARE 母音 /eə/：*care* /keə/, *pair* /peə/, *bear* /beə/, *there* /ðeə/, *scarce* /skeəs/
- NURSE 母音 /ɜː/：*purse* /pɜːs/, *bird* /bɜːd/, *verb* /vɜːb/, *earth* /ɜːθ/, *word* /wɜːd/
- CURE 母音 /ʊə/：*moor* /mʊə/, *assure* /əˈʃʊə/

　また別のグループとして，母音の直前ではない位置の /r/ の消失によって，結果的にその母音が他の母音と融合して，以下の 3 つの母音音素のように 1 つの母音で発音される語が増加しました。

- PALM 母音 /ɑː/：*start* /stɑːt/, *car* /kɑː/, *part* /pɑːt/, *card* /kɑːd/, *barn* /bɑːn/, *heart* /hɑːt/
- THOUGHT 母音 /ɔː/：*north* /nɔːθ/, *force* /fɔːs/, *warm* /wɔːm/, *more* /mɔː/, *roar* /rɔː/, *door* /dɔː/
- シュワー /ə/：*litre* /ˈliːtə/, *surprise* /səˈpraɪz/, *grammar* /ˈɡræmə/, *forgive* /fəˈɡɪv/

　/r/ はもう 1 つの母音が後に続くときには常に発音されますから注意してください（9.4 参照）。

- NEAR 母音 /ɪə/：*hero* /ˈhɪərəʊ/, *weary* /ˈwɪəri/, *hearing* /ˈhɪərɪŋ/, *clearer* /ˈklɪərə/
- SQUARE 母音 /eə/：*parent* /ˈpeərənt/, *vary* /ˈveəri/, *fairy* /ˈfeəri/, *wearing* /ˈweərɪŋ/
- NURSE 母音 /ɜː/：*furry* /ˈfɜːri/, *stirring* /ˈstɜːrɪŋ/, *blurry* /ˈblɜːri/, *purring* /ˈpɜːrɪŋ/
- CURE 母音 /ʊə/：*curious* /ˈkjʊəriəs/, *boorish* /ˈbʊərɪʃ/, *fury* /ˈfjʊəri/, *during* /ˈʤʊərɪŋ/
- PALM 母音 /ɑː/：*starring* /ˈstɑːrɪŋ/, *guitarist* /ɡɪˈtɑːrɪst/, *Sahara* /səˈhɑːrə/
- THOUGHT 母音 /ɔː/：*warring* /ˈwɔːrɪŋ/, *Laura* /ˈlɔːrə/, *story* /ˈstɔːri/, *boring* /ˈbɔːrɪŋ/

【例えば，初期近代英語期（1500〜1700年）の *north* /ɒr/ や *force* /oːr/ から 18 世紀に /r/ が消失した結果，20 世紀の初めまでに *thought* と同じ /ɔː/ になりました。つまり，3 つの母音が 1 つの母音に融合しました。さらに現在の GB では /ɔː/ が /oː/ に変わりつつあります。】

綴り字によって迷わないように特に注意すること，またどの語が /r/ を発音するのか，しないのかを確かめることが大切です。そして少し練習すれば，母音の前だけで /r/ を発音する習慣が楽に身に付きます。

　GB のような非 R 音性方言では，ポーズや子音で始まる語が後続するときに，語末の /r/ が消失したことに注意してください。母音で始まる語が直後に続くときには，その語末の /r/ は**母音の前の**位置にあるものとみなして，発音されます。そのような現象は **/r/ の連結**と呼ばれます（9.4 参照）。

□母音の前の（pre-vocalic）（1.1 参照）
□ /r/ の連結（/r/-liaison）【「連結の /r/」（linking /r/）とも言います。】

- NEAR 母音 /ɪə/：*here and there* /ˈhɪər ən ˈðeə/
- SQUARE 母音 /eə/：*fair and square* /ˈfeər ən ˈskweə/
- NURSE 母音 /ɜː/：*stir and strain* /ˈstɜːr ən ˈstreɪn/
- CURE 母音 /ʊə/：*pure and simple* /ˈpjʊər ən ˈsɪmpl̩/
- PALM 母音 /ɑː/：*far and wide* /ˈfɑːr ən ˈwaɪd/
- THOUGHT 母音 /ɔː/：*more and more* /ˈmɔːr ən ˈmɔː/

6.4　暗い /l/ の影響

　暗い /l/（4.2.2 参照）を発音するために後舌が軟口蓋に向かって持ち上がると（軟口蓋化すると），先行する母音の調音位置を後ろに引っ張るという効果が生じます。

【本文中の音声記号には IPA の「後方舌根性（舌根が後ろに引かれた）」(retracted tongue root) 補助記号が付いていませんが，母音の調音位置が後ろに引かれたことを示すには，[e̙] のように母音記号の下にその補助記号を付けます。】

- **抑止母音**：*sit* [sɪt] vs. *silt* [sɪɫt]，*bet* [bɛt] vs. *belt* [bɛɫt]，*pat* [pæt] vs. *pal* [pæɫ]，*cut* [kʌt] vs. *cult* [kʌɫt]，*dot* [dɒt] vs. *doll* [dɒɫ]，*put* [pʊt] vs. *pull* [pʊɫ]
- **自由母音**：*cur* [kɜː] vs. *curl* [kɜːɫ]，*star* [stɑː] vs. *snarl* [snɑːɫ]，*four* [fɔː] vs. *fall* [fɔːɫ]，*food* [fuːd] vs. *fool* [fuːɫ]
- **二重母音**：*how* [haʊ] vs. *howl* [haʊɫ]，*go* [ɡəʊ] vs. *goal* [ɡəʊɫ]

　この効果は特に GOAT 母音に著しく（1.1 の訳注を参照），ここ数十年で GOAT 母音の開始点がより後方化かつ広母音化した異音 [ɒʊ] が生まれました。

6.5　/l/ の前の割れ

　暗い /l/ が前舌狭母音の FLEECE 母音 /iː/，及び前舌狭母音方向へのわたりをもつ二重母音（FACE 母音 /eɪ/，PRICE 母音 /aɪ/，CHOICE 母音 /ɔɪ/）の後に続くときには，これらの母音と暗い /l/ の間でしばしばシュワー /ə/ が発音されます。この現象は **/l/ の前の割れ** として知られています。

□割れ（breaking）【英語学では特に古英語（Old English）の研究等で長年この用語が使われていますが，割れというのは「二重母音化」（diphthongisation）のことです。】

fee [fiː] vs. *feel* ['fiːəɫ]　　*pay* [peɪ] vs. *pale* ['peɪəɫ]
tie [taɪ] vs. *tile* ['taɪəɫ]　　*toy* [tɔɪ] vs. *toil* ['tɔɪəɫ]

□/l/ の前の割れ（pre-/l/ breaking）【この /l/ は暗い /l/ です。】

　語末の /l/ の後ろに母音で始まる接尾辞や単語が続くとき，暗い /l/ は明るい /l/（4.2.2 参照）に変わって，シュワーの挿入はなくなります。

feel ['fiːəɫ] vs. *feeling* ['fiːlɪŋ] or *feel it* ['fiːl ɪt]
sail ['seɪəɫ] vs. *sailing* ['seɪlɪŋ] or *sail along* ['seɪl ə'lɒŋ]
smile ['smaɪəɫ] vs. *smiling* ['smaɪlɪŋ] or *smile at* ['smaɪl ət]
toil ['tɔɪəɫ] vs. *toiling* ['tɔɪlɪŋ] or *toil away* ['tɔɪl ə'weɪ]

6.6　近年の発達（新しい音韻変化）

6.6.1　前舌化，下げ，上げ

　前世紀の中頃から GB の単一母音の多くが母音領域の周辺に沿って反時計回りの方向に推移する傾向が見られるようになりました。図 6.7 はこの傾向を示したものです。

□下げ，下がる（lowering, lower）【英語発達史の用語で，母音の調音位置が広母音方向に推移（変化）することです。】

□上げ，上がる（raising, raise）【母音が狭母音方向に推移すること】

　この推移の最も顕著な例は，GOOSE 母音 /uː/ と FOOT 母音 /ʊ/ の前舌化（調音位置が後舌母音から中舌母音の領域まで推移したこと）です。前者は **GOOSE 母音の前舌化** としてよく知られるようになりました。

□GOOSE 母音の前舌化（GOOSE-fronting）

　同時に DRESS 母音 /e/ と TRAP 母音 /æ/ には **下げ** が生じて，それぞれ半広母音，広母音へと推移しました。また，LOT 母音 /ɒ/ と THOUGHT 母音 /ɔː/ には **上げ** が起こり，それぞれ半広母音と半狭母音の位置に一層近づきました。

周辺的な（つまり，調音位置が母音領域の縁にある）単一母音の中で推移しなかった母音は，調音位置が前舌狭母音領域にある FLEECE 母音 /iː/ と KIT 母音 /ɪ/，及び PALM 母音 /ɑː/ だけでした。

　また，20 世紀の後半に STRUT 母音 /ʌ/ が前舌化しましたが，その後再び後舌化しています。こうして近づいてきた TRAP 母音 /æ/ との距離を保っています。

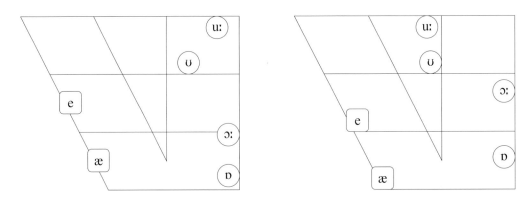

図 6.7　推移した GB の単一母音 — 左：20 世紀　右：21 世紀（現在）

6.6.2　中舌化二重母音の単一母音化

　中舌化二重母音という分類がどうやら GB から失われる運命にあるようです。少なくとも 19 世紀最後の四半期以来，SQUARE 母音には二重母音の**変異形**（発音）[eə] とともに，シュワーへのわたりを欠いた単一母音の変異形 [ɛː] が使われてきました。その単一母音が 20 世紀の間により一般的となって，最も普通の発音として二重母音の変異形から取って代わることになりました。

□変異形（variant）

　現在ではその単一母音の発音が標準であり，少数派の二重母音は相当古めかしく感じられる発音になりました。それでも本書で /eə/ という音素記号を用いているのは，出版されている他のたいていの教材や辞書と整合性をもたせるためです。

82

NEAR 母音も同様に単一母音化の過程を経験しつつありますが，SQUARE 母音と比べるとその進行の程度はずっと劣っています。［iː］と［ɪə］のどちらの発音も普通に感じられ，古めかしいとか急進的であるというような型にはめられることはありません。

CURE 母音もまた単一母音化の過程を経ているところです。特にヨッド /j/ の後では，現代の前舌化した FOOT 母音を長く伸ばした発音［ɵː］になります。

しかし，さらに重要なことは，CURE 母音が現在までの長い期間をかけて，THOUGHT 母音と融合してきたことです。20 世紀を通じて CURE 母音は次第に THOUGHT 母音に置き換えられてきました。特に使用頻度の高い語は，*sure* ［ʃɔː］，*your* ［jɔː］，*poor* ［pɔː］のように THOUGHT 母音で発音されます。

この発達の歩みはまだ不完全ですが，外国人学習者にアドバイスするうえでは十分です。簡潔に言えば，すべての CURE 語群（CURE 母音の語）は THOUGHT 母音で発音できます。そのような発音で英語らしさが損なわれることはありません。

6.6.3　*happ*ʏ 母音の緊張母音化

20 世紀の中頃から弱母音としての「弱い KIT 母音」/ɪ/ が発達して，特定の音声環境では新しい弱母音である「弱い FLEECE 母音」［i］に変わりました（6.1.1 参照）。

この新しい弱母音は以下の環境に生じました。語末（*happy*, *coffee*, *movie*），形態素末（*anti-*, *multi-*, *semi-*），母音の前（*react*, *alien*, *piano*, *area*），そして最近では *be-*（*before*），*de-*（*delete*），*e-*（*elect*），*pre-*（*predict*），*re-*（*repeat*）のような語頭でも使われます。この現象は ***happ*ʏ 母音の緊張母音化**と呼ばれるようになりました。

20 世紀の終わり頃，［i］という音声記号と *happ*ʏ 母音というキーワードが英語音声学に導入されました。当時，その母音は年配世代の人たちには以前からの弱い KIT 母音で発音される傾向がある一方，若い世代の人たちには

【［ɵ］は円唇中舌半狭母音（close-mid central rounded）で，GB の前舌化した現在の FOOT 母音を正確に表記するときはこの記号が適しています。また，この記号は「横棒のついたオー」（barred o）です。TH 音を表す［θ］「シータ」（theta）のように縦長ではありません。】

□ *happ*ʏ 母音（the *happ*ʏ vowel）【*happy* の語末に代表される音節末の弱母音［i］を指し，綴り字ではターゲットとなる語末の ʏ だけを小型大文字とし，*happ* はイタリック体で表します。表 6.1 では「弱い FLEECE 母音」（weak FLEECE）として示されています。】

□緊張母音（tense vowel）【力を入れて調音器官を緊張させて発音する母音で，自由母音が該当します。抑止母音はあまり力を入れずに発音するので，「弛緩母音」（lax vowel）と呼ばれます。】

□緊張母音化（tensing）【弛緩母音（抑止母音）が同じ狭母音領域で対応する緊張母音（自由母音）に変わることです。】

新しく生じた弱い FLEECE 母音で発音される傾向があるということを示すための記号と名称でした。

　しかし現在では，上記の音声環境の母音は弱い FLEECE 母音が一般的になりました。そして弱い KIT 母音は時代遅れの発音，あるいは特定の地域方言に限定されています。

　[i] という音声記号が今ではもはや「弱い KIT 母音，<u>あるいは，</u>弱い FLEECE 母音」を意味しないで，代わりにただ「現在では弱い FLEECE 母音，<u>しかし昔は，</u>弱い KIT 母音」という意味になりました。そうなると，この記号は全く必要ないもので，複雑ではないはずの音素表記をただ複雑にしているに過ぎません。

　その母音は /iː/ で示し，他のすべての母音同様に，無強勢音節では短く発音されると覚えておく方が多くの点で良いでしょう。しかしながら，他の出版物との整合性を保つために本書でもその例外的な，音素ではない記号を使います。

　類似した音韻変化が「弱い FOOT 母音」/u/ でも進行しました。それは母音の前の位置で別の新しい弱母音，つまり，「弱い GOOSE 母音」[u] に取って代わられました（*tuition, annual, situation*）。

　元々弱い FOOT 母音は弱い KIT 母音よりもずっと少数の語にしかありませんでした。その結果，今では弱い FOOT 母音はほぼ完全になくなりました。上述のように母音の前の位置では弱い GOOSE 母音と交代しました。そして，子音の前の位置では，<u>シュワーに置き代わりました</u>（*ridiculous, executive, singular*）。

　弱い FLEECE 母音と同じく，弱い GOOSE 母音も余計な発音記号 [u] で表記することになりますが，一貫性のために本書でも使います。

【著者は弱い GOOSE 母音も /uː/ で表記すれば問題ないと主張しています。】

84

6.7　母音の長さと音素対立

　6.1.2 で指摘したように非常に普及した初期の表記法では，FLEECE 母音 /iː/ と KIT 母音 /i/, GOOSE 母音 /uː/ と FOOT 母音 /u/, THOUGHT 母音 /ɔː/ と LOT 母音 /ɔ/ の記号は長音の印の有無で区別されました。その結果，これらのペアの母音の違いは長さだけだという誤った印象が与えられてしまいました。実際にそれらを区別しているものは音質（舌と唇の構え）です。

　ところが，英語には長さだけで区別される母音もあります。例えば NURSE 母音 /ɜː/ は以前シュワーに長音の印を付けて /əː/ と表記されていました。この場合，NURSE 母音は本当に長いシュワーに過ぎないので，記号のために発音が誤解されることはありません。

　今では DRESS 母音 /e/ の下げ（[ɛ]）と SQUARE 母音 /eə/ の単一母音化（[ɛː]）が生じたので，どちらの母音にも非円唇前舌半広母音（[ɛː]）を使用することが可能です（*ferry* [ˈfɛri] vs. *fairy* [ˈfɛːri]）。

　また，話者が NEAR 母音 /ɪə/ の単一母音化した変異形 /ɪː/ を使っている場合，結果的に KIT 母音 /ɪ/ と NEAR 母音 /ɪə/ の音素対立は長さだけに基づくことになります（*bid* [bɪd] vs. *beard* [bɪːd]）。

□音素対立（phonemic contrast）【別の音素であると識別されることです。】

【NURSE 母音とシュワーの調音位置はほぼ同じですが，強母音と弱母音の違いを際立たせるために英語音声学では前世紀後半から音素記号を分けています。】

第 7 章

弱母音と弱形

7.1　弱母音

弱母音と呼ばれる少ない数の母音（図 7.1）が無強勢音節で用いられます。

□弱母音（weak vowel）（6.1.1 参照）

- ・　シュワー /ə/：*banana, computer, surprise, hazardous, policeman*
- ・　弱い KIT 母音 /ɪ/：*ignore, damage, wanted, churches*
- ・　弱い FLEECE 母音 [i]：*happy, money, coffee, area, react*
- ・　弱い GOOSE 母音 [u]：*continuous, reputation*
- ・　弱い FOOT 母音 /ʊ/：*accurate, regular*

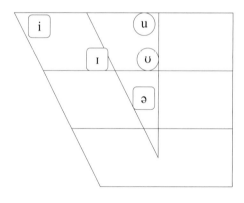

図 7.1　弱母音

7.1.1　シュワー /ə/

　シュワーは無強勢音節だけに現れるので，顕著な弱母音と言えます。それに対して残りの弱母音は強母音にも成り得るので，強勢のない音節で弱母音として使われる他に，多数の語で強勢のある音節に用いられます。

86

　シュワーは弱音節に生じるために英語では最もよく使われる母音であり音素となります。シュワーがさまざまな母音字で綴られ，後ろに <r> の文字を伴うこともあれば，伴わないこともあるということに注意してください。次の単語の下線部はすべてシュワーで発音されます。

about, collar, system, better, theatre, ability, Hampshire, pilot, forget, famous, colour, bonus, murmur, Pennsylvania, martyr

7.1.2　弱い KIT 母音 /ɪ/

　弱い KIT 母音は今でもシュワーの次によく使われる弱母音ですが，現在の GB では以前ほど使用頻度が高いわけではありません。その理由はまず特定の音節末の位置では，弱い KIT 母音が弱い FLEECE 母音に変わりました（6.1.1, 7.1.3 参照）。次に多くの語では，シュワーが弱い KIT 母音に完全に取って代わったか（*chocolate*），あるいは弱い KIT 母音よりもずっと頻繁に発音されるようになりました（*-less, -ness*）。

　シュワーは弱い KIT 母音の代わりに頻繁に生じますが，GB には弱い KIT 母音だけが使われる語もまだ多数存在しています（*pocket, cabbage*）。また，屈折語尾の <-s> と <-ed> が母音を伴って発音される場合には，その弱母音も弱い KIT 母音の方が標準的な発音となります（3.11 参照）。従って，下記のような対立が維持されています。

centred /ˈsentəd/ vs. *scented* /ˈsentɪd/
bordered /ˈbɔːdəd/ vs. *boarded* /ˈbɔːdɪd/
losers /ˈluːzəz/ vs. *loses* /ˈluːzɪz/

【GA では *pocket* や *cabbage* はシュワーで発音され，弱い KIT 母音が使われることはありません。しかしイギリスでは，GB の発音が弱い KIT 母音なので，シュワーも聞かれますがそれは非標準的な発音とみなされます。ちなみにシュワーの母音領域は広いので，これらの語では GA のシュワーが日本人には「エ」と聞こえてしまいます。】

【GA では <-s> と <-ed> が伴う母音もシュワーが一般的です。】

7.1.3　弱い FLEECE 母音 [i] と弱い GOOSE 母音 [u]

　弱い FLEECE 母音 [i] と弱い GOOSE 母音 [u] には対応する強母音と区別するために長音記号を除いた特別な音声記号が用いられますが，これらの弱母音は強母音としての FLEECE 母音や GOOSE 母音と音素が異なるわけでも，音の聞こえ方が変わるわけでもありません。

【6.6.3 に詳述されているように，これらの弱母音は現在の GB では FLEECE 母音と GOOSE 母音になります。】

もちろん弱い FLEECE 母音と弱い GOOSE 母音は無強勢音節にのみ生じるために持続時間が短くなる傾向があります。しかし，強い FLEECE 母音と強い GOOSE 母音もまた音声環境によっては短く発音されることがあります。

　これら2つの弱母音はかつて弱い KIT 母音 /ɪ/ と弱い FOOT 母音 /ʊ/ で発音されていたので，強母音である FLEECE 母音 /iː/ と GOOSE 母音 /uː/ とは区別した音声記号（[i] と [u]）が使われるようになりました。しかし，20世紀のうちに KIT 母音や FOOT 母音から次第に分離してきました（6.1.1, 6.6.3参照）。

　その結果，20世紀後半には年配の話者が弱い KIT 母音と弱い FOOT 母音を使い，若い人たちが弱い FLEECE 母音と弱い GOOSE 母音で話すという傾向が広がりましたが，多少の揺れも見られました。このような状況に応じて，音声学者は両者の可能性を表記するために，音素記号ではない [i] と [u] という音声記号を使い始めたのです。

　しかし数十年がたって，弱い FLEECE 母音と弱い GOOSE 母音の発音が事実上一般的となった現在，本書でも他の出版物と整合させるためにこれらの記号を使っていますが，厳密にはもう特別な音声記号は必要なくなりました。

　弱い FLEECE 母音と弱い GOOSE 母音の代わりに，弱い KIT 母音と弱い FOOT 母音を使うと，今では時代遅れの容認発音（RP），あるいはある特定の地域方言の特徴を示すことになります。

　弱い FLEECE 母音も弱い GOOSE 母音も母音の前に生じます（*glorious*, *strenuous*）。また，弱い FLEECE 母音の方は語末（*happy*）や形態素末（*semi-*）でもよく使われます。

　語頭の <be->（*become*），<de->（*decide*），<e->（*enough*），<pre->（*prefer*），<re->（*relax*）では，弱い KIT 母音やシュワーに代わって弱い FLEECE 母音がますます増えています。

　GB 話者の中には語末（*city, marry*）では弱い FLEECE 母音，子音が直後に続く屈折形（*cities, married*）では弱い KIT 母音と使い分ける人もいますが，

【20世紀の後半には，これら語頭の弱母音が KIT 母音からシュワーに変わりつつあったことが特徴的でした（*become* や *behind* の /bɪ/ が /bə/ に変化）。しかしそれが早くも新しい変化（/bi/）を遂げています。ところが日本の教育現場では今でも20世紀前半の KIT 母音で指導されることが多いので，特段の注意が必要です。】

どちらの位置で弱い FLEECE 母音を発音しても全く問題ないので，あえて気に留める必要はないでしょう。

7.1.4　弱い FOOT 母音 /ʊ/

　弱い FOOT 母音は最近ではほとんど重要ではない弱母音になりました。この弱母音は古風な発音に特有のもので，今は弱い GOOSE 母音かシュワーに置き換えられます。

7.2　音節主音的子音

　弱音節の顕著な特徴の 1 つは，ある特定の環境では子音がその音節の核と成り得ることです。それに対して，強音節は常に母音を中核としています。**音節主音的子音**はシュワーと**共鳴音**（母音に近い子音）が連続したものから発達しました。

　このような音の連続が特定の子音の後に続くとき，調音器官はその子音からシュワーを完全に飛ばして，後の共鳴音に移動することが可能となります。その場合，母音（シュワー）の**音節主音性**（音節を形成する能力）は共鳴音が引き継ぐので，総じて語の音節数に変わりはありません。

　音節主音的子音の使用は必須ではありませんが，ごく普通に生じるので，音節主音的子音を全く使わないと極めて不自然です。

　最もよく使われる音節主音的子音は /l̩/ と /n̩/ です。音節主音の /m̩/ は該当する音声環境を備えた単語がほとんどないのであまり一般的ではありません。また，音節主音の /ŋ̍/ は**同化**（9.3.1 参照）の結果としてのみ生じます。

　時折音節主音の /r̩/（*camera* /ˈkæmr̩ə/）を耳にすることもありますが，その音は非 R 音性的な GB では不安定なので，実際には考慮する必要はありません。

【本文中に語例が示されていないのは，20 世紀の RP で弱い FOOT 母音だった発音は，現在では母音の前の <u>（*casual*, *January* 等）が弱い GOOSE 母音に変わり，子音の前の <u>（*fabulous*, *stimulus* 等）がシュワーに変わったためです。】

【GA には前世紀から弱い FOOT 母音はなく，現在の GB のように発音されていました。子音の前の <u> がシュワーに移行したのは GA の方がずっと先でした。】

□ 音節主音的子音（syllabic consonant）（1.5 参照）

□ 共鳴音（sonorant）（3.2 参照）

【音節主音的な子音（共鳴音）はシュワーがなくなった分，長めに発音されます。】

□ 音節主音性（syllabicity）【「成節性」とも訳す。音節を成すこと，つまり，音節の主音となることです。】

□ 同化（assimilation）

【音節主音の /ŋ̍/ の例は表 9.6 に掲載されています。同表では同化による音節主音の /m̩/ の例も確認してください。どちらも日常会話ではよく聞かれます。】

7.2.1 音節主音の /l̩/

音節主音の /l̩/ は以下の子音の後では自由に使用できます。(/l̩/ を用いないで，/əl/ と発音してもかまいません。)

・ 破裂音：/p/ *apple*，/b/ *bubble*，/t/ *bottle*，/d/ *middle*，/k/ *tackle*，
　　　/g/ *haggle*
・ 破擦音：/ʧ/ *satchel*，/ʤ/ *angel*
・ 鼻音：/m/ *normal*，/n/ *final*
・ 摩擦音：/f/ *trifle*，/v/ *devil*，/θ/ *lethal*，/ð/ *betrothal*，/s/ *parcel*，
　　　/z/ *nasal*，/ʃ/ *special*

しかし音節主音の /l̩/ は，/r/ の後（*moral*）ではあまり一般的ではありません。また他の接近音（/l, j, w/）の後に生じることもありません。

7.2.2 音節主音の /n̩/

音節主音の /n̩/ には音節主音の /l̩/ よりも多くの制約があります。著しい変化がここ数十年で起こりました。以前は /t/ と /d/ の後では音節主音の /n̩/（[-tn̩, -dn̩]）がほぼ必須で用いられていましたが，現在ではさまざまな異形が可能となりました。特に /t/ の後では，強調したいときや明確に話したいときには，シュワーを伴う異形（[-tən]）を好む話者が多くなりました。

音節主音の /n̩/ は以下の子音の後では自由に生起します。

・歯茎破裂音：/t/ *button*，/d/ *sadden*
・摩擦音：/f/ *soften*，/v/ *oven*，/θ/ *python*，/ð/ *southern*，/s/ *lesson*，
　　　/z/ *dozen*，/ʃ/ *mission*，/ʒ/ *vision*

しかし，次の子音の後では頻繁には生じません。

・非歯茎破裂音：/p/ *weapon*，/b/ *ribbon*，/k/ *token*，/g/ *dragon*，
・破擦音：/ʧ/ *question*，/ʤ/ *region*
・/r/：*barren*

　また，鼻音や /r/ 以外の接近音の後で用いられることはありません。下記の例は音節主音の /n̩/ が生起することのない単語です。

・鼻音：/m/ *lemon*,　/n/ *cannon*
・接近音（/r/ を除く）：/l/ *melon*,　/j/ *canyon*,　/w/ *frequent*

　歯茎破裂音の後の音節主音 /n̩/ にはさらに制限があります。下記の子音や無強勢音節が歯茎破裂音 /t, d/ に先行するときには，音節主音の /n̩/ はめったに生じません（歯茎破裂音の後にシュワーを伴った発音となります）。

・　鼻音：*abandon, abundant, dependent, descendent, despondent, pendant, redundant, tendon, attendant, accountant, acquaintance, lantern, repentant, sentence, wanton, London, Paddington, Camden*
・　破裂音：*disinfectant, lectern, plankton, expectant, reluctant, acceptance*
・　歯茎摩擦音 /s/：*cistern, constant, instance, instant, western, assistant, consistent, contestant, distance, distant, eastern, existence, insistent, persistent, Protestant, resistance, resistant, substance*
・　無強勢音節：*accident, coincidence, confidence, confident, evidence, evident, incident, president, resident, skeleton*

【GA では鼻音が無声歯茎破裂音 /t/ に先行しても音節主音の /n̩/ が使われ，鼻腔開放となります（*sentence, Clinton*）。】

7.2.3　音節主音の /m̩/

　音節主音の /m̩/ は少数の単語で摩擦音の後に生じます。特に接尾辞 <-ism> ではよく使われます。

・　*ransom, awesome, gruesome, handsome, blossom*
・　*chasm, prism, sarcasm, spasm, communism, journalism, organism, tourism*
・　*anthem*
・　*fathom, algorithm, rhythm*

7.2.4　反分節化

　弱母音で始まる接尾辞が音節主音的子音で終わる語に付加されるとき，その子音の音節主音性が失われることがあります。この現象を**反分節化**と呼びます。日常よく使われる単語ほど，反分節化が生じやすくなります。

　bubbling は /ˈbʌbəlɪŋ/（3 音節）もしくは音節主音の /l/ を用いて /ˈbʌbl̩ɪŋ/（3 音節）ですが，反分節化して /ˈbʌblɪŋ/（2 音節）として発音されることもあります。同様に下記の単語では 3 通りの発音が可能です。

poisonous	/ˈpɔɪzənəs/,　/ˈpɔɪzn̩əs/,　/ˈpɔɪznəs/
ticklish	/ˈtɪkəlɪʃ/,　/ˈtɪkl̩ɪʃ/,　/ˈtɪklɪʃ/
pensioner	/ˈpenʃənə/,　/ˈpenʃn̩ə/,　/ˈpenʃnə/

　しかし，次のような語では接尾辞が強母音で始まるために反分節化はできません。

| *vandalise* | /ˈvændəlaɪz/,　/ˈvændl̩aɪz/,　*/ˈvændlaɪz/ |
| *modernise* | /ˈmɒdənaɪz/,　/ˈmɒdn̩aɪz/,　*/ˈmɒdnaɪz/ |

7.2.5　音節主音的子音の連続

　音節主音的子音の連続もまた可能ですが，音節主音の /n̩/ が /l/ の後に来ることはないので，その順序は /n̩/ + /l/ に限られます。音節主音の /l/ は /əl/ の異形であって，音節主音的子音は弱母音で始まる接尾辞が後続すると，その音節主音性を失って反分節化する場合があるので，このような連続では /n̩/ の音節主音性がなくなることがあります。使用頻度の高い単語ほどそうなりやすいと言えます。

　下記の例では左側の発音が音節主音的子音の連続で，右側の発音が反分節化して音節数を減らした発音です。

| *national* | /ˈnæʃ.n̩.l̩/（3 音節）または /ˈnæʃ.nl̩/（2 音節） |
| *occasional* | /ə.ˈkeɪʒ.n̩.l̩/（4 音節）または /ə.ˈkeɪʒ.nl̩/（3 音節） |

personal	/ˈpɜːs.n̩.l̩/	（3 音節）または /ˈpɜːs.nl̩/ （2 音節）
professional	/prəˈfeʃ.n̩.l̩/	（4 音節）または /prəˈfeʃ.nl̩/ （3 音節）
rational	/ˈræʃ.n̩.l̩/	（3 音節）または /ˈræʃ.nl̩/ （2 音節）
emotional	/ɪˈməʊʃ.n̩.l̩/	（4 音節）または /ɪˈməʊʃ.nl̩/ （3 音節）
traditional	/trəˈdɪʃ.n̩.l̩/	（4 音節）または /trəˈdɪʃ.nl̩/ （3 音節）

7.2.6　音節主音的子音の音素表記

　すでに見てきたように，子音の音節主音性を示す音声記号は，[l̩]，[n̩] のようにその子音の下に付ける小さな垂直の印です（1.5 参照）。厳密に言えば，音節主音的な子音を示す補助記号は音素記号ではありません。音節主音的子音も同じ音素の子音だからです。それはシュワーと子音が連続する場合の特別な発音に過ぎません。

　多くの場合，子音の音節主音性を明示する必要はありません。例えば補助記号を使わずに *juggle* を /ˈʤʌgl/，*garden* を /ˈgɑːdn/ と表記したとしても，英語の音節構造から判断すれば，それぞれの語末の子音は音節主音にならざるを得ないからです。

　それでも後ろに母音が続くときには，音節主音的子音の補助記号が必要となります。反分節化することがあるので（7.2.4 参照），*juggler* が /ˈʤʌglə/ か /ˈʤʌglə/ なのか，*gardening* が /ˈgɑːdn̩ɪŋ/ か /ˈgɑːdnɪŋ/ なのかのように，その子音が音節主音的であるか否かがわからないからです。

　便宜上わかりやすくするために，以後本書では音節主音の補助記号を含むときにもすべて音素を示す斜線括弧を使って表記することにします。音素を示す斜線括弧と音声を示す角括弧を絶えず切り替えるわずらわしさを避けるためです（1.1，1.3 参照）。また，音節構造上音節主音の補助記号が不要な場合にも念のため付記します。

【子音連続の発音が苦手な日本人学習者が発音練習をするときには，音節主音の補助記号がある方が注意喚起になります。[-gl] では [g] の軟口蓋閉鎖の最中に [l] の歯茎閉鎖を行うとか，[-dn] では鼻腔開放になるということがわかりやすくなります。】

7.3 強形と弱形

使用頻度が高い**文法語**（助動詞，前置詞，代名詞，接続詞，**限定詞**）の多くには2通り以上の発音があります。そのような語を単独で引用したり，文中で特に強調したりするように，その語が強勢をもつときには**強形**で発音します。一方，その語が強勢を伴わないときには**弱形**で発音されます。

一般には弱形よりも強形が意識されていますが，文法語には通常強勢がないので，実際には弱形の方がよく用いられます。強勢を伴って発音されることの多い**語彙語**（名詞，本動詞，形容詞，副詞）とは著しく異なっています。

（文法語は「**形式語**」や「**機能語**」と呼ばれることがあり，語彙語にも「**内容語**」という別の用語があります。）

表7.1に弱形をもつ最も重要な文法語の発音を一覧表で提示します。文法語の中には *in, if, it, on, they* のように弱形をもたない語がいくつかあることに注意してください。

7.4 強形の使用

上述のようにこれらの文法語は強勢をもたないことが普通なので，通常は弱形で発音されます。しかし，強勢を伴って強形で発音される状況がありますから注意が必要です。

強形が使われるのは以下の5つの場合です。

（1） 文法語が強調されて強勢を伴うとき

I didn't tell **him**, *I told* **her** /aɪ ˈdɪdn̩t ˈtel ˈhɪm aɪ ˈtəʊld ˈhɜː/
he **had** *seen her*（*even though he denied it*）/hi ˈhæd ˈsiːn ə/
it's **from** *John, not* **for** *John* /ɪts ˈfrɒm ˈdʒɒn ˈnɒt ˈfɔː ˈdʒɒn/

□文法語（grammatical word）【文法的な関係を示す機能をもつ語です。】

□限定詞（determiner）【この用語は日本の学校文法では用いられませんが，英文法では名詞の意味を制限する語（冠詞，指示代名詞，人称代名詞の所有格，数量詞，数詞等）の総称として使われます。】

□強形（strong form）【強母音を含む発音のことです。】
□弱形（weak form）（1.1の注を参照）

□語彙語（lexical word）【語彙的な意味をもつ語です。】
□形式語（form word）
□機能語（function word）
□内容語（content word）

【GAでは *in, if, it* にも KIT 母音の強形に対して，シュワーの弱形があります（/ən, əf, ət/）。】

表 7.1　最も重要な弱形をもつ語の弱形と強形

語	弱形	強形	語	弱形	強形
am	/əm/	/æm/	*for*	/fə/	/fɔː/
are	/ə/	/ɑː/	*to*	/tə/	/tuː/
was	/wəz/	/wɒz/	*he*	/i/	/hiː/
were	/wə/	/wɜː/	*him*	/ɪm/	/hɪm/
have	/əv, həv/	/hæv/	*his*	/ɪz/	/hɪz/
has	/əz, həz/	/hæz/	*them*	/ðəm/	/ðem/
had	/əd, həd/	/hæd/	*us*	/əs/	/ʌs/
there	/ðə/	/ðeə/	*her*	/ə, ɜː, hə/	/hɜː/
do	/də/	/duː/	*a*	/ə/	/eɪ/
does	/dəz/	/dʌz/	*an*	/ən/	/æn/
would	/əd, wəd/	/wʊd/	*the*	/ðə/	/ðiː/
will	/əl/	/wɪl/	*some*	/səm/	/sʌm/
can	/kən/	/kæn/	*and*	/ən, ənd/	/ænd/
must	/məst/	/mʌst/	*but*	/bət/	/bʌt/
shall	/ʃəl/	/ʃæl/	*as*	/əz/	/æz/
at	/ət/	/æt/	*than*	/ðən/	/ðæn/
from	/frəm/	/frɒm/	*that*	/ðət/	/ðæt/
of	/ə(v)/	/ɒv/			

【表7.1では *the* の弱形は /ðə/ だけになっています。子音の前では /ðə/，母音の前では /ði/ ですが，著者は母音の前の弱形は音素的には強形と同じと判断しています（7.13.1, 7.16 参照）。しかし，一般の母語話者にはそのような意識はあまりなく，母音の前でも /ðə/ を使うことがあります。また同じことが *to* にも当てはまります。ちなみに *to* の場合，アメリカの GA では前世紀から弱形は /tə/ だけで，母音の前でも /tu/ にはなりませんでした。それでも日本人には「トゥー」と聞こえてしまうので気を付けましょう。】

（2）　前置詞がその目的語となる名詞と切り離されて使われるとき

What are you looking at? /ˈwɒt ə ju ˈlʊkɪŋ ˈæt/

He was sent for at once /hi wəz ˈsent ˈfɔːr ət ˈwʌns/

the one that I'd heard of /ðə ˈwʌn ðət aɪd ˈhɜːd ˈɒv/

（3）　助動詞が本動詞を省略して使われるとき（ただし，**法助動詞**が先行する場合を除く）

□法助動詞（modal (auxiliary) verb）【「**法性（心的態度）**」（modality）を伴う助動詞，つまり代助動詞（*do, does, did, have, has, had* 等）以外の助動詞のことです。】

You can swim, and I can too /ˈjuː kən ˈswɪm ən ˈaɪ ˈkæn ˈtuː/

I've seen it, you know I have /aɪv ˈsiːn ɪt ju ˈnəʊ aɪ ˈhæv/

Are you here? Yes, I am /ə ju ˈhɪə ˈjes aɪ ˈæm/

注意：次の 2 文の *have* は法助動詞に先行されるので弱形

    I didn't do it, but I should've /aɪ ˈdɪdn̩ ˈduː ɪt bət aɪ ˈʃʊd əv/

    He did it? He couldn't have /hi ˈdɪd ɪt hi ˈkʊdn̩ əv/

(4) 前置詞句が文末にあるときの前置詞（ただし，下記の初めの 2 例のように強勢音節の直後にあるときは弱形。前置詞が強形となるためには，後の 2 例のように直前に無強勢音節が必要）

    Look at him! /ˈlʊk ət ɪm/

    I took all of them /aɪ ˈtʊk ˈɔːl ə ðəm/

    He repeated it for me /hi rɪˈpiːtɪd ɪt ˈfɔː mi/

    They borrowed some furniture from us /ðeɪ ˈbɒrəʊd səm ˈfɜːnɪtʃə ˈfrɒm əs/

(5) yes/no 疑問文がゆっくりと注意深く話されるときの文頭の助動詞（ただし，その直後の音節が強勢をもたないときに限る）

    Are we there yet? /ˈɑː wi ˈðeə ˈjet/

    Was he awake? /ˈwɒz i əˈweɪk/

    Have they done it? /ˈhæv ðeɪ ˈdʌn ɪt/

    Had they left? /ˈhæd ðeɪ ˈleft/

    Does it matter? /ˈdʌz ɪt ˈmætə/

    Can you repeat that? /ˈkæn ju rɪˈpiːt ˈðæt/

【その直後の音節が強勢をもつために文頭の助動詞が弱形となる例：

    Can ˈsomeone ˈask?

    /kən ˈsʌmwʌn ˈɑːsk/

(Carley & Mees, 2020, p. 206 の GA 発音を GB に改変）】

7.5　短縮形

  弱形の多くは先行する語と組み合わさって**短縮形**となり，**正書法**ではアポストロフィーを使って書き表されます。短縮形の形成には 3 つのタイプがあります。

【□短縮形（contraction）【「縮約形」とも訳し，言語学ではその方が好まれていますが，本書では学校文法でなじみのある用語を使います。】

(1)　弱形が子音 1 つに縮められるタイプ

　　　子音だけでは音節が成立しないので，先行する語に付随します（*they've* /ðeɪv/）。

(2)　弱形が母音 1 つに縮められるタイプ

　　　先行する語の母音と結合して，別の母音を形成します（*they're* /ðeə/）。

(3)　否定語 *not* が弱形となって組み合わされるタイプ（7.15 参照）

　表 7.2 に最も重要な短縮形をまとめて示します。

□正書法（orthography）【個々の言語における綴り字の正しい表記法のことで，「綴字法」とも呼ばれます。】

表 7.2　最も重要な短縮形

短縮形	発音	短縮形	発音
I'm	/aɪm/	*he'll*	/hil/
you're	/jɔː/	*she'll*	/ʃil/
we're	/wɪə/	*we'll*	/wil/
they're	/ðeə/	*they'll*	/ðeɪl/
's（*is*）	/s, z/	*there'll*	/ðəl/
I've	/aɪv/	*isn't*	/ˈɪznt̩/
you've	/juv/	*aren't*	/ɑːnt/
we've	/wiv/	*wasn't*	/ˈwɒznt̩/
they've	/ðeɪv/	*weren't*	/wɜːnt/
's（*has*）	/s, z/	*don't*	/dəʊnt/
I'd（*had*/*would*）	/aɪd/	*doesn't*	/ˈdʌznt̩/
you'd	/jud/	*didn't*	/ˈdɪdnt̩/
he'd	/hid/	*haven't*	/ˈhævnt̩/
she'd	/ʃid/	*hasn't*	/ˈhæznt̩/
we'd	/wid/	*hadn't*	/ˈhædnt̩/
they'd	/ðeɪd/	*won't*	/wəʊnt/
who'd	/hud/	*can't*	/kɑːnt/
there'd	/ðəd/	*shouldn't*	/ˈʃʊdnt̩/
I'll	/aɪl/	*couldn't*	/ˈkʊdnt̩/
you'll	/jul/	*wouldn't*	/ˈwʊdnt̩/

7.6 BE 動詞（本動詞・助動詞）の弱形

7.6.1 AM, ARE

am と *are* は特定の人称代名詞の後に続くとき，短縮形を形成して弱形となります。短縮形の *you're* は *your* の発音と同じになり，普段の会話ではさらに弱化して（子音の前の *you* が弱まった発音のように）/jə/ となることがあります。話者の中には *we're* を *where* と同様に /weə/ と発音する人もいます。

綴り字	発音	例文	
I'm	/aɪm/	*I'm fine.*	/aɪm ˈfaɪn/
you're	/jɔː/（or /jə/）	*You're late.*	/jɔː ˈleɪt/
we're	/wɪə/（or /weə/）	*We're lost.*	/wɪə ˈlɒst/
they're	/ðeə/	*They're safe.*	/ðeə ˈseɪf/

しかし，別の位置では *am* と *are* の弱形は /əm/ と /ə/ になります。

綴り字	発音	例文	
am	/əm/	*Am I right?*	/əm aɪ ˈraɪt/
are	/ə/	*Are you here?*	/ə ju ˈhɪə/
		Are we home?	/ə wi ˈhəʊm/
		Are they mine?	/ə ðeɪ ˈmaɪn/
		The doors are locked.	/ðə dɔːz ə ˈlɒkt/

7.6.2 IS

先行する語に結び付いて *is* は短縮されて弱形となります。複数形，三人称単数形，所有格の屈折語尾（3.11 参照）と同様に，*is* の短縮形の発音は結合する語の末尾音の声帯振動の有無（有声か無声か）に**一致**します。そのため，有声音に結合するときには /z/，無声音の後では /s/ と発音されます。

【be 動詞には「存在する」とか「〜である」という意味の本動詞（main verb）と，進行形や受動態の相（aspect）を表す助動詞の 2 つの品詞が含まれています。】

【□一致する（agree）【「呼応する」と訳す方が専門的に響きますが，学校文法では「時制の一致」とは言っても，「時制の呼応」はあまり使われていません。】

綴り字	発音	例文	
's	/z/	He's sad.	/hiz ˈsæd/
		She's dull.	/ʃiz ˈdʌl/
		His dog's brown.	/hɪz ˈdɒgz ˈbraʊn/
		My car's new.	/maɪ ˈkɑːz ˈnjuː/
	/s/	It's good.	/ɪts ˈgʊd/
		This knife's blunt.	/ðɪs ˈnaɪfs ˈblʌnt/
		The cap's off.	/ðə ˈkæps ˈɒf/

　文頭に生じる場合や，先行する語の末尾に歯擦音（/s z ʃ ʒ tʃ ʤ/，3.10.1 参照）があるときには，is は /ɪz/ と発音されて強形と同じになります。

綴り字	発音	例文	
is	/ɪz/	Is it right?	/ɪz ɪt ˈraɪt/
		This is it.	/ðɪs ɪz ˈɪt/
		Hers is best.	/ˈhɜːz ɪz ˈbest/
		The dish is hot.	/ðə ˈdɪʃ ɪz ˈhɒt/
		My watch is slow.	/maɪ ˈwɒtʃ ɪz ˈsləʊ/
		The bridge is closed.	/ðə ˈbrɪʤ ɪz ˈkləʊzd/

【著者は音素が「強形と同じ」弱形をあえて弱形として取り上げません（7.16 参照）】

【GB には短縮形以外に強形とは異なる is の弱形はありませんが，イギリスでも地域方言としては /əz/ が弱形として使われています。また，その弱形は GA では一般的です。】

7.6.3　WAS, WERE

　短縮形にはなりませんが，was と were の弱形は各々 /wəz/ と /wə/ です。

綴り字	発音	例文	
was	/wəz/	I was waiting.	/aɪ wəz ˈweɪtɪŋ/
		Was I seen?	/wəz aɪ ˈsiːn/
		He was ready.	/hi wəz ˈredi/
		Was he there?	/wəz i ˈðeə/
		She was fine.	/ʃi wəz ˈfaɪn/
		Was she told?	/wəz ʃi ˈtəʊld/
		It was easy.	/ɪt wəz ˈiːzi/
		Was it hot?	/wəz ɪt ˈhɒt/
were	/wə/	You were tired.	/ju wə ˈtaɪəd/
		Were you pleased?	/wə ju ˈpliːzd/
		We were leaving.	/wi wə ˈliːvɪŋ/
		Were we noticed?	/wə wi ˈnəʊtɪst/
		They were free.	/ðeɪ wə ˈfriː/
		Were they here?	/wə ðeɪ ˈhɪə/

【were の弱形はシュワーで終わりますから短く発音されます。後ろに母音で始まる語が続くときには，/r/ の連結（6.3, 9.4 参照）が生じます。GA は R 音性方言なので，弱形でも /r/ を発音して /wɾ/ となります。その影響で日本人は「ワー」と長く発音してしまいがちです。】

7.7 助動詞 HAVE の弱形

7.7.1 HAVE

助動詞の *have* は人称代名詞と短縮形を作ります。

綴り字	発音	例文	
I've	/aɪv/	*I've won.*	/aɪv ˈwʌn/
you've	/juv/	*You've done it.*	/juv ˈdʌn ɪt/
we've	/wiv/	*We've left.*	/wiv ˈleft/
they've	/ðeɪv/	*They've gone.*	/ðeɪv ˈgɒn/

短縮形以外の弱形は /əv/ ですが，ポーズの後では /həv/ となって /h/ が発音されます。

【「ポーズの後」とは文頭（や節の初めのことです。例文の初めの3文のように文中では通常 /h/ が発音されません。原著コンパニオン・ウェブサイトの音声をよく聴いてください。】

綴り字	発音	例文	
have	/əv/	*My friends have gone.*	/maɪ ˈfrendz əv ˈgɒn/
		The rest have left.	/ðə ˈrest əv ˈleft/
		The leaves have turned brown.	/ðə ˈliːvz əv ˈtɜːnd ˈbraʊn/
	/həv/	*Have I passed?*	/həv aɪ ˈpɑːst/
		Have you seen it?	/həv ju ˈsiːn ɪt/
		Have we won?	/həv wi ˈwʌn/
		Have they finished?	/həv ðeɪ ˈfɪnɪʃt/
		Have the keys been found?	/həv ðə ˈkiːz biːn ˈfaʊnd/

7.7.2 HAS

助動詞 *has* は *is* と同じように前にある単語と結合して短縮形を作ります。その弱形の発音は直前の音の声帯振動の有無に一致します。

綴り字	発音	例文	
's	/z/	*He's gone away.*	/hiz ˈgɒn əˈweɪ/
		She's broken it.	/ʃiz ˈbrəʊkən ɪt/
		My arm's gone numb.	/maɪ ˈɑːmz gɒn ˈnʌm/
		The car's been stolen.	/ðə ˈkɑːz biːn ˈstəʊlən/
	/s/	*It's been found.*	/ɪts biːn ˈfaʊnd/
		My wife's left me.	/maɪ ˈwaɪfs ˈleft mi/
		The cat's made a mess.	/ðə ˈkæts ˈmeɪd ə ˈmes/

　また，*is* と同様に歯擦音 /s z ʃ ʒ ʧ ʤ/ に後続するときには短縮形にはなりません。

綴り字	発音	例文	
has	/əz/	*My boss has been fired.*	/maɪ ˈbɒs əz biːn ˈfaɪəd/
		The rose has wilted.	/ðə ˈrəʊz əz ˈwɪltɪd/
		My wish has come true.	/maɪ ˈwɪʃ əz ˈkʌm ˈtruː/
		The branch has snapped.	/ðə ˈbrɑːnʧ əz ˈsnæpt/
		The badge has fallen off.	/ðə ˈbæʤ əz ˈfɔːlən ˈɒf/

　ポーズの後（主に文頭）では，弱形でも /h/ が発音されて /həz/ となります。

綴り字	発音	例文	
has	/həz/	*Has he read it?*	/həz i ˈred ɪt/
		Has she tried it?	/həz ʃi ˈtraɪd ɪt/
		Has it happened?	/həz ɪt ˈhæpənd/
		Has the film started?	/həz ðə ˈfɪlm ˈstɑːtɪd/

7.7.3　HAD

　助動詞 *had* は人称代名詞と結び付いて短縮形を形成します。

綴り字	発音	例文	
I'd	/aɪd/	*I'd finished.*	/aɪd ˈfɪnɪʃt/
you'd	/jud/	*You'd left.*	/jud ˈleft/
he'd	/hid/	*He'd gone.*	/hid ˈgɒn/
she'd	/ʃid/	*She'd arrived.*	/ʃid əˈraɪvd/
we'd	/wid/	*We'd eaten.*	/wid ˈiːtn̩/
they'd	/ðeɪd/	*They'd spent it.*	/ðeɪd ˈspent ɪt/

短縮形の他に /əd/ という弱形があり，ポーズの後では /həd/ と発音されます。

綴り字	発音	例文	
had	/əd/	*The doors had been closed.*	/ðə ˈdɔːz əd biːn ˈkləʊzd/
		I wish my team had won.	/aɪ ˈwɪʃ maɪ ˈtiːm əd ˈwʌn/
	/həd/	*Had I missed it?*	/həd aɪ ˈmɪst ɪt/
		Had you read it?	/həd ju ˈred ɪt/
		Had he gone?	/həd i ˈɡɒn/
		Had she left?	/həd ʃi ˈleft/
		Had we landed?	/həd wi ˈlændɪd/
		Had they promised?	/həd ðeɪ ˈprɒmɪst/

7.8　THERE の弱形

　存在構文の *there* には /ðə/ という弱形があります。しかし，場所の副詞 *there* は常に強形で発音されます（*I work there* /ðeə/）。

綴り字	発音	例文	
there	/ðə/	*There's another way.*	/ðəz əˈnʌðə ˈweɪ/
		There are many more.	/ðər ə ˈmeni ˈmɔː/
		There's been a mistake.	/ðəz ˈbiːn ə mɪsˈteɪk/
		There've been a few.	/ðəv ˈbiːn ə ˈfjuː/
		There was a problem.	/ðə wəz ə ˈprɒbləm/
		There were plenty.	/ðə wə ˈplenti/
		There'd been a mix-up.	/ðəd ˈbiːn ə ˈmɪksʌp/

7.9　助動詞 DO の弱形

　助動詞 *does* の弱形は /dəz/ となります。助動詞 *do* は子音の前でのみ /də/ という弱形が使われます。母音の前では /du/ と発音されるので，音素的には強形と同じになります。

【例文中の発音表記にある /dʒu/ と /dʒə/ は *do you*（母音が脱落した *d'you*）の /d/ と /j/ が日常会話で「**融合同化**」（coalescent assimilation）した際の発音（9.3.2 参照）を示しています。】

綴り字	発音	例文	
do	/də/	*Where do we wait?*	/ˈweə də wi ˈweɪt/
		Do they know?	/də ðeɪ ˈnəʊ/
	/dʒə/ （or /dʒu/ or /dʒə/）	*Do you like it?*	/də ju ˈlaɪk ɪt/
	/du/	*Where do I go?*	/ˈweə du aɪ ˈgəʊ/
		Do animals dream?	/du ˈænəml̩z ˈdriːm/
does	/dəz/	*Does he drink?*	/dəz i ˈdrɪŋk/
		Does she smoke?	/dəz ʃi ˈsməʊk/
		Does it work?	/dəz ɪt ˈwɜːk/

7.10　法助動詞の弱形

7.10.1　WOULD

would にも *had* と同様に人称代名詞と連結した短縮形があります。

綴り字	発音	例文	
I'd	/aɪd/	*I'd buy one.*	/aɪd ˈbaɪ ˈwʌn/
you'd	/jud/	*You'd like it.*	/jud ˈlaɪk ɪt/
he'd	/hid/	*He'd do it.*	/hid ˈduː ɪt/
she'd	/ʃid/	*She'd see it.*	/ʃid ˈsiː ɪt/
we'd	/wid/	*We'd get better.*	/wid ˈget ˈbetə/
they'd	/ðeɪd/	*They'd help.*	/ðeɪd ˈhelp/

would には短縮形ではない /əd/ という弱形があります。ポーズの後に来る場合は /wəd/ となります。（文頭では /wəd/ の代わりに強形と同じ /wʊd/ で発音する人もいます。）

【「短縮形ではない」(uncontracted) という意味については，*it'd* は表記上 *it would* あるいは *it had* の短縮形に見えますが，*it* が子音で終わっているので，母音で終わる代名詞との短縮形のように，*would* の弱形が /d/ にはならない（母音が脱落しない）ということです。つまり，子音で終わる語の後ろに付ける <-'d> はその発音が弱形の /əd/ であることを示しているに過ぎません。ちなみに GA の *it'd* は /ɪt̬ əd/ と /t/ が有声化されて柔らかい音になります。】

【文頭の *Would* を /wʊd/ と発音する人は，/wʊd/ は強形なので，文頭では弱形を使わない人と言えます。】

綴り字	発音	例文	
'd	/əd/	*It'd work.*	/ɪt əd ˈwɜːk/
would		*The boss would hate it.*	/ðə ˈbɒs əd ˈheɪt ɪt/
		The top would fall off.	/ðə ˈtɒp əd ˈfɔːl ˈɒf/
	/wəd/ (or /wʊd/)	*Would I do it?*	/wəd aɪ ˈduː ɪt/
		Would you like one?	/wəd ju ˈlaɪk ˈwʌn/
		Would he try?	/wəd i ˈtraɪ/
		Would she help?	/wəd ʃi ˈhelp/
		Would it matter?	/wəd ɪt ˈmætə/
		Would we win?	/wəd wi ˈwɪn/
		Would they come?	/wəd ðeɪ ˈkʌm/

7.10.2　WILL

人称代名詞と連結して *will* も短縮形になります。

綴り字	発音	例文	
I'll	/aɪl/	*I'll ask.*	/aɪl ˈɑːsk/
you'll	/jul/	*You'll see.*	/jul ˈsiː/
he'll	/hil/	*He'll wait.*	/hil ˈweɪt/
she'll	/ʃil/	*She'll leave.*	/ʃil ˈliːv/
we'll	/wil/	*We'll go.*	/wil ˈɡəʊ/
they'll	/ðeɪl/	*They'll finish.*	/ðeɪl ˈfɪnɪʃ/

短縮形以外に *will* では /əl/ という弱形を使います。しかしポーズの後では /wɪl/ となって，弱形ではなく強形となります。

綴り字	発音	例文	
'll	/əl/	*It'll work.*	/ɪt əl ˈwɜːk/
will		*That will do.*	/ˈðæt əl ˈduː/
		Mike will go.	/ˈmaɪk əl ˈɡəʊ/
	/wɪl/	*Will you help?*	/wɪl ju ˈhelp/
		Will he say?	/wɪl i ˈseɪ/
		Will she ask?	/wɪl ʃi ˈɑːsk/
		Will they leave?	/wɪl ðeɪ ˈliːv/

7.10.3 CAN, MUST, SHALL

can, must, shall の弱形は /kən/, /məst/, /ʃəl/ となります。

綴り字	発音	例文	
can	/kən/	*Tom can drive.*	/ˈtɒm kən ˈdraɪv/
		You can try.	/ju kən ˈtraɪ/
		Can you come?	/kən ju ˈkʌm/
must	/məst/	*This must be wrong.*	/ˈðɪs məst bi ˈrɒŋ/
		Paul must be mad.	/ˈpɔːl məst bi ˈmæd/
shall	/ʃəl/	*Shall I help?*	/ʃəl aɪ ˈhelp/

【*must* の弱形では /t/ を脱落させて /məs/ と発音することも可能です。しかし現在では *must* の弱形が用いられることは非常に少ないので省略されています。強形の *must* か *have to* あるいは *should* の弱形を使うことが普通になっています。例文では *must* が強勢を伴わないように直前に強勢をもつ 1 音節語を選んでいます。】

7.11 前置詞の弱形

7.11.1 AT, FROM, FOR

at, from, for の弱形は /ət/, /frəm/, /fə/ です。

綴り字	発音	例文	
at	/ət/	*Look at that.*	/ˈlʊk ət ˈðæt/
		At long last.	/ət ˈlɒŋ ˈlɑːst/
from	/frəm/	*You can walk from here.*	/ju kən ˈwɔːk frəm ˈhɪə/
		From time to time.	/frəm ˈtaɪm tə ˈtaɪm/
for	/fə/	*He took it for granted.*	/hi ˈtʊk ɪt fə ˈɡrɑːntɪd/
		For hire.	/fə ˈhaɪə/

7.11.2 TO, OF

前置詞の *to* も不定詞の *to* も，*to* の弱形は子音の前で /tə/ となります。母音の前では /tu/ ですが，その発音は音素としては強形と変わりません。

of の弱形は /əv/ ですが，子音の前に限って，/v/ が脱落して /ə/ となることがあります。特に使用頻度が高い語句に，あるいは次に /ð/ で始まる単語（*the, this, that, these, those, them* 等）が続くときに生じます。

綴り字	発音	例文	
to	/tə/	*I go to work to make money.*	/aɪ ˈgəʊ tə ˈwɜːk tə ˈmeɪk ˈmʌni/
		I told him to go to hell.	/aɪ ˈtəʊld ɪm tə ˈgəʊ tə ˈhel/
of	/əv/	*A piece of advice.*	/ə ˈpiːs əv ədˈvaɪs/
		The capital of Spain.	/ðə ˈkæpɪt̩l əv ˈspeɪn/
	/ə/（or /əv/)	*A cup of coffee.*	/ə ˈkʌp ə ˈkɒfi/
		All of them.	/ˈɔːl ə ðəm/
		The best of the best.	/ðə ˈbest ə ðə ˈbest/

7.12　代名詞の弱形

7.12.1　HE, HIM, HIS

　he, *him*, *his* の弱形にはそれぞれ /i/, /ɪm/, /ɪz/ があります。これらの単語はいずれもポーズの後に使われるときには，語頭に /h/ が付いた発音となって強形と区別できなくなります。

　his の弱形 /ɪz/ は**限定詞**である代名詞の所有格（*I've read his book*）にだけあって，所有代名詞（独立所有格）（*I've read his*）にはありません（/hɪz/ となるので強形）。

□限定詞（determiner）（7.3 の注を参照）

綴り字	発音	例文	
he	/i/	*I know he thinks so.*	/aɪ ˈnəʊ i ˈθɪŋks səʊ/
		They said he left.	/ðeɪ ˈsed i ˈleft/
	/hi/	*He thinks so.*	/hi ˈθɪŋks səʊ/
		He left.	/hi ˈleft/
him	/ɪm/	*Tell him.*	/ˈtel ɪm/
		They made him leave.	/ðeɪ ˈmeɪd ɪm ˈliːv/
his	/ɪz/	*I took his watch.*	/aɪ ˈtʊk ɪz ˈwɒtʃ/
		They know his name.	/ðeɪ ˈnəʊ ɪz ˈneɪm/
	/hɪz/	*His watch was stolen.*	/hɪz ˈwɒtʃ wəz ˈstəʊlən/
		His name was known.	/hɪz ˈneɪm wəz ˈnəʊn/

7.12.2　THEM, US, HER

them と *us* には弱形が 1 つずつあって，それぞれ /ðəm/, /əs/ です。*her* の弱形にはまず /ə/ と /ɜː/ があります。*her* が代名詞の目的格（*I know her*）のときには，/ɜː/ よりも /ə/ の方が一般的ですが，*her* が限定詞（所有格）の場合は，/ɜː/ の方が /ə/ よりも普通です。ポーズの後では，必ず /h/ が発音されるので，/hə/ の場合はもう 1 つの弱形ですが，/hɜː/ は強形と言えます。

綴り字	発音	例文	
them	/ðəm/	*I saw them.*	/aɪ ˈsɔː ðəm/
us	/əs/	*Tell us everything.*	/ˈtel əs ˈevriθɪŋ/
her	/ə/　(or /ɜː/)	*I've never met her.*	/aɪv ˈnevə ˈmet ə/
		Give her the book.	/ˈɡɪv ə ðə ˈbʊk/
	/ɜː/　(or /ə/)	*I've met her mother.*	/aɪv ˈmet ɜː ˈmʌðə/
		I've read her book.	/aɪv ˈred ɜː ˈbʊk/
	/hɜː/　(or /hə/)	*Her book's good.*	/hɜː ˈbʊks ˈɡʊd/
		Her dog died.	/hɜː ˈdɒɡ ˈdaɪd/

7.13　限定詞の弱形

7.13.1　A, AN, THE, SOME

a の弱形は /ə/，*an* の弱形は /ən/ です。*the* は子音の前では /ðə/ という弱形がありますが，母音の前では /ði/ となるので，音素としては強形と同じです。*some* は代名詞としてではなく限定詞（数量詞）として用いられるときには /səm/ という弱形をもちます。

綴り字	発音	例文	
a	/ə/	*A banana.*	/ə bəˈnɑːnə/
an	/ən/	*An orange.*	/ən ˈɒrɪnʤ/
the	/ðə/	*The police.*	/ðə pəˈliːs/
some	/səm/	*Take some nuts.*	/ˈteɪk səm ˈnʌts/
		Have some water.	/ˈhæv səm ˈwɔːtə/

【著者の立場は，現在の GB では母音の前の the /ði/ は，強形の /ðiː/ と音素（音質）が同じだから，弱形とみなす必要がないというものです（7.16 参照）。強形の音素記号には長音記号が含まれていて，それが強勢を伴うことを示しているのですが，強勢の有無はわかりにくいし，母音の持続時間は前後の音声環境によって変わりやすいから，区別しない方が学習者には便利であるという，理論よりも教育を重視した見方です。同時にイギリスの諸方言に比べて母音の長さが重要ではない GA の音素表記において，アメリカの言語学会が長音記号を使って来なかった考え方と共通しています。】

7.14 接続詞の弱形

7.14.1 AND, BUT, AS, THAN, THAT

but, than, as の弱形はそれぞれ /bət/, /ðən/, /əz/ です。

and の弱形は，時には子音の前が /ən/ で，母音の前が /ənd/ と説明されることがありますが，そうではありません。後に何が続こうとも /d/ のない /ən/ の方がずっと一般的なのです。

that は接続詞か関係代名詞であるときには通常 /ðət/ という弱形が使われます。しかし，限定詞（指示詞）（*I know that* /ðæt/ *man*)，あるいは指示代名詞（*I know that* /ðæt/)のときには，常に強形であり弱形にはなりません。

綴り字	発音	例文	
and	/ən/ （or /ənd/)	*A cup and saucer.*	/ə ˈkʌp ən ˈsɔːsə/
but	/bət/	*Last but not least.*	/ˈlɑːst bət ˈnɒt ˈliːst/
as	/əz/	*As old as the hills.*	/əz ˈəʊld əz ðə ˈhɪlz/
than	/ðən/	*He left earlier than I did.*	/hi ˈleft ˈɜːliə ðən ˈaɪ dɪd/
that	/ðət/	*I know that it's wrong.*	/aɪ ˈnəʊ ðət ɪts ˈrɒŋ/
		The dog that bit me.	/ðə ˈdɒg ðət ˈbɪt mi/
		The man that I saw.	/ðə ˈmæn ðət aɪ ˈsɔː/

7.15 NOT を含む短縮形

not の弱形は他の単語の弱形とは 2 つの重要な点で違っています。(1) 弱形が短縮形にしか生じないこと (2) その短縮形が通常強勢を伴って発音されることです。

not を含む短縮形の語末の /t/ が決まって発音されるのはポーズの前（文末等）だけです。それ以外の音声環境では，/t/ は頻繁に脱落します。特に短縮形が 2 音節から成っているときには（*I didn't know*)，/t/ が脱落する傾向があります。

not が共鳴音（母音と阻害の程度が小さい子音）で終わる単語（*are, were,*

【この例文の *didn't* では /n/ が音節主音性をもって /dɪd.n̩(t)/ と 2 音節になります。この後の本文にあるように /dɪd.ənt/ から変化したものです。】

will, do, can 等）と一緒に短縮形になるときには，/nt/ の形態（母音のない子音連結）が使われて，その短縮形は 1 音節となります。do /duː/，can /kæn/，will /wɪl/ の場合は，母音も変わります。

【not を含む短縮形は強勢を受けるので，本文中の do, can, will には強形の発音が示されています。】

綴り字	発音	例文	
aren't	/ɑːnt/	We aren't ready.	/wi ˈɑːnt ˈredi/
		Aren't they here?	/ˈɑːnt ðeɪ ˈhɪə/
weren't	/wɜːnt/	They weren't home.	/ðeɪ ˈwɜːnt ˈhəʊm/
		Weren't we invited?	/ˈwɜːnt wi ɪnˈvaɪtɪd/
won't	/wəʊnt/	I won't say.	/aɪ ˈwəʊnt ˈseɪ/
don't	/dəʊnt/	They don't care.	/ðeɪ ˈdəʊnt ˈkeə/
can't	/kɑːnt/	He can't swim.	/hi ˈkɑːnt ˈswɪm/

　not が阻害音で終わる単語（is, have, did 等）と短縮形を形成するときには，/ənt/ という形態になって，音節主音の /n̩/ を用いて /n̩t/ と発音されやすくなります。

綴り字	発音	例文	
isn't	/ˈɪzn̩t/ （or /ˈɪzn̩/)	It isn't right.	/ɪt ˈɪzn̩t ˈraɪt/
wasn't	/ˈwɒzn̩t/ （or /ˈwɒzn̩/)	I wasn't there.	/aɪ ˈwɒzn̩t ˈðeə/
haven't	/ˈhævn̩t/ （or /ˈhævn̩/)	We haven't done it.	/wi ˈhævn̩t ˈdʌn ɪt/
hasn't	/ˈhæzn̩t/ （or /ˈhæzn̩/)	It hasn't worked.	/ɪt ˈhæzn̩t ˈwɜːkt/
hadn't	/ˈhædn̩t/ （or /ˈhædn̩/)	They hadn't left.	/ðeɪ ˈhædn̩t ˈleft/
doesn't	/ˈdʌzn̩t/ （or /ˈdʌzn̩/)	He doesn't smoke.	/hi ˈdʌzn̩t ˈsməʊk/
didn't	/ˈdɪdn̩t/ （or /ˈdɪdn̩/)	She didn't leave.	/ʃi ˈdɪdn̩t ˈliːv/
shouldn't	/ˈʃʊdn̩t/ （or /ˈʃʊdn̩/)	I shouldn't say.	/aɪ ˈʃʊdn̩t ˈseɪ/
couldn't	/ˈkʊdn̩t/ （or /ˈkʊdn̩/)	They couldn't help.	/ðeɪ ˈkʊdn̩t ˈhelp/
wouldn't	/ˈwʊdn̩t/ （or /ˈwʊdn̩/)	I wouldn't go.	/aɪ ˈwʊdn̩t ˈgəʊ/

7.16　現在の弱形と以前の弱形

　本書の音声表記では強勢の有無にかかわる強形（強母音）と弱形（弱母音）に関して，be /biː, bi/ あるいは you /juː, ju/ のように長音記号の有無だけで区

別しています。この表記法は以前の弱い KIT 母音 /ɪ/ と弱い FOOT 母音 /ʊ/ から発達した現在の弱母音が，すでに弱い FLEECE 母音 /i/ と弱い GOOSE 母音 /u/ に完全に移行して，それぞれの強形と弱形が同一の音素になっている事実を反映しています。

ところが以前は，強勢をもつ be と強勢がない be では FLEECE 母音と KIT 母音，強勢をもつ you と強勢がない you では，GOOSE 母音と FOOT 母音という音素の違いがありました。現在ではこのような音素の違いはなくなって，同じ音素に属する強形と弱形という分類だけの相違となりました。

同様の相違は，ポーズの後や歯擦音 /s z ʃ ʒ ʧ ʤ/ の後に生じる強勢をもつ is /ɪz/ と強勢をもたない is /ɪz/ にも見られます。is のように KIT 母音の場合は強形にも長音記号を使わないので，同一の音声記号が同じ音素である強形と弱形の両方を示します。

従って実用的には，強形と同一音素となる弱形は無視してもかまいません。強形と弱形という区別に基づいた弱形が be と you にあるとみなす必要はないのです。

しかしながら他の出版物との整合性という観点から，本書の音声表記でもこのような強形と弱形を長音記号の有無で区別しています。

表 7.3 には現在の弱形と以前の弱形が一覧になっています。

表 7.3　現在の弱形と以前の弱形

綴り字	強形	現在の弱形	以前の弱形
be	/biː/	/bi/	/bɪ/
she	/ʃiː/	/ʃi/	/ʃɪ/
me	/miː/	/mi/	/mɪ/
we	/wiː/	/wi/	/wɪ/
he	/hiː/	/hi/（ポーズの後）	/hɪ/
the	/ðiː/	/ði/（母音の前）	/ðɪ/
you	/juː/	/ju/	/jʊ/
do	/duː/	/du/（母音の前）	/dʊ/
to	/tuː/	/tu/（母音の前）	/tʊ/

7.17　弱形と連声

　これまでは特別な変化のない中立的な弱形を見てきました。しかし弱形をもつような使用頻度が高い単語は，音声変化の影響を受けるような音声環境で使われることがよくあります。

　and と *an* の弱形は共通で /ən/，*will* の弱形は /əl/ のように，シュワーと共鳴音が連続したものですが，これらはすぐ前の単語の語末の子音に応じて音節主音的子音（7.2 参照）に幾分なりやすい傾向があります。

　some と *shall* の弱形もそれぞれ /əm/ と /əl/ を含んでいて，/s/ や /ʃ/ という子音に先行されているので，/m/ と /l/ が音節主音的子音として発音されやすくなります。

□連声（connected speech）（第 9 章参照）【自然な話し言葉の中で語句がつながって発音されるときに生じる音声変化のことで，「連続（した）音声」という訳語がよく使われます。英語では同じ現象をサンスクリット（梵語）文法の用語 sandhi（サンディ，連声）で表現することもあります。しかし，国語学や日本語教育で，日本語の一部の音声変化だけを連声と呼ぶので，この最も適格でわかりやすい訳語が避けられてきました。】

綴り字	発音	例文	
and	/ən/ → /n̩/	*Fish and chips.*	/ˈfɪʃ n̩ ˈtʃɪps/
		Knife and fork.	/ˈnaɪf n̩ ˈfɔːk/
		Bought and sold.	/ˈbɔːt n̩ ˈsəʊld/
an	/ən/ → /n̩/	*I had an answer.*	/aɪ ˈhæd n̩ ˈɑːnsə/
		Cause an accident.	/ˈkɔːz n̩ ˈæksədənt/
		Eat an orange.	/ˈiːt n̩ ˈɒrɪndʒ/
'll	/əl/ → /l̩/	*That'll do.*	/ˈðæt l̩ ˈduː/
		Help'll come.	/ˈhelp l̩ ˈkʌm/
		Time'll tell.	/ˈtaɪm l̩ ˈtel/
some	/səm/ → /sm̩/	*Take some sugar.*	/ˈteɪk sm̩ ˈʃʊɡə/
shall	/ʃəl/ → /ʃl̩/	*What shall we do?*	/ˈwɒt ʃl̩ wi ˈduː/

　are, were, there, for, her の弱形，及び短縮形の *you're* と *we're* は母音で終わっていますから，直後に母音が発音されるときは，下記のように /r/ の連結（6.3, 9.4 参照）が引き起こされます。

綴り字	発音	例文	
are	/ə/ → /ər/	*Are all swans white?*	/ər ˈɔːl ˈswɒnz ˈwaɪt/
you're	/jɔː/ → /jɔːr/	*You're awful.*	/jɔːr ˈɔːfl̩/
we're	/wɪə/ → /wɪər/	*We're away.*	/wɪər əˈweɪ/
they're	/ðeə/ → /ðeər/	*They're empty.*	/ðeər ˈempti/
were	/wə/ → /wər/	*You were out.*	/ju wər ˈaʊt/
there	/ðə/ → /ðər/	*There are lots.*	/ðər ə ˈlɒts/
for	/fə/ → /fər/	*A free-for-all.*	/ə ˈfriː fər ˈɔːl/
her	/ə/ → /ər/	*I met her again.*	/aɪ ˈmet ər əˈgen/
	/ɜː/ → /ɜːr/	*I found her office.*	/aɪ ˈfaʊnd ɜːr ˈɒfɪs/

子音連結

8.1　子音連結と子音連続

英語の子音は複数のものがまとまって使われることがあり，それを**子音連結**と呼びます。*float*, *cream*, *sprout*, *stream* では語頭に子音連結があり，*bank*, *past*, *wasps*, *instincts* では語末に見られます。

子音連結は綴り字（文字）ではなく発音の問題なので，*sing*, *knife*, *gnome*, *receipt* のような単語は子音字が続いていても子音連結ではありません。

また，2 語にまたがった子音のまとまりも子音連結とはみなされません。例えば，*past* の /st/ は子音連結ですが，*this time* の /st/ は，/s/ と /t/ が別の単語に属していて音節が分かれるので子音連結にはなりません。つまり，本当の意味での子音連結とは同一音節内のものだけを指します。

子音が隣接しているだけで音節の境界が間にあるものは，子音連結ではなく，**子音連続**と呼びます。従って，*disturb* の /st/ は音節境界が /st/ の前にあるために（/dɪ.stɜːb/）子音連結ですが，*mistime* の /st/ は音節境界が /s/ と /t/ の間にあるので（/mɪs.taɪm/）子音連続となります。

英語で許容される子音連結は音節の初めに生じるものと，音節の終わりに生じるものでは異なります。

以下の 2 つの節では英語の重要語彙に見られる頻度の高い子音連結を一覧表にして提示します。少数派の発音（*sluice* の /slj/），外来語（*schmuck* の /ʃm/），めったに使われない語（*thew* の /θj/），学術用語（*sclerosis* の /skl/），擬音語（*vroom* の /vr/），固有名詞（*Gweek* の /gw/ や *Shlaen* の /ʃl/）などを含めれ

□子音連結（consonant cluster）

【日本語には硬口蓋化した子音（「ミャ」/mja/,「リュ」/rjɯ/,「ビョ」/bjo/ 等のヤ行拗音）以外には子音連結がありませんから，英語の子音連結では間に母音を挿入しないように気を付けましょう。】

□子音連続（consonant sequence）

【日本語では子音連続も少ないのですが，語中の撥音「ン」とその後の子音が子音連続とみなせます（「カンテイ（鑑定）」/kantei/,「テンカイ（展開）」/teŋkai/ 等）。また，子音重複としての促音「ッ」も子音連続と言えます（「キッテ（切手）」/kitte/,「サッカ（作家）」/sakka/ 等）。】

ば，他にも子音連結はあります。しかし実際の役には立たないので本書では除外します。

8.2 語頭の子音連結

語頭の 2 子音連結には 3 通りの主要なタイプがあります。表の中に連結と単語の例を示します。

（1） 破裂音の後に接近音が続く連結

	/p/	/b/	/t/	/d/	/k/	/g/
/j/	/pj/ *pure*	/bj/ *beauty*	/tj/ *tune*	/dj/ *duty*	/kj/ *cute*	
/w/			/tw/ *twice*	/dw/ *dwell*	/kw/ *quick*	
/r/	/pr/ *price*	/br/ *bright*	/tr/ *try*	/dr/ *drive*	/kr/ *cry*	/gr/ *grow*
/l/	/pl/ *play*	/bl/ *blue*			/kl/ *clock*	/gl/ *glod*

表に記載されていない連結として，**語中に**見られる /gj/（*singular* /ˈsɪŋgjələ/）と /gw/（*anguish* /ˈæŋgwɪʃ/）があります。また /gw/ は語中だけでなく，英語で用いられるウェールズ語の固有名詞（*Gwen* /gwen/）や外来語（*guava* /ˈgwɑːvə/）でも使われます。

（2） 摩擦音の後に接近音が続く連結

	/f/	/v/	/θ/	/ð/	/s/	/z/	/ʃ/	/ʒ/	/h/
/j/	/fj/ *few*	/vj/ *view*							/hj/ *hue*
/w/					/sw/ *swim*				
/r/	/fr/ *fry*		/θr/ *throw*				/ʃr/ *shred*		
/l/	/fl/ *fly*				/sl/ *slip*				

まれな例としては，/θw/ が一般的な単語では *thwart* だけに現れます。また，/θj/, /sj/, /zj/ は *enthuse* /ɪnˈθjuːz/, *assume* /əˈsjuːm/, *presume* /prɪˈzjuːm/ のように語中で使われます。

□語頭の（initial）【ここでは word-initial という意味で使われていますが，子音連結は同一音節内に限られるので，「音節頭の」（syllable-initial）と言い換えることができます。しかし，単語が 2 つ以上の音節から形成されている場合，2 つ目の音節頭がどこになるか，つまり，語中の音節区分は，理論によって異なります。そのため本章では音節理論を避けるために 1 音節の単語で説明されています。】

【表の中でセルが空欄になっている箇所は，その連結が使用頻度の高い単語には見当たらないという意味です。また，表に提示されている単語は多数の用例の中の一例です。】

□語中に（word-internally）【語中とは言っても「音節頭の子音連結」であることに変わりはありません（*singular* /ˈsɪŋ.gjəl.ə/）。】

（3）　/s/ の後に破裂音あるいは鼻音が続く連結

	/p/	/b/	/t/	/d/	/k/	/g/	/m/	/n/
/s/	/sp/ *spot*		/st/ *stop*		/sk/ *skip*		/sm/ *small*	/sn/ *snow*

　以上の 2 子音連結に加えて，語頭には 3 子音連結も見られます。それは上記の 1 番と 3 番のタイプの組み合わせと考えられます。つまり，「/s/ に先行される破裂音の後に接近音が続く連結」です。

		/p/	/t/	/k/
/s/	/j/	/spj/ *spew*	/stj/ *stew*	/skj/ *skew*
	/w/			/skw/ *square*
	/r/	/spr/ *spring*	/str/ *street*	/skr/ *scratch*
	/l/	/spl/ *splash*		

8.3　語末の子音連結

　語末の 2 子音連結には 3 通りのタイプがあります。(1) 阻害音 + 阻害音，(2) 共鳴音 + 阻害音，(3) 共鳴音 + 共鳴音と分類できます。具体的には下記のようになります。

□語末の（final）【「音節末の」という意味にもなります。】

⑴　阻害音 + 阻害音

破裂音 + 破裂音　/kt/ *act*, /pt/ *accept*

破裂音 + 摩擦音　/ps/ *collapse*, /ts/ *quartz*, /dz/ *towards*, /dθ/ *width*, /ks/ *axe*

摩擦音 + 破裂音　/sp/ *wasp*, /sk/ *mask*, /st/ *list*, /ft/ *left*

⑵　共鳴音 + 阻害音

鼻音　　+ 閉鎖音　/mp/ *dump*, /nt/ *hint*, /nd/ *hand*, /ŋk/ *thank*, /ntʃ/ *lunch*, /ndʒ/ *sponge*

鼻音　　+ 摩擦音　/mf/ *lymph*, /nθ/ month, /ns/ *once*, /nz/ *lens*

接近音 + 閉鎖音　/lp/ *help*, /lb/ *bulb*, /lt/ *tilt*, /ld/ *cold*, /lk/ *milk*, /ltʃ/ *belch*, /ldʒ/ *bulge*

接近音 + 摩擦音　/lf/ *golf*, /lv/ *solve*, /lθ/ *health*, /ls/ *false*

⑶ **共鳴音 ＋ 共鳴音**
　　接近音 ＋ 鼻音　/lm/ *film*

　使用例の少ない連結として，*depth* の /pθ/，*warmth* の /mθ/，*strength* と *length* の /ŋθ/，*Welsh* の /lʃ/，*kiln* の /ln/ もありますから注意してください。

　語末の3子音連結には2つのタイプがあります。⑴ 阻害音 ＋ 阻害音 ＋ 阻害音，⑵ 共鳴音 ＋ 阻害音 ＋ 阻害音です。

⑴ **阻害音 ＋ 阻害音 ＋ 阻害音**
　　破裂音 ＋ 摩擦音 ＋ 破裂音　/kst/ *text*

⑵ **共鳴音 ＋ 阻害音 ＋ 阻害音**
　　鼻音 ＋ 破裂音 ＋ 破裂音　/mpt/ *prompt*，/ŋkt/ *instinct*
　　鼻音 ＋ 破裂音 ＋ 摩擦音　/mps/ *glimpse*，/ŋks/ *lynx*

　上記の /mpt/，/mps/，/ŋkt/，/ŋks/ の中間にある破裂音はあまり発音されませんから注意してください。

　語末の3子音連結には，*sculpt* の /lpt/，*whilst* の /lst/，*waltz* の /lts/（/ls/ の代替発音），*amidst* の /dst/，*against* の /nst/，*amongst* と *angst* の /ŋst/ のように1語かごく少数の単語にしか生じないものもあります。

　さらに単語に屈折語尾 <-s>，<-ed>，<-th> が付くと連結の種類が増えます。次の2子音連結は屈折語尾が付いたときにだけ使われます。この場合には，「摩擦音 ＋ 摩擦音」の連結という新しい組み合わせが起こります。

⑴ **阻害音 ＋ 阻害音**
　　閉鎖音 ＋ 破裂音　/gd/ *jogged*，/bd/ *robbed*，/tʃt/ *watch*，/ʤd/ *charged*
　　閉鎖音 ＋ 摩擦音　/bz/ *robs*，/gz/ *bags*
　　摩擦音 ＋ 破裂音　/θt/ *frothed*，/ðd/ *bathed*，/vd/ *lived*，/zd/ *gazed*，
　　　　　　　　　　　/ʃt/ *wished*
　　摩擦音 ＋ 摩擦音　/fs/ *cliffs*，/vz/ *gives*，/θs/ *myths*，/ðz/ *breathes*

(2)　**共鳴音 ＋ 阻害音**

  鼻音　　＋ 破裂音　/md/ *blamed*,　/ŋd/ *pinged*

  鼻音　　＋ 摩擦音　/mz/ *times*,　/ŋz/ *sings*,　/nθ/ *ninth*

  接近音 ＋ 摩擦音　/lz/ *falls*

  序数を示す屈折語尾が付く場合，/tθ/ が *eighth* だけに，/fθ/ が *fifth* だけに現れます。

  次の 3 子音連結（/pst/, /nts/, /lps/ 等）は，2 子音連結で終わる単語に屈折語尾が追加されたときにのみ起こります。

(1)　**阻害音 ＋ 阻害音 ＋ 阻害音**

  破裂音 ＋ 摩擦音 ＋ 破裂音　/pst/ *lapsed*

(2)　**共鳴音 ＋ 阻害音 ＋ 阻害音**

  鼻音　　＋ 閉鎖音 ＋ 破裂音　/ntʃt/ *wrenched*,　/ndʒd/ *lunged*

  鼻音　　＋ 閉鎖音 ＋ 摩擦音　/nts/ *hunts*,　/ndz/ *hands*

  接近音 ＋ 閉鎖音 ＋ 破裂音　/ltʃt/ *squelched*,　/ldʒd/ *indulged*

  接近音 ＋ 破裂音 ＋ 摩擦音　/lps/ *helps*,　/ldz/ *fields*,　/lks/ *milks*

  接近音 ＋ 摩擦音 ＋ 破裂音　/lvd/ *revolved*

  まれな連結として，*cleansed* の /nzd/, *thousandth* の /ndθ/, *bulbs* の /lbz/ が挙げられます。

  さらに以下の 3 子音連結における<u>調音型</u>の組み合わせ（「破裂音 ＋ 破裂音 ＋ 摩擦音」「鼻音 ＋ 摩擦音 ＋ 摩擦音」等）が 2 子音連結で終わる単語に屈折語尾が追加された場合にだけ出現します。

□調音型（type）【「調音法」（manner of articulation）の別名です。】

(1)　**阻害音 ＋ 阻害音 ＋ 阻害音**

破裂音 ＋ 破裂音 ＋ 摩擦音　/pts/ *accepts*,　/kts/ *rejects*

摩擦音 ＋ 破裂音 ＋ 摩擦音　/sps/ *gasps*,　/sts/ *fists*,　/sks/ *risks*,　/fts/ *lifts*

摩擦音 ＋ 破裂音 ＋ 破裂音　/spt/ *grasped*,　/skt/ *tasked*

⑵ 共鳴音 + 阻害音 + 阻害音

鼻音　　＋ 摩擦音 + 摩擦音　/mfs/ *triumphs*, /nθs/ *tenths*
接近音 + 摩擦音 + 摩擦音　/lvz/ *involves*
接近音 + 鼻音　　＋ 摩擦音　/lmz/ *films*

　出現頻度の少ない連結として，*filmed* と *overwhelmed* の /lmd/，*kilns* の /lnz/，*twelfth* の /lfθ/，*gulfs* の /lfs/，*lengths* と *strengths* の /ŋθs/，*fifths* の /fθs/，*sixth* の /ksθ/，*widths* と *breadths* の /dθs/，*eighths* の /tθs/，*depths* の /pθs/ があります。

　語末の4子音連結はすべて，1つ以上の屈折語尾を含みます。2語以上の例が見られるものは /ŋkts/ に限られます（*instincts*, *precincts*, *adjuncts*, *conjuncts*, *subjuncts*）。その他の4子音連結には，*texts* の /ksts/，*sixths* の /ksθs/，*jinxed* の /ŋkst/，*thousandths* の /ndθs/，*sculpts* の /lpts/，*twelfths* の /lfθs/ があります。

8.4　脱落

　音節末の子音連結の多くは，9.2で説明する**脱落**の作用によって簡略化されます。/pts/, /kts/, /sts/, /fts/, /ksts/, /ŋkts/, /ŋsts/, /lpts/ から /t/ が脱落可能です。/ndz/, /ndθ/, /ldz/, /ndθs/ の /d/ は省略できます。また /skt/ の /k/ も脱落することがあります。

　子音で始まる単語が直後に続くときには，/t/ と /d/ は語末の位置に来るあらゆる連結から脱落する可能性があり（/lt/ と /nt/ を除く），/s/ に先行される /k/ も省略されることがあります（9.2.1 参照）。

8.5　添加

　脱落とは反対に子音連結の中に別の子音が挿入されることもあります。その現象は**添加**と呼ばれます。添加は通例，鼻音と後続する無声摩擦音の間に無声破裂音（/p, t, k/）を挿入するものです。それは単純な調音上の理由によって生じます。

□音節末の（syllable-final）
□脱落（elision）【「音の省略」のことです。】

【/skt/ から /k/ が脱落するのは *asked* でよく耳にします（/ɑːst/）。さらに日常会話で語末の /t/ が脱落すると，*I asked him.* は /aɪ 'ɑːs ɪm/ と発音されます。語末の /t/ の脱落は本書のような教育上の推奨発音としては「子音の前」としていますが，母語話者は母音の前でも脱落させるので，知らないとリスニングに支障を来たします。】

□添加（epenthesis）【「音の挿入」のことです。】

118

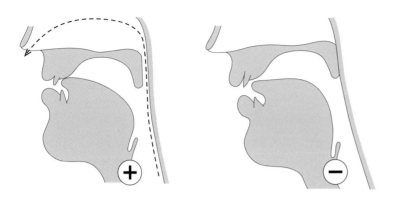

図 8.1　連結 /ns/ の 鼻音 /n/（左）から摩擦音 /s/（右）への移行
（矢印は気流が鼻腔を通って放出することを示す。）

　図 8.1 では連結 /ns/ の発音で調音器官が /n/ の位置から /s/ の位置へ移行するときに，次の 3 つの変化を同時に行わなければならないことがわかります。

(1)　声帯振動の停止
(2)　軟口蓋が上がり，鼻腔への気流の流れを閉鎖
(3)　舌尖と歯茎による閉鎖が開き，狭いすき間を発生

　(2) と (3) の処置が全く同時に行われずに，つまり (3) の処置が若干遅れると，口腔内の気圧が高まります。そのため歯茎鼻音のための歯茎閉鎖が開放されるとき，歯茎破裂音 /t/ が発せられて添加となります。

　添加音の無声破裂音はその連結の鼻音と同じ調音点で発生します。鼻音が両唇音 /m/ の場合，その無声破裂音も両唇音 /p/ となります。鼻音が軟口蓋音 /ŋ/ のときには，その無声破裂音も軟口蓋音の /k/ となります。

　無声破裂音が添加される単語の例として次のようなものが挙げられます。

・　添加音 /p/：　/mf/ → /mpf/　*lymph*
　　　　　　　　/mfs/ → /mpfs/　*triumphs*
　　　　　　　　/mθ/ → /mpθ/　*warmth*

【日本語の添加には，母音連続を避けるための「雨」の複合語，「アキサメ」（秋雨），「コサメ」（小雨）に見られる /s/ や，強調のための促音化（「サキ」（先）＞「サッキ」[sakki]），及び撥音化（「アマリ」＞「アンマリ」[ammari]）などがあります。】

【ここで説明されている語末の子音連結 /ns/（[nts]）は，*once* や *since* の発音に見られます。GB のみならず，GA でも頻繁に聞かれます。英語子音の発音が習得できれば，この添加は自然に生じます。（*length* を発音するときに /ŋθ/ よりも [k] を付けて [ŋkθ] と発音する方が楽なのと同じです。）しかし，歯茎鼻音の場合，日本人にとっては最大の難関と言えます。日本語の干渉によって上級者であってもたいていは気付かずに，この /n/ を「ン」で発音しています。つまり，口蓋垂鼻音 [N] で代用しています。歯茎閉鎖がなければ，歯茎破裂音が挿入されるはずがありません。ここは特に意識して，/n/ を歯茎鼻音 [n] で発音できるように練習してください。】

□添加音の（epenthetic）

- ・ 添加音 /t/： /ns/ → /nts/　*once*
　　　　　　　　/nst/ → /ntst/　*against*
　　　　　　　　/nθ/ → /ntθ/　*month*
　　　　　　　　/nθs/ → /ntθs/　*tenths*
- ・ 添加音 /k/： /ŋθ/ → /ŋkθ/　*length*
　　　　　　　　/ŋθs/ → /ŋkθs/　*strengths*
　　　　　　　　/ŋsts/ → /ŋksts/　*angsts*

　語末の子音連結 /ns/ をもつ単語は数が多く，また使用頻度も高いので，添加音 /t/（/nts/）は，/p/ や /k/ の添加よりも頻繁に用いられます。このことによって，*prince* が *prints*，*sense* が *scents*，*chance* が *chants*，*dense* が *dents* のように発音される結果となります。

連声

　本章で扱う**連声**<ruby>連声<rt>れんじょう</rt></ruby>という現象の特性はこれまでに見てきた特性とは種類が異なります。単語の音素が特別な方法で具現化されて，語句を形成するために特別な形で組み合わされます。この特性自体は学習者にとって比較的容易なものです。

□連声（connected speech）【7.17 の注を参照】

　また連声の現象は決まった音声環境で必ず起こるというものではありませんが，極めて自然な現象と言えます。そのため，学習者が自然な英語の話し言葉に生じる連声の変化を模倣するべきか否かという問題が提起されます（それでもこの現象を学習することは有益です）。

　まずリスニング力を伸ばすために間違いなく得策です。音声変化や音の脱落がどこに現れるかがわかれば，話し手の発言が理解しやすくなります。

　次に連声の現象は英語に特有のものではありません。しかし同時にその音声変化がすべての言語に共通しているわけでもありません。このことから英語とは全く異なる音声変化の習慣をもった学習者が，母語の音声変化を英語に当てはめてしまうと，誤った発音をもたらす結果となります。

　このように英語の連声に生じる音声変化を習得することは母語からの干渉を避けるために効果的であると言えます。

　最後に学習者の言語事情によっては，逆に一定の連声における処理の方法が英語の発音を容易にすることもあります。連声の音声を学習せずに，どうして発音する必要のない子音，*asked* の /skt/ をすべて発音しようと努力するのでしょうか。

【/skt/ の発音については，9.2.1「子音の脱落」を参照】

9.1　引用形と連声形

英単語の発音は音声環境に応じて変化します。その例はすでに強形と弱形をもつ単語の発音で見てきました（7.3参照）。強勢のある環境では強形，無強勢の環境では弱形となります。前後の音が何であるかという状況もまた単語の発音に重要な影響を与えます。

英単語を別個に引用して話すときには，**引用形**の発音を用います。この発音は辞書の各項目の初めに記載されている発音記号の発音です。しかし，単語が単独で話されることはめったになく，普通は別の単語の前後で一緒に発音されます。

その結果，隣接した音が単語の境界を越えて，互いに影響を与え合うことになります。それが多くの場合，単語の音素構造に変化をもたらします。周囲の形態素，音節，あるいは単語の音によって影響された単語の発音を**連声<ruby>形<rt>けい</rt></ruby>**と呼びます。

連声作用には次の3つの処理方法があります。

・**脱落**：引用形には存在している音素が連声形で失われること
・**同化**：引用形の音素が連声形では別の音素に変わること
・**連結**：引用形には存在しない音素が連声形では出現すること

9.2　脱落

9.2.1　子音の脱落

最も頻出する脱落は歯茎破裂音（/t/ と /d/）です。歯茎破裂音は前後を子音に挟まれて，前の子音と同じ音節に属する場合に脱落します（表9.1）。例えば，*last lesson* /ˈlɑːs ˈlesn̩/ と *facts* /fæks/ では /t/ が，*brand new* /ˈbræn ˈnjuː/ と *hands* /hænz/ では /d/ が脱落します。しかし，*his twin* /hɪz ˈtwɪn/ と *this drink* /ˈðɪs ˈdrɪŋk/ では，歯茎破裂音を含む音節が前の子音とは異なるために脱落しません。脱落可能な歯茎破裂音の後の子音は，接尾辞か，**複合語**の第2要素か，後続する別の単語の中にあるという傾向が見られます。

□引用形（citation form）【丁寧な発音で，文法語（機能語）の場合は強形を指します。】

□連声形（connected speech form）

□脱落（elision）
□同化（assimilation）
□連結（liaison）

【連声における連結は /r/ を挿入するものなので，R音性的な発音である GA には連結は該当しません。】

□複合語（compound）【「合成語」と訳されることもあります。2語以上が結合して作られた単語です。】

また語末の歯茎破裂音は屈折語尾 <ed> の発音としてしばしば生じますが，この場合も脱落することがあります（表9.2の例文を参照）。しかし GB では，無声歯茎破裂音 /t/ の方は，脱落よりもむしろ声門音による置換（3.5.2），あるいは声門音による強化（3.5.3）の影響を受ける方が普通です。

【動詞の過去形に脱落が頻出するのは，文脈から時制が明らかなためです。】

【声門音による強化では，声門閉鎖音の開放音（破裂）が聞こえることはありません。】

表 9.1　2 つの子音に挟まれた歯茎破裂音の脱落

子音の配列	語＋接尾辞		複合語		句	
-ft + C	*lifts*	/ˈlɪfs/	*software*	/ˈsɒfweə/	*lift me*	/ˈlɪf mi/
-st + C	*firstly*	/ˈfɜːsli/	*coastguard*	/ˈkəʊsɡɑːd/	*best friend*	/ˈbes ˈfrend/
-kt + C	*collects*	/kəˈleks/	*fact-finding*	/ˈfækfaɪndɪŋ/	*react badly*	/riˈæk ˈbædli/
-pt + C	*accepts*	/əkˈseps/	*scriptwriter*	/ˈskrɪpraɪtə/	*kept quiet*	/ˈkep ˈkwaɪət/
-nd + C	*hands*	/hænz/	*grandfather*	/ˈɡrænfɑːðə/	*stand still*	/ˈstæn ˈstɪl/
-ld + C	*fields*	/fiːlz/	*childcare*	/ˈtʃaɪlkeə/	*hold tight*	/ˈhəʊl ˈtaɪt/

表 9.2　屈折語尾 <ed> の脱落例

子音の配列	例	
-bd + C	*We clubbed together.*	/wi ˈklʌb təˈɡeðə/
-ɡd + C	*I shrugged my shoulders.*	/aɪ ˈʃrʌɡ maɪ ˈʃəʊldəz/
-dʒd + C	*He managed to do it.*	/hi ˈmænɪdʒ tə ˈduː ɪt/
-vd + C	*I saved my breath.*	/aɪ ˈseɪv maɪ ˈbreθ/
-ðd + C	*She mouthed the answer.*	/ʃi ˈmaʊð ði ˈɑːnsə/
-zd + C	*It amused me.*	/ɪt əˈmjuːz mi/
-md + C	*I calmed down.*	/aɪ ˈkɑːm daʊn/
-nd + C	*He fanned the flames.*	/hi ˈfæn ðə ˈfleɪmz/
-ŋd + C	*It belonged to me.*	/ɪt bɪˈlɒŋ tə mi/
-ld + C	*I appealed to them.*	/aɪ əˈpiːl tə ðəm/
-pt + C	*He stopped talking.*	/hi ˈstɒp ˈtɔːkɪŋ/
-kt + C	*He was tracked down.*	/hi wəz ˈtræk ˈdaʊn/
-tʃt + C	*I switched channels.*	/aɪ ˈswɪtʃ ˈtʃænlz/
-ft + C	*I stuffed my face.*	/aɪ ˈstʌf maɪ ˈfeɪs/
-st + C	*I was forced to do it.*	/aɪ wəz ˈfɔːs tə ˈduː ɪt/
-ʃt + C	*I brushed my teeth.*	/aɪ ˈbrʌʃ maɪ ˈtiːθ/

歯茎破裂音が2つの子音に挟まれていて，前の子音と同じ音節に属していても，例外として子音連結 /lt/ と /nt/ の /t/ は *I felt sad* /aɪ ˈfelt ˈsæd/ や *front door* /ˈfrʌnt ˈdɔː/ のように必ず発音されて脱落することがありません。

さらにこの例外には例外があって，それは *not* を含む短縮形（7.15）の場合です。この短縮形では /t/ の後ろが子音のみならず，母音であっても頻繁に /t/ の脱落が見られます（しかし，ポーズの前は除きます）。

この /t/ の脱落は次の例文のように特に短縮形が2音節から成っているときに当てはまります。

I couldn't say. /aɪ ˈkʊdn̩ ˈseɪ/

I shouldn't ask. /aɪ ˈʃʊdn̩ ˈɑːsk /

I hadn't known. /aɪ ˈhædn̩ ˈnəʊn/

It hasn't changed. /ɪt ˈhæzn̩ ˈtʃeɪndʒd/

それほど頻繁ではありませんが，語末の連結 /sk/ の /k/ も子音が後続するとき，*masked* /mɑːst/，*risked* /rɪst/，*tasked* /tɑːst/ のように脱落することがあります。

また /sk/ で終わる単語はそれほど多くありませんが，この /k/ の脱落は特に *ask* の発音で頻繁に生じます。

I'll ask them. /aɪl ˈɑːs ðəm/

They asked us. /ðeɪ ˈɑːst əs/

We asked both of them. /wi ˈɑːs ˈbəʊθ ə ðəm/

9.2.2　母音の脱落

母音脱落の1つはすでに音節主音的子音の節（7.2）で見た，反分節化に伴うシュワーの脱落です。*deafen* や *cycle* の基本形はそれぞれ /ˈdefən/ と /ˈsaɪkəl/ ですが，通常は音節主音的子音を使って /ˈdefn̩/ と /ˈsaɪkl̩/ になります。

【日本語の子音脱落には，「ワタシ」（私）＞「アタシ」＝ [w] の脱落，「スミマセン」＞「スイマセン」＝ [m] の脱落などがあります。】

【日本語の脱落は，歴史的な音韻変化（イ音便の「書キテ」＞「書イテ」＝ [k] の脱落など）は別として，やや卑俗な印象を受けますが，本章に書かれている英語の脱落は教養のある人の会話体発音です。】

【*asked both* では /skt/ から /k/ が脱落すると，/st/ という連結になり，さらに子音 /b/ が後続するので，/t/ も脱落します。】

【*of them* の /v/ も後ろに子音，特に頻出語 *the* や *this* などの /ð/ が来るときにはよく脱落します。*of* の発音が /ə/ になるのは，弱形ではなく，脱落の結果ですから注意してください。】

124

しかしこれらの音節主音的子音に弱母音で始まる接尾辞が後続すると，音節主音的子音の音節主音性が失われることがあります（7.2.4 反分節化）。つまり，*deafening* /ˈdefnɪŋ/ と *cycling* /ˈsaɪklɪŋ/ になります。この処理を通して，シュワーはこれらの単語や同じ条件を満たす別の単語から脱落します。

同様の変化はシュワーの後に /r/ と弱母音が続く単語にも起こり，*history* /ˈhɪstəri/ が /ˈhɪstri/，*separate*（形容詞）/ˈsepərət/ が /ˈseprət/，*category* /ˈkætəgəri/ が /ˈkætəgri/ のようにシュワーが脱落します。

しかし，後続の母音が弱母音ではなく，強母音であれば，シュワーが脱落することはありません。*hyphenate* は /ˈhaɪfəneɪt/ か /ˈhaɪfneɪt/ であって，*/ˈhaɪfneɪt/ とはなりません。同様に *idolise* は /ˈaɪdəlaɪz/ か /ˈaɪdlaɪz/ であって，*/ˈaɪdlaɪz/ ではなく，*separate*（動詞）も /ˈsepəreɪt/ で，*/ˈsepreɪt/ のようにシュワーの脱落はありません。

9.3　同化

英語における同化の多くは**先行同化**です。音がその後に続く音によって影響を受ける音変化です。またそれほど多くはありませんが，**保続同化**も見られます。音がその前にある音に影響されるものです。

先行同化は発音している音の途中で調音器官が次の音の準備をするために起こります。つまり次の音を先取りしているのです。

保続同化では音の発音中に調音器官がまだ前の音の構えを維持しています。つまり前の音の調音を次の音でも保続しているのです。

9.3.1　調音点の同化

歯茎破裂音 /t d/ と歯茎鼻音 /n/ は破裂音か鼻音が後続すると，後の音の調音点に先行同化します（表 9.3 と表 9.4 の例を参照）。詳細は下記のようになります。

【日本語の母音脱落には，砕けた形としての「イチニチ」（一日）＞「イチンチ」[ni] ＞ [n]，「イヤダ」（嫌だ）＞「ヤダ」[i] ＞φ，重音脱落と呼ばれる「タイイク」（体育）＞「タイク」，「アブラアゲ」（油揚げ）＞「アブラゲ」，「オオイカブサル」（覆いかぶさる）＞「オイカブサル」，さらに口語体としての「シテル」表現（「愛シテイル」＞「愛シテル」＝[i] の脱落）などがあります。】

□先行同化（anticipatory assimilation）【「逆行同化」（regressive assimilation）という用語もよく使われます。】

□保続同化（perseverative assimilation）【「残存同化」とも訳します。*perseverative* は /pəˈsevərətɪv/ と発音します。この術語は progressive assimilation（「順行同化」あるいは「進行同化」と訳す）の方が一般的ですが，専門用語というのは著者の好み，こだわりを表します。】

□調音点の同化（place assimilation）

【日本語では音節末に来る子音は「ン」だけですから，調音点の先行同化を受けるのは /N/ に限られます。例えば，「サンポ」（散歩）の /N/ は，「ポ」の /p/ に同化して，[m] になります [sampo]（1.2 の相補分布の注を参照）。】

・歯茎音は両唇音 /p b m/ が後続すると，その調音点に同化して両唇音になる

    /t/ → /p/   /d/ → /b/   /n/ → /m/

・歯茎音は軟口蓋破裂音 /k g/ が後続すると，その調音点に同化して軟口蓋音になる

    /t/ → /k/   /d/ → /g/   /n/ → /ŋ/

【軟口蓋鼻音 /ŋ/ で始まる単語はないので，/ŋ/ が後続することはありません。】

GB では，上記の無声歯茎破裂音 /t/ の位置は，声門音による置換（3.5.2），あるいは声門音による強化（3.5.3）が生じる環境です。この場合，調音点が同化する代わりに，声門音による置換が行われて，/t/ が声門破裂音 [ʔ] として発音されるか，あるいは，先行同化した音が声門音によって強化されることがあります。

【声門音による置換が行われると，例えば，*wet paint* の /t/ が [ʔ] となるので，[ˈweʔ ˈpeɪnt] という発音になります。】

【先行同化した音が声門音による強化を受けるというのは，*wet paint* の /t/ が [ʔp] として発音される（[ˈweʔp ˈpeɪnt]）ということです。これら 2 つの子音（[ʔp]）はいずれも閉鎖のみで，決して開放音（破裂）が聞こえることはありません。後続する *paint* の /p/ の破裂音が聞こえるだけです。】

歯茎摩擦音 /s z/ もまた頻繁に先行同化を受けます（表9.5）。

・歯茎摩擦音は無声硬口蓋歯茎摩擦音 /ʃ/ が後続すると，その調音点に同化して硬口蓋歯茎摩擦音になる

    /s/ → /ʃ/   /z/ → /ʒ/

【有声硬口蓋歯茎摩擦音 /ʒ/ で始まる英単語はほとんどありません。語末に生じる場合も少なく，/ʒ/ は *usual* /ˈjuːʒəl/ のように主に語中で用いられる子音です。】

調音点の保続同化は語中に見られます。/ən/ が両唇破裂音 /p b/ あるいは軟口蓋破裂音 /k g/ に後続すると，それらの破裂音は鼻腔開放することがあります（3.6）。そのとき鼻音 /n/ は先行する破裂音の調音点に保続同化した**同器官的な**音節主音的鼻音となります（表9.6）。

【日本語の子音連続は「ン」を含むもの（-N＋C）だけですから，日本語には調音点の保続同化はありません。】

□同器官的な（homorganic）（3.3 の注を参照）

・/p b/ の後では，/ən/ は [m̩] となる
・/k g/ の後では，/ən/ は [ŋ̍] となる

使用頻度が高い単語ほど，調音点の同化を受けることが多くなります。特に /ən/ の異形である保続同化した音節主音的鼻音はさらに頻繁に用いられます。従って学習者にはこの音節主音的鼻音の使用を勧めます。これが数少ない調音点の保続同化の例となります。

表 9.3　調音点の先行同化：歯茎音 → 両唇音化

同化	両唇音化					
	/p/		/b/		/m/	
/t/ → /p/	*wet paint*	/ˈwep ˈpeɪnt/	*jet black*	/ˈʤep ˈblæk/	*white mice*	/ˈwaɪp ˈmaɪs/
/d/ → /b/	*a bad person*	/ə ˈbæb ˈpɜːsn̩/	*a loud bang*	/ə ˈlaʊb ˈbæŋ/	*red meat*	/ˈreb ˈmiːt/
/n/ → /m/	*brown paper*	/ˈbraʊm ˈpeɪpə/	*a thin book*	/ə ˈθɪm ˈbʊk/	*lean meat*	/ˈliːm ˈmiːt/

表 9.4　調音点の先行同化：歯茎音 → 軟口蓋音化

同化	軟口蓋音化			
	/k/		/g/	
/t/ → /k/	*hot coffee*	/ˈhɒk ˈkɒfi/	*quite good*	/ˈkwaɪk ˈgʊd/
/d/ → /g/	*a red gate*	/ə ˈreg ˈgeɪt/	*a bad group*	/ə ˈbæg ˈgruːp/
/n/ → /ŋ/	*green covers*	/ˈgriːŋ ˈkʌvəz/	*twin girls*	/ˈtwɪŋ ˈgɜːlz/

表 9.5　調音点の先行同化：歯茎音 → 硬口蓋歯茎音化

同化	綴り字	発音
/s/ → /ʃ/	*this shop*	/ˈðɪʃ ˈʃɒp/
	nice shoes	/ˈnaɪʃ ˈʃuːz/
	a famous ship	/ə ˈfeɪməʃ ˈʃɪp/
	a close shave	/ə ˈkləʊʃ ˈʃeɪv/
/z/ → /ʒ/	*is she*	/ˈɪʒ ʃi/
	his shirt	/hɪʒ ˈʃɜːt/
	Lee's short	/ˈliːʒ ˈʃɔːt/
	because she	/bɪˈkɒʒ ʃi/

表 9.6　調音点の保続同化：/ən/ → 同器官的な音節主音的鼻音

同化	綴り字	発音
/ən/ → /m̩/	*happen*	/ˈhæpm̩/
	ribbon	/ˈrɪbm̩/
/ən/ → /ŋ̩/	*taken*	/ˈteɪkŋ̩/
	pagan	/ˈpeɪgŋ̩/

9.3.2 融合同化

これまでに見た先行同化や保続同化は，1つの音素の影響でもう1つの音素が変わるものでした。**融合同化**の場合は，2つの音素が互いに影響し合い，結合して別の音素になります。つまり，/t/ と /d/ は /j/ と結び付いてそれぞれ /ʧ/ と /ʤ/ に変化します。

融合同化が最も一般的で規則的に生じるのは，*you* や *your* を含む語句です。*could you, couldn't you, did you, didn't you* などでよく耳にします（表9.7）。

□融合同化（coalescent assimilation）【「相互同化」（reciprocal assimilation）とも呼ばれます。】

【日本語には母音の融合同化が見られます。「ナイ」（無い）/ai/ ＞「ネー」[eː]，「スゴイ」（凄い）/oi/ ＞「スゲー」[eː]，「イウ」（言う）/iɯ/ ＞「ユー」[juː]（[jɯɯ]）などが例として挙げられます。】

表 9.7　融合同化

/t/ + /j/ → /ʧ/		/d/ + /j/ → /ʤ/	
I know what you said.	/aɪ ˈnəʊ wɒʧu ˈsed/	*Did you see it?*	/dɪʤu ˈsiː ɪt/
I've got you a present.	/aɪv ˈɡɒʧu ə ˈpreznt/	*Could you wait?*	/kʊʤu ˈweɪt/
Can't you wait?	/ˈkɑːnʧu ˈweɪt/	*They made you do it?*	/ðeɪ ˈmeɪʤu ˈduː ɪt/
Why don't you go?	/ˈwaɪ ˈdəʊnʧu ˈɡəʊ/	*Would your brother try?*	/wʊʤɔː ˈbrʌðə ˈtraɪ/
He said that you did.	/hi ˈsed ðəʧu ˈdɪd/	*He said you did.*	/hi ˈseʤu ˈdɪd/
I've got your key.	/aɪv ˈɡɒʧɔː ˈkiː/	*I found your key.*	/aɪ ˈfaʊnʤɔː ˈkiː/
Couldn't you try?	/ˈkʊdn̩ʧu ˈtraɪ/	*I've read your book.*	/aɪv ˈreʤɔː ˈbʊk/

9.3.3 声帯振動の同化

他の多くの言語と異なり，英語には**声帯振動の同化**が極めて少数しかありません。声帯振動の同化には，無声子音が隣接した有声子音の影響で有声化する現象と，有声子音が無声子音の影響で無声化する現象があります。（おそらく後者は正確には**無声化の同化**と呼べるでしょう。）

英語には前者のような**有声化の同化**はありません。従って，学習者は次のように発音しないように気を付けなければなりません。*jukebox* を */ˈʤuːɡbɒks/，*scapegoat* を */ˈskeɪbɡəʊt/，*whiteboard* を */ˈwaɪdbɔːd/ と発音してはいけません。

□声帯振動（の有無）の同化（voicing assimilation）【英語の文字通りの意味は「**有声化の同化**」です。】

□無声化の同化（devoicing assimilation）

【フランス語やオランダ語など多くの言語では有声化の先行同化が起こるので，例示されているような誤りがよく生じます。しかし，これらは日本人には心配ありません。】

【これらの成句では無声音の同化が必須です。*had to* も同化します。*used to* と *supposed to* では /t/ が1つ脱落します。】

無声化の同化もまた英語には珍しく，次のような日常よく使われる語句にだけ見られます。

have to /hæf tu/, *has to* /hæs tu/, *had to* /hæt tu/,

used to /juːs tu/, *supposed to* /səˈpəʊs tu/

9.3.4 調音法の同化

調音法の同化には有声歯摩擦音 /ð/ を伴う場合の同化があります。/ð/ は /n/ あるいは /l/ に後続すると，その先行音と同一の子音に変化します。これは調音法の保続同化の例となります。

この同化は /ð/ で始まる単語（音節）が強勢をもたないときに最もよく起こりますが，強勢を受ける場合にも生じることがあります（表 9.8）。

・強勢のない音節の例

on the /ɒn nə/, *will they* /wɪl leɪ/

・強勢のある音節の例

and then /ən ˈnen/, *although* /ɔːlˈləʊ/

さまざまな言語を母語とする学習者が /ð/ を /d/ で発音するので，この調音法の同化を用いることは有効な方策と言えます。また，脱落と /ð/ の同化には，その子音の長さに明確な違い（その子音が 1 つか 2 つかという違い）がありますから，同化した子音を長めに発音することを忘れないでください。そうしないと，<u>*on the table*</u> [ɒnːə(ɒnnə)] が <u>*on a table*</u> [ɒnə] と間違えられて聞こえてしまいます。

/ð/ が変化する保続同化には，習得すると役に立つものがさらに 2 つあって，/s/ と /z/ が先行する場合です。調音法は摩擦音のままで，調音点が保続同化して歯茎音になります。

・強勢のない音節の例

that's the /ðæts si/, *was the* /wɒz zə/

【日本語には，**連濁**（sequential voicing）と呼ばれる有声化の保続同化を含む複合語がたくさんあります。複合語の第 2 要素の初めの無声音が，第 1 要素の終わりの母音に同化して有声化されます。「タビビト」（旅人），「ヒトヅマ」（人妻），「エンダカ」（円高）など多数の例があります。日本語文法では濁点が付いた有声音のことを「濁音」と呼ぶので，連濁という名称になりました。】

【日本語ではまた共通語における「母音の無声化」（devoicing of vowels）も声帯振動の同化に当たります。無声子音の間に挟まれた「イ」と「ウ」は常に声が消えて，息だけで発音されます。「キク」（菊）[ki̥ku], 「シカ」（鹿）[ɕi̥ka], 「クサ」（草）[ku̥sa] などです。】

□調音法の同化（manner assimilation）
【調音法の保続同化の例は非常に少なく，/ð/ の変化に限られますが，ローチ（1996: 128）には，*get them* /ð/ → /t/, *read these* /ð/ → /d/ のように先行する語の語末が破裂音 /t d/ の例もあります。】

【/ð/ が保続同化の影響を受けやすいのは，とても弱く発音されるからです。】

【このような調音法の同化では，歯音 /ð/ の調音法が同化して歯茎音の音素に変わっても，「調音点の同化」と呼ばないのは，影響を与えた先行歯茎音も，/ð/ が同化した歯茎音もどちらも歯音化することが一般的であるためです。つまり，調音点による名称は歯音のまま（歯音化した歯茎音）です。精密表記をすれば，*on the* /ɒn nə/ は [ɒn̪ n̪ə]，*will they* /wɪl leɪ/ は [wɪl̪ l̪eɪ] となります。】

【*that's the* の *the* の発音が /sə/ ではなく，/si/ となるのは，表 9.8 の *idea* のように母音で始まる語が後続する場合です。】

・強勢のある音節の例

    what's this /ˈwɒts ˌsɪs/, *how's that* /ˈhaʊz ˌzæt/

  that's the と *what's this* では，さらに声帯振動の同化も見られます。有声音が無声音に変化しています（/ð/ → /s/）。

表9.8　先行子音に保続同化する有声歯摩擦音 /ð/

同化	無強勢音節		強勢音節	
/ð/ → /n/	*It's on the table.*	/ɪts ɒn nə ˈteɪbl̩/	*And then it rained.*	/ən ˈnen ɪt ˈreɪnd/
/ð/ → /l/	*Will they manage?*	/wɪl leɪ ˈmænɪʤ/	*Although it's sad*	/ɔːlˈləʊ ɪts ˈsæd/
/ð/ → /s/	*That's the idea.*	/ˈðæts si aɪˈdɪə/	*What's this?*	/ˈwɒts ˌsɪs/
/ð/ → /z/	*Was the baby healthy?*	/wəz zə ˈbeɪbi ˈhelθi/	*How that?*	/ˈhaʊz ˌzæt/

9.4　連結

  ある一連の母音は別の母音が直後に続くとき，その前後2つの母音の間に /r/ を挿入して発音されます。本書ではそのような母音を**連結母音**と呼ぶことにします。この連結は接尾辞が付いた単語内にも，2語の間にも起こります（表9.9の例を参照）。

□連結母音（liaison vowel）【「連結の /r/ 母音」（linking-/r/ vowel）と呼ぶ研究者もいます。】

表9.9　連結母音

連結母音	単語内の連結		2語の連結	
シュワー	*sugary*	/ˈʃʊɡə/ + /i/ = /ˈʃʊɡəri/	*cover up*	/ˈkʌvə/ + /ʌp/ = /ˈkʌvər ˈʌp/
NURSE 母音	*purring*	/pɜː/ + /ɪŋ/ = /ˈpɜːrɪŋ/	*stir it*	/stɜː/ + /ɪt/ = /ˈstɜːr ɪt/
PALM 母音	*starring*	/stɑː/ + /ɪŋ/ = /ˈstɑːrɪŋ/	*far off*	/fɑː/ + /ɒf/ = /ˈfɑːr ˈɒf/
THOUGHT 母音	*gory*	/ɡɔː/ + /i/ = /ˈɡɔːri/	*pour out*	/pɔː/ + /aʊt/ = /ˈpɔːr ˈaʊt/
SQUARE 母音	*scary*	/skeə/ + /i/ = /ˈskeəri/	*repair it*	/rɪˈpeə/ + /ɪt/ = /rɪˈpeər ɪt/
NEAR 母音	*nearer*	/nɪə/ + /ə/ = /ˈnɪərə/	*cheer up*	/tʃɪə/ + /ʌp/ = /ˈtʃɪər ˈʌp/
CURE 母音	*curing*	/kjʊə/ + /ɪŋ/ = /ˈkjʊərɪŋ/	*cure us*	/kjʊə/ + /əs/ = /ˈkjʊər əs/

  GB の連結母音には，シュワー /ə(r)/, NURSE 母音 /ɜː(r)/, PALM 母音 /ɑː(r)/, THOUGHT 母音 /ɔː(r)/, SQUARE 母音 /eə(r)/, NEAR 母音 /ɪə(r)/, CURE 母音 /ʊə(r)/ の7つがあります（6.3参照）。

【アメリカの GA では綴り字に <r> があるときには，常に <r> を発音するので，その子音が後続する母音とつながっても，特別な連結にはなりません。それは PALM 母音であっても，*car* には <r> がありますから，*car accident* ではいつも連結します。】

表 9.9 が示すように，/r/ の連結は語句の綴り字 <r> と対応しています。このことは /r/ がかつては綴り字に <r> をもつ単語すべてで発音されていたという事実を反映しています。（そして今でも **R 音性的な**方言ではそのような /r/ が発音されています。4.2.7 及び 6.3 の「/r/ の連結」を参照）しかし，英語の綴り字の標準化が確立された頃から，/r/ は母音の前の位置を除いて（すなわちポーズの前と子音の前の語末では）発音されなくなりました。それが現在の GB に至っています。

元来の /r/ は語末の位置にあった場合，接尾辞か母音で始まる単語がすぐ後に続くときには，消失せずにそのまま残りました。このパターンが現在まで継続しているので，語末に連結母音をもつ単語の連声形では，母音が直後に続くとき，引用形では発音されない語末の /r/ が出現して発音されます。

/r/ の連結は英語の話し言葉では頻繁に使用されるので，それがしばしば歴史的には語末に /r/ をもつことがなかった単語，つまり /r/ が綴られていない連結母音を語末にもつ単語にまで類推的に拡張されてしまいます。それは *visa application* /ˈviːzər ˌæplɪˈkeɪʃn̩/, *Yamaha instruments* /ˈjæməhɑːr ˈɪnstrəmənts/, *saw it* /ˈsɔːr ɪt/, *idea of* /aɪˈdɪər əv/, *drawing* /ˈdrɔːrɪŋ/ のような例に見られます。

この現象は以前から**割り込みの /r/** として知られて来ました。しかし，学習者は綴り字に影響されるために，これを自然に受け入れることは難しいでしょう。この種の /r/ 連結（割り込みの /r/）の使用は規則的ではないので，学習者が必ずしも模倣する必要はありません。

□ R 音性的な（rhotic）

【/r/ が発音されなくなったことを「**/r/ の消失**」（/r/-deletion）と言いますが，それは 18 世紀のことです。イングランド南東部（ロンドン周辺）の英語に起こりました。またこの現象が生じる 100 年以上前から /r/ の前の母音は長音化され，その後，狭母音と中段母音の後にはシュワーの挿入があり，さらにシュワーの前の母音が短音化されるという準備過程がありました。】

□割り込みの /r/（intrusive /r/）【昔の訳語では「嵌入（かんにゅう）の /r/」が使われました。】

【割り込みの /r/ は前世紀の RP でもしばしば用いられていましたが，綴り字にはない音の発音なので規範的ではないと非難されていました。つい最近まで添加（8.5）のような挿入音とみなされて，先行母音が広母音と半広母音（語末のシュワーは半広母音になる）のときに現れるなどと説明されていました。イギリス英語の母音を長母音（二重母音を含む），短母音，シュワーと分類していたことが原因で本質を見失っていました。ここでは専門的な説明が省略されていますが，自由母音（長母音）にシュワーを加えて再分類し，連結母音とその他の自由母音に二分したので，連声形（日常会話）で割り込みの /r/ が頻出する理由付けができるようになりました。】

第10章

英語のイントネーション

10.1 イントネーション句の構造

イントネーションの基本単位は**イントネーション句**（**IP**）と呼ばれるもので，英語のあらゆる**発話**は複数のIPに分割することができます。発話によってはIPが1つだけの短いものもあります。各IPは次のような要素から成り立っています。

<ruby>前頭部<rt>ぜんとうぶ</rt></ruby>　（頭部）　核　（<ruby>尾部<rt>びぶ</rt></ruby>）

括弧が付されたものは任意の要素で，発話の内容に応じてIPに含まれる場合もあれば，含まれない場合もあります。しかし，**核**は唯一の必須要素で，1つのIPは1つの核を中心に構成されます。また，核は**ピッチ**変動が始まる<u>音節</u>（あるいは完了する<u>音節</u>）だけが担います（単語ではありません）。

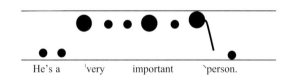

He's a ˈvery important ˋperson.

上記はIPの一例です。このIPにはIPの構成要素がすべて含まれています。*person* の第1音節（*per-*）が核になります。

ピッチ（声の高さ）のパターンが上下2本の線の間に表示されていますが，このような表記法を**行間表示法**と呼びます。2本の線は通常の声の高さの範囲内で，上の線が最も高い声，下の線が最も低い声を表します。ドットはそれぞれの音節に対応していて，強勢を伴う音節が大きいドットで示され，小

□イントネーション句（intonation phrase, IP）【「音調単位」(tone unit)，「イントネーション群」(intonation group)，「語群」(word group) 等と呼ばれることもあります。】

□発話（utterance）【会話の中で一人の人の一回の発言で，話し始めてから別の人が話し始める前までを指します。】

□前頭部（pre-head）
□頭部（head）
□核（nucleus）【IP内での最も強い強勢（第1強勢）が置かれた音節で，（10.2から「核音調」(nuclear tone) として説明される）主要なピッチ変動を伴う音節です。「主調子音節」(tonic syllable) とも呼ばれます。】
□尾部（tail）

□ピッチ（pitch）【「声の高さ」のことで，「<ruby>音高<rt>おんこう</rt></ruby>」と訳されることもあります。】

【核は，特定の単語が強調される場合を除き，通常はIP内の最後の語彙語（内容語）の語強勢の位置に生じます。】
□行間表示法（interlinear marking system）【「行間音調表記」(interlinear tonetic transcription) と呼ばれることもあります。】

さいドットは強勢のない音節を示しています。また核に伴うピッチ変動は大きいドットに付けられた線がその方向を示しています。

　行間表記の下のテキスト（文字列）には**テキスト内表記法**の小さい記号が2つ付いていますが，それらは該当する音節の直前に置かれています。核に付けられた下向きの記号はピッチの下降（「高下降調」，10.2参照）を示します。また *very* の第 1 音節に置かれた強勢記号はピッチが変化したこと，つまり直前の音節とは声の高さが違うことを表しています。

　核の後ろに何らかの音節が続く場合は，その部分が**尾部**となります。上記の例では *person* の第 2 音節（*-son*）が尾部になります。このようにたとえ音節が 1 つであっても IP の構成要素（尾部）は成立します。

　IP 内で核の前に**アクセント**（重要なピッチ変化），つまり，ピッチ変化を伴う強勢があれば，最初のアクセントから核の直前の音節までが**頭部**となります。例文では最初のアクセントが *very* の第 1 音節（*ver-*）なので，*very important* が頭部です。テキスト内表記ではアクセントのある音節の直前に強勢記号（'）を付けます。

　また IP 内の最初のアクセントを**オンセット**と呼びます。従って頭部はオンセットから核の直前の音節までと説明できます。しかし，核もまた（最も重要な）アクセントですから，頭部をもたない IP では，核がオンセットになると言えます。

　IP の初めに強勢を伴わない弱音節があれば，その部分（オンセットの直前の音節まで）が**前頭部**となります。例文では *He's a* が前頭部です。前頭部は頭部をもたない IP にもしばしば生じます。核の前に必ずしもアクセントを伴う音節があるわけではないということです。

10.2　核と核音調

　核は常に単一の音節によって構成され，**核音調**のピッチ変動が完了する，または開始する場所になります。GB では最もよく使用され，かつ重要な核

□テキスト内表記法（in-text marking system）【「イントネーション表記法」（intonation marking system），「イントネーション記号」（intonation symbol）等の名称も使われます。】

□アクセント（accent）【イントネーション論では強勢を 2 種類に分けて，ピッチ変化を伴う強勢をアクセントと呼びます。ピッチ変化を伴わない強勢は「**ストレス**」（stress），「**リズム強勢**」（rhythmic stress），あるいは「**ビート**」（beat）と呼ばれます。一般に「文強勢」（sentence stress）と言うときには，アクセントとストレスの両方を指しますが，その場合でも，第 1 強勢や第 2 強勢はアクセントが担います。ストレスは IP の構成要素にはかかわらないので，本章では省略されています。】

【本文中の行間表記では，*important* の第 2 音節が大きいドットで記されていますが，直前の音節とピッチの高さが同じです。従ってこれはアクセントではなく，ストレスとみなされて，テキスト内表記には強勢記号がありません。ストレスをイントネーション記号でテキスト内に表示する場合には，*im°portant* のようにリング（ring）を使います。】

□オンセット（onset）

□核音調（nuclear tone）【核となる音節から開始されるピッチ変動です。単に「音調」（tone）と呼ぶこともあります。下降調ではその音節内で変動が完了しますが，上昇調と下降上昇調では尾部をもたない IP を除いて，その変動が尾部にも及びます。】

音調は**高下降調**，**低下降調**，**高上昇調**，**低上昇調**，**下降上昇調**の５つです。イントネーション記号を使って表示する際には，**核音節**の直前に記号を付けます。下降調と上昇調の記号はそれぞれ，上付きと下付きで高低の核音調を区別します。また，テキスト内表記では核に下線を引くことが一般的です。*no* という核だけの発話を例として記号を列挙します。

高下降調　　`No.　　低下降調　　ˎNo.

高上昇調　　ˊNo.　　低上昇調　　ˌNo.　　下降上昇調　　ˇNo.

　尾部をもたない IP において核音調が単一の音節だけに生じる場合，例えば IP が必須の核のみから構成されているとき（この例のように *no* が単独で１つの発話となるとき），単一音節で完了する核音調のピッチ変動を行間表示法で示すと以下のようになります。

高下降調　　高いピッチから低いピッチへの**移行**

`No.

低下降調　　中位のピッチから低いピッチへの移行

ˎNo.

高上昇調　　中位のピッチから高いピッチへの移行

ˊNo.

【核音調のタイプとピッチ変動のパターンは方言によって異なります。スコットランド英語などは GB とは全く違います。文末でも低いピッチまで下降しません。アメリカの GA の核音調は GB の核音調とほぼ同じですが，使い方に少し差異があります。「丁寧な反論」を示す一般疑問文では，GB 話者が下降上昇調を使うのに対して，GA 話者は高上昇調を使用する，あるいは，驚きや異議を唱えるときに GB に見られる「上昇下降調」（rise-fall）が GA では高下降調になる，というような違いが見られます。一般疑問文での高上昇調の多用も GA の特徴です。また，GA の方が GB よりも IP を頻繁に分割して核を増やす傾向があります。】

□核音節（nuclear syllable）【核を担う音節の名称です。】

□高下降調（high fall）【正式な英語名称は high fall tone ですが，通常 tone は省略されます。】

□低下降調（low fall）

【下降調は尾部があっても核だけでピッチ変動が完了するので，短い時間で急にピッチが下がります。日本人学習者の英語発音では下降に時間がかかって，傾斜が緩やかになる傾向があります。これは典型的な日本語なまりです。】

□高上昇調（high rise）

□低上昇調（low rise）

□下降上昇調（fall-rise）

□（滑らかな）移行（glide）【「途切れることのない連続した移動」という意味です。】

【核音調には，話されている語句の意味に加えて，話し手の意図や感情を相手に伝える（意味を追加する）機能があります。「**態度的機能**」（attitudinal function）と呼ばれます。】

低上昇調　　　低いピッチから中位のピッチへの移行

下降上昇調　　高いピッチから低いピッチへの下降後，すぐに中位の
　　　　　　　ピッチへ移行

　上記のように，2種類の下降調は開始点が異なるピッチ（高位と中位）で
すが，到達点は同一のピッチ（低位）となります。それに対して2種類の上
昇調では，開始点のピッチも到達点のピッチも変わります。

10.3　尾部

　尾部（**核の後の音節**）のピッチは下降調と上昇調ではその変化の仕方が非
常に異なります。下降調では尾部は核の音節で下がった低いピッチをそのま
ま維持します。一方上昇調では，尾部も核から開始されたピッチの上昇を継
続します。

　尾部を含めた核音調のピッチ変動を行間表示法で示します。

高下降調

【本文では核音調の形式（form）のみが
扱われていますが，'No.' という発話の
核音調について，その態度的機能の一例
を補足します。

　高下降調：強い否定

　低下降調：普通の否定（ただし，下降
調は「最終性」（finality）を相手に伝え
るので，後に何も発言しないと，その話
題は打ち切りという意味を含みます。そ
の場合，低下降調は無関心を示すことに
もなります。）

　高上昇調：否定した相手の発言に対す
る突然の驚き（確認や聞き返しにも使わ
れます。）

　低上昇調：否定した相手の発言に対す
る不審，あるいは同情（低上昇調には相
手に説明を促す「発言の奨励」という機
能もあります。この機能は学習していな
い（知らない）日本人には通じません。
形式（発音）についても，日本人はこの
低いピッチからの開始を十分に練習する
必要があります。）

　下降上昇調：単語の意味は「いいえ」
（否定）ですが，言外に反対の意味をほ
のめかします。あるいは，GB では相手
に対する丁寧な反論を意図することもあ
ります。

　態度的機能は核音調に限らず，頭部の
（ピッチの）形式などイントネーション
全体にかかわるものなので複雑です。し
かし上記の例は知らないと，コミュニ
ケーションに誤解が生じます。】

□核の後の音節（post-nuclear syllable）
【上昇調では尾部を含めてピッチ変動の
形式が完成します。開始点と到達点の
ピッチの高さは核のみ（単一音節）の場
合とほぼ同じです。】

【ドットに付けられた線が，低いピッチ
まで下降した後，右につながらないで途
切れているのは，途中に子音 [b d] があ
ることを示しています。】

低下降調

∖Somebody.

高上昇調

ʹNobody.

低上昇調

ⵍSomebody.

　下降上昇調では尾部はまず核音節に生じた低いピッチを維持し，最後の音
節で中位まで上昇します。

下降上昇調

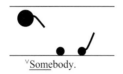

ᵛSomebody.

　尾部のピッチ変動は核音調のタイプから完全に予測可能であるために，尾
部には特別なイントネーション記号がありません。

10.4　頭部

　最も一般的な頭部のタイプは**高頭部**と呼ばれるものです。高いピッチのオンセットから始まり，オンセットに後続する音節も多かれ少なかれ同じ高さのピッチを維持します。

　テキスト内表示における高頭部の始まりの位置を示す記号は，分節音を表記するときの強勢記号（1.6 参照）と同じ記号（'）で，オンセットとなる音節の直前に付与します。次の例では，高頭部が *beautiful* にあって，核は *picture* の第1音節（*pic-*）に置かれています。核音調は低下降調です。*picture* の第2音節（*-ture*）が尾部になっています。

□高頭部（high head）【下降上昇調以外の核音調の前で使われます。】

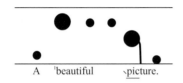

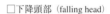

　下降上昇調に先行する頭部は，決まって**下降頭部**となります。高いピッチから低いピッチへの下降が頭部全体に及びます。頭部の音節数が多いと，下降は緩やかになり，音節数が少ないと，下降が険しくなります。下降頭部の記号は（`）で，頭部が開始されるオンセットの直前に表示します。下記の例では，頭部は *only* の第1音節（*on-*）から *was* までで，それは下降頭部です。核は *best* に置かれ，核音調は下降上昇調です。尾部はありません。

□下降頭部（falling head）

【基本的には下降頭部は下降上昇調の前にのみ生じるものです。しかし，言語ですから話し手の気分で変わることもあります。】

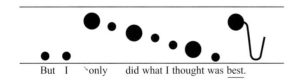

【この下降頭部の例では，オンセットの後に大きいドット（強勢音節）が2つ含まれています。これらは上記の傍注で説明したストレス（リズム強勢）です。ピッチの下降が継続していて，ストレスはピッチ変動に新しい変化を与えません。IP の構成要素ではないので，本書のテキスト内表示には何も記号が付いていませんが，°did と °thought のようにストレスのある音節の直前にリングを付ける研究者もいます。】

10.5　前頭部

オンセットの前の IP の初めに無強勢音節があれば，それは何でも前頭部となります。最も普通に使われる中立的な前頭部は**低前頭部**<ruby>で<rt>てい</rt></ruby>，比較的低い平板なピッチで発音されます。低前頭部には通常特別な記号を付けません。低前頭部は容易に識別できるからです。

次の例では *it* から *experience* の第 1 音節（*ex-*）までが低前頭部です。頭部はありません。オンセットは核でもある *experience* の第 2 音節（*-pe-*）で，核音調は下降上昇調です。尾部は *experience* の第 3 音節と第 4 音節（*-rience*）になります。

□低前頭部（low pre-head）

【低前頭部が低いピッチであることを明示する必要があるときには，低前頭部の記号であるアンダーバー（＿）を最初の音節の前，IP の冒頭に付けます。】

【本書では学習者に必要な前頭部は特別な意味をもたない低前頭部だけという教育的な判断がなされています。話し手がIP 全体を強調したいと思うときには，「高前頭部」（high pre-head）が用いられます。記号はマクロン（ ˉ ）です。】

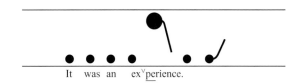

It　was　an　ex^vperience.

10.6　英語のイントネーション体系としての 3 つの T

発話のイントネーションを説明する際に，考慮するべき最も重要な要素は，**トーナリティ**（IP 境界の位置を確かめる体系），**トーニシティ**（核の位置を明らかにする体系），**トーン**（核音調を選択する体系）という 3 つのイントネーション体系です。これらの体系を示す術語はいずれもイニシャル（<ruby>頭<rt>かしら</rt></ruby><ruby>文字<rt>もじ</rt></ruby>）が T で始まるので，近年ではまとめて「**3 つの T**」と呼ぶようになりました。

□トーナリティ(tonality)【「調子」(tonal)の状態（*-ity*）という意味から生まれた術語（「調性」）で，1 つの核を中心に形成されるピッチ特性の体系です。どのように発話を IP に分割するかを定めます。】

□トーニシティ(tonicity)【「主音」(tonic)の状態（*-ity*）という意味から生まれた術語（「主音性」）で，どこに核（第 1 強勢）を置くかを決定する体系です。】

10.6.1　トーナリティ

多くの場合，IP は文法的な節や文が構成単位となります。IP が 10 語を超える長さになることはめったになく，たいていはわずか 1 語から 4 語程度で成立しています。

文字起こしされた発話のスクリプトの中に IP の境界を明示するときには，<ruby>単縦線<rt>たんじゅうせん</rt></ruby>（ | ）を使って表します。下記の例では文の境界がわかりやすいよう

□トーン（tone）【核から開始される「音調」という意味で，どの核音調を用いるかを選択する体系です。】

□3 つの T（the three Ts）【IP の分割は，発話の文法構造を伝達する（理解する）うえでも役立ちます。イントネーションの「**文法的機能**」（grammatical function）の 1 つです。】

に，文末の IP 境界には**複縦線**（‖）を使用します。

これは 1 つの長い発話（モノローグ）を IP に分割した例です。この例にはさまざまな長さや文法形式の IP が含まれています。

Try it. ‖ I've done it | twice. ‖ It's easy. ‖ I don't understand | what all the fuss is about. ‖ Just stand on the edge. ‖ Hold your breath | and jump in. ‖ Go on. ‖ Oh, no! ‖ Help! ‖ Police! ‖ Call an ambulance! ‖ Only joking. ‖ He's fine. ‖ It's just like I said. ‖ There's no danger at all. ‖ It's a piece of cake.

10.6.2　トーニシティ

核は通常 IP 内の最後の語彙語（内容語）の強勢音節に置かれます。次の例では 1 文が 1 つの IP であり，下線の付いた音節が核となります。

Don't even <u>think</u> about it.

I'll try again <u>lat</u>er.

I've already <u>got</u> one.

Please <u>tell</u> me.

核の位置は強調や対比の目的に応じて，IP の初めの方にある語彙語，あるいは文法語（機能語）に移動することがあります。また最後の語彙語が会話の中ですでに言及されている（繰り返しとなる）場合にも，最後の語彙語に核が来ることはありません。

以下の例文を見てください。

John <u>bought</u> a car | and Jane <u>rent</u>ed a car.

I put it <u>in</u> the box | not <u>on</u> the box.

これら 2 つの発話はそれぞれ IP が 2 つに分かれていて，対比されている各単語に核が置かれています。このような発話では，語彙語のみならず，文法語（前置詞の *in* と *on*）にも核が配置されます。

□単縦線（single vertical bar, pipe）
□複縦線（double vertical bar, double pipe）

【文末の IP 境界には通常ポーズが置かれます。文中の IP 境界では，語句の合間にはポーズがないことが多いのですが，節の合間にはポーズが入ることもあります。核音調が分かれれば，ポーズがなくても IP が分割されます。ポーズを伴う IP 境界を複縦線で示し，ポーズがない IP 境界には単縦線を使用するという区別をすることもよくあります。】

【IP 分割例の第 2 文では *twice* 1 語が独立した IP になっています。この文では *done* と *twice* の両方に核があるので，IP が分けられていますが，間にポーズが入ることはまずありません。第 8 文の Oh, no! の正書法では *oh* の後にコンマが付いていますが，*oh* には核がないので，IP は分割されません。】

【語彙語と文法語の分類については 7.3 を参照してください。】

【左記の 4 例のように最後の語彙語に核が置かれる IP では，話し手が聞き手に IP 全体の内容を伝えようとしています。つまり IP 全体が「**焦点領域**」（focus domain）となっていて，このような中立的な焦点のことを「**広い焦点**」（broad focus）と呼びます。】

【会話において一度言及された語句は，「**旧情報**」（old information）とみなされるので，アクセントを付与しないという決まりがあります。「**アクセント除去**」（deaccenting）と呼ばれます。アクセントは「**新情報**」（new information）にだけ配置されます。これは英語学習者にとって必須の知識です。】

【対比やアクセント除去によって中立的な IP 末の核が前方へ移動するときは，話し手が意図している焦点は，核が置か

I've ordered a <u>pizza</u> | because I <u>love</u> pizza.

　この発話では *pizza* が繰り返されているために，2つ目の *pizza* は核を担うことができません。話し手の発話の目的は「ピザが大好きだ」ということを聞き手に伝えることで，*love* に核を置いて注意を引き付けています。

10.6.3　トーン

　トーンの主要な機能には陳述文や疑問文というような節のタイプを区別したり，文法的に曖昧な構造を明確に示したりするという**統語的機能**があります。

　下降の核音調（高下降調，低下降調）は，陳述文，WH 疑問文，命令文，感嘆文に通常用いられます。

陳述文	They ˈleft ˋearly.	（高下降調）
WH 疑問文	ˈWhere did they ˎgo?	（低下降調）
命令文	ˈGo aˋ<u>way</u>!	（高下降調）
感嘆文	ˈHow ˋ<u>wonderful</u>!	（高下降調）

　上昇の核音調（高上昇調，低上昇調，下降上昇調）は通例，一般疑問文，文末ではない IP で使われます。

一般疑問文　　Can I ˊ<u>help</u>?　　（高上昇調）

文末ではない IP（左側）

　　　　　If you ˏ<u>like</u> | I'll ˈgive you a ˋ<u>hand</u>.　　（低上昇調）

　　　　　When I ˇ<u>looked for it</u> | it was ˎ<u>gone</u>.　　（下降上昇調）

　下降上昇調はまた**含意**（言外の意味）をもたせるためにしばしば使われます。その含みは話されないままの場合もあれば，続けて言明されることもあります。

140

れた単語に絞られます。そういう焦点を「**絞った焦点**」(narrow focus) と呼びます。主に核の配置によって示される焦点調節機能はイントネーションの「**アクセント的機能**」(accentual function) あるいは「**焦点調節機能**」(focusing function) 等と呼ばれ，非常に重要です。】

【日本語のイントネーションは英語とは体系が異なりますが，英語の IP に相当するものがあります。簡単に言えば，息継ぎから息継ぎまでが1つの IP となります。共通語の場合，そのピッチをトレースした「**ピッチ曲線**」(contour) が基本的には「へ」の字の形をしています。息継ぎの直後は中位のピッチからスタートして，一旦上昇し，息が少なくなるにつれてピッチの高さが低くなっていきます。声帯の振動数が減少するために起こる現象で，そのピッチ下降は実際には英語にも見られます。それは「**自然下降**」とか「**減衰**」(declination) と呼ばれます。

　日本語の語アクセントはピッチアクセントなので，起伏式アクセントをもつ単語（頭高型の「アサ」（朝）など）の場合，強勢のある音節（朝の「ア」）では通常ピッチが40ヘルツ程度下降します。下降の前には一旦上昇するので，基本的な「への字曲線」に話されている単語に伴う語アクセントが重なると，階段状の下降となります。平板式と呼ばれる無アクセントの単語（「飴」など）の場合は，基本曲線に吸収されて凹凸が生じません。

　アクセントをもつ単語に見られる起伏の大きさは感情の込め方によって変わりますが，日本語の場合，疑問文であってもこのピッチ曲線は変わらずに最後から2番目の音節まで下降を続けます。質問をするときに，上昇調になりますが，そのパターンは英語とは全く違います。日本語では最後の音節だけ，例えば，「～デスカ」の「カ」の母音だけが上昇します。英語では核から始まる上昇が尾部にも続くので注意が必要です。】

You can ˇtry（but I don't think it'll work）.

I'm free on the weekˇend（but busy the rest of the week）.

He's a ˋhard ˇworker, | but ˈnot very eˌfficient.

　上記の例では含意が発話されていない場合は，括弧内にその含意が示されています。3番目の例文では先のIPに下降上昇調が用いられていて，後のIPで含意が言明されています。オンセットが *hard* にあって，下降上昇調に頭部が先行しているので，頭部は下降頭部となっています。

□統語的機能（syntactic function）

【文末ではないIPの例は，従属節ですが，主節に先行する従属節は「先導的な」（leading）要素と言われます。主節が後続するために文を完了させることができないので，「非最終性」（non-finality）を示す「非下降調」（non-fall）の下降上昇調か低上昇調が使われます。この場合には高上昇調は利用されません。ちなみにニュース報道では，先導的な従属節であっても下降調をよく耳にします。】

□含意（implication）

【*weekend* の語強勢は，GA では第1音節に来ますが，GB ではまだ第2音節が優勢です。】

【日本語には核音調に相当するものはありません。共通語では単語のアクセントであるピッチアクセントは常に下降します。しかし，英語イントネーションの態度的機能に準ずる効果は，日本語でも音声による感情表出によって表現できます。例えば，「本当」という単語で気持ちを変えて発音してみてください。「驚いたとき」「質問するとき」「疑っているとき」「関心がないとき」「説得するとき」等々，ピッチ変化の大きさと変動に傾向があることがわかります。】

付録：Appendices

発音練習

練習編の活用法

練習編の構成

　原著 *EPPP* は練習編（練習の章）が 6 つの chapters から構成されています。本書ではその中から子音と母音の発音練習に関する 4 つの chapters を取り上げて，訳者が付録（appendix）として練習教材の概要を紹介します。また *EPPP* 練習編の図（声道断面図と母音図）を使って練習上の注意点を説明します。具体的な練習のテキスト（一部）はデータとして大修館書店のホームページ（https://www.taishukan.co.jp/item/BE_phonetics/）から提供します。

　EPPP では Chapter 3（個々の子音練習）と Chapter 4（子音の対比練習）が子音の発音練習，Chapter 6（個々の母音練習）と Chapter 7（母音の対比練習）が母音の発音練習となっています。この付録ではこれら 4 章を取り上げます。理論編の翻訳と同様に，子音の発音練習を阻害音と共鳴音に分けて練習します。「練習 1：阻害音」（Appendix 1），「練習 2：共鳴音」（Appendix 2），「練習 3：母音」（Appendix 3）とします。

　著者がまえがきで述べているように，Chapter 3 と Chapter 6 では異なる音声環境にある分節音（子音や母音）を単語，句，文，対話文の中で練習します。そして Chapter 4 と Chapter 7 では最小対語，句，文の中で対比練習を行います。句，文，対話文のセクションではさまざまな音声環境における分節音を種々雑多に組み合わせて練習教材が作られています。

　本書の練習では，句，文，対話文のセクションは割愛します。また *EPPP* にある理論編のまとめや補足，及び分節音を表す綴り字一覧等，練習編の翻訳はありません。分節音のポイントはすべて，付録の「練習」（単語と最小対語による対比練習）の説明に含まれています。なお，句，文，対話文の練習方法は，下記「句，文，対話文の発音練習」で *EPPP* 3.2 の無声両唇破裂音 /p/ を例として説明します。

　なお，弱母音の発音練習は Chapter 9（弱母音と弱形の発音練習）ですので，付録の「練習 3」は強勢を伴う強母音の練習に限られます。ちなみに残るもう 1 つの練習章は Chapter 11（子音連結の発音練習）です。*EPPP* の練習編全 6 章を合計すると 232 ページに及びます。すべての発音練習を希望する読者は *EPPP* を入手してください。

　ラウトリッジ社の *EPPP* コンパニオン・ウェブサイト（以下 CW）では，巻頭の「音声のダウンロード方法」で紹介した理論編の語句の音声の他に，練習編の音声とトランスクリプション（発音記号による表記，音素表記，1.3 参照）が公開されています。

　CW にあるトランスクリプションの PDF ファイルは大きなセクション区分（例 3.2）で作成されているために 124 ファイルですが，音声ファイルは小さなセクション区分（例 3.2.3）ごとに分割されているので 631 ファイルです。それが男女別，ポーズの長さ別で 4 種類ありますから，ファイル数は 631 の 4 倍，2,524 ファイルになります。これらの練習用音声ファイルの収録時間は 30 時間を超えています。豊富な練習教材は内容の現代性や数多くの図表とともに *EPPP* の特長の 1 つとなっています。

　なお，*EPPP* 練習編では練習語句や文のテキストにイタリック体を使っていません。単語であっても，それは本文中の例とは違って，音声を（発音記号ではなく）綴り字で文字起こししたもの（トランスクリプト）とみなすためです。

発音練習の方法

　発音記号によるトランスクリプションは発音練習とリスニング練習に極めて有益です。付録の「練習」でもテキストにトランスクリプションを加筆して使用します。発音練習をする際にはテキストの綴り字ではなく，CW からダウンロードしたトランスクリプション（PDF ファイル）を正確に読むように練習してください。日本語からの干渉による余計な母音の挿入などが防げます。シュワーも意識して適切に発音できるようになります。

　また自分で音声を発音記号で書き取る練習も是非行ってください。音声のトランスクリプション練習（発音表記練習）はロンドン大学の伝統的なリスニング訓練法（ear-training）です。ロンドン大学では実在しない単語（nonsense word）を使ってのトランスクリプション練習をするので，単語の知識による影響を受けません。しかし *EPPP* のように使用頻度が高い語句や文のトランスクリプション練習でも，通じやすい英語発音の習得とともにリスニング力が間違いなく急上昇します。日本人学習者の弱点（/r/ と /l/，/s/ と /θ/，日本語母音の代用など）が克服できます。

　子音と母音の発音練習を始める前に，まず「コンパニオン・ウェブサイトの使い方」として，練習用音声とトランスクリプションのダウンロード方法を説明します。また「トランスクリプションの凡例」として，CW に掲載されているトランスクリプションのルール（イタリック体や下線など）を翻訳しておきます。

コンパニオン・ウェブサイトの使い方

　下記の URL から著者の著作サイトにアクセスし，*EPPP* の表紙画像をクリックして CW を開きます。

Companion Website for … Carley and Mees: www.routledge.com/cw/carley

　CW の入り口（landing site）である「ウェルカム（Welcome）ページ」では練習編の録音音声にはポーズの長さによる編集タイプが 2 種類あることが説明されています。また練習編の音声吹込者（男女 1 名ずつ）がどんな言語経歴の持ち主であるかが紹介されています。2 人ともイングランド南部出身の教養ある若者で，GB の適切な話者であることがわかります。実際に吹込者は *EPPP* で説明されている 21 世紀の英語音声モデル（新しい GB）を多々使用しています。現代の英語学習には最適です。

　吹込者は男女ともに 1997 年生まれで，収録時は 19 歳のカーディフ大学の学生です。女性話者の出身地はハンプシャー州ピーターズフィールド（Petersfield），男性話者はバークシャー州ウォーキンガム（Wokingham）出身であると書かれています。

　サイト上部の左から 2 つ目のタブ Resources をクリックするとページリンクのドロップダウン・メニューが現れます。上から順に Theory Section（Audio Files），Language Lab（Audio Files），Self-Study（Audio Files），Phonetic Transcriptions となっています。Theory Section は巻頭「音声のダウンロード方法」の通り，理論編本文中の例と表の語句の音声を聴くことができます。著者カーリー先生自身の発音は Theory Section だけです。練習編では残りの 3 つのページを利用します。

　Language Lab と Self-Study からは練習編の同じ音声がダウンロードできますが，両者の違いは練習用ポーズの長さです。Language Lab の音声はリピーティング（繰り返し練習）用のポーズ（long pauses）を入れて編集されています。CALL 教室や他の作業をしながらの練習に適しています。音声自体はナチュラル・スピードですから文や対話文の練習を何度も繰り返して行えば，イギリス人の日常会話が聴き取れるようになります。もちろん知らない単語や表現は辞書で意味を調べて覚えてください。

　Self-Study の音声は 1 語分程度の等間隔のポーズ（short pauses）を入れて編集されていますから，トランスクリプション練習や自分のペースに合わせた発音練習で一時停止をしながら利用できます。どちらの音声もストリーミング再生と Chapter ごとの一括ダウンロードに対応しています。一括ダウンロードはページタイトル下の Download for all audio files と書かれたボタンをクリックして行います。Chapter はページ上部の Chapter タブをクリックして選択します。ストリーミング再生における男性音声と女性音声を切り替える場合は右上のタブ（Male/Female）をクリックします。

　ドロップダウン・メニューの一番下 Phonetic Transcriptions を選ぶと，ここに掲載されている *EPPP* のトランスクリプションのルール（注意事項）が11項目表示され（以下に「トランスクリプションの凡例」として翻訳），ページの右下にトランスクリプションの PDF ファイルを一括でダウンロードするボタン Download（ZIP）が現れます。

　練習編のすべての音声とトランスクリプションは，理論編の音声と同様に，著者の個人サイトからも入手できます。

ポール・カーリー・ドットコム：　https://paulcarley.com/resources/

　左から縦列が Theory Sections, Practice Sections（long pauses），Practice Sections（short pauses），Phonetic transcriptions の順に並んでいます。練習編の音声は左から2列目（練習用ポーズ付）と3列目（ポーズなし）で，各 Chapter へのリンクが上から下に並び，各コラムの最下段には一括ダウンロードボタンが付いています。右端のコラムはトランスクリプションへのリンクで，ダウンロードボタンが最下段にあります。

トランスクリプションの凡例

　以下の箇条書き番号は CW のトランスクリプション・ページに掲載されている英文の表示番号です。

1.　イタリック体（italics）は脱落可能な音を示します（本書 9.2，*EPPP* 12.2 参照）。
　　例 *hands* /ˈhænd*z*/，*an arranged marriage* /ən əˈreɪnʤ*d* ˈmærɪʤ/
　　しかしイタリック体で記された音がすべて同等に脱落を受けるわけではありません。脱落の有無は話者の個人的な習慣はもちろんのこと，音声環境（前後にある音），単語の使用頻度，連語関係，または話者の発言に対する思い入れのような要因によっても変わります。

2.　二重下線は同化が生じる可能性のある音を示します（本書 9.3，*EPPP* 12.3 参照）。
　　例 *ten minutes* /ˈten ˈmɪnɪts/，*told you* /ˈtəʊld ju/，*on the* /ɒn ði/，*an urgent message* /ən ˈɜːʤənt ˈmesɪʤ/
　　（つまり上記は ˈtem，ˈtəʊlʤu，ɒn ni，ˈɜːʤəmp となる可能性があります。）
　　脱落の場合も同様ですが，同化には起こりやすい同化とそうではない同化があります（例えば，歯茎音は先行同化の影響を受けやすい傾向が見られます）。

3.　イタリック体と二重下線の組み合わせによって示されている音は，その音が脱落するか，もしくは同化する可能性があります。例えば，*first place* が /ˈfɜːs*t* ˈpleɪs/ と発音表記されている場合は，/ˈfɜːs ˈpleɪs/ あるいは

/ˈfɜːsp ˈpleɪs/ と発音される可能性があることを表しています。

4. 2 つ以上の隣接音が同化を受ける可能性がある場合には，それらの音がすべて同化するか，それとも全く同化しないかのどちらかになります。例えば，*can't buy* が /ˈkɑːnt ˈbaɪ/ と発音表記されていれば，その発音は /ˈkɑːmp ˈbaɪ/ か /ˈkɑːnt ˈbaɪ/ のいずれかであって，/ˈkɑːnp ˈbaɪ/ や /ˈkɑːmt ˈbaɪ/ と発音されることはありません。

5. 連結線は /r/ の連結が生じやすい傾向を表します（例 *a matter of taste* /ə ˈmætər‿əv ˈteɪst/, 本書 9.4, *EPPP* 12.4 参照）。/r/ の連結が歴史的に正当ではなく類推的な場合（つまり綴り字に \<r\> や \<re\> が含まれない割り込みの /r/ の場合）には，トランスクリプションの中にイタリック体の */ r /* 記号を加えて表記します（例 *Anna acts* /ˈænər‿ˈækts/, *drawing* /ˈdrɔːrɪŋ/）。

6. 下線を付した THOUGHT 母音 /ɔː/ は，その母音が THOUGHT 母音 /ɔː/ か CURE 母音 /ʊə/ のどちらかで発音されることを示します。*tour* /tɔː/ は /tɔː/ または /ʊə/ と発音されることを表示しています（本書 付録「練習 3」A3.19, *EPPP* 6.21, 6.23.1 参照）。

7. 下線を付した破擦音 /ʧ/ はその発音が /ʧ/ あるいは /tj/ であり，同様に /ʤ/ は /ʤ/ あるいは /dj/ であることを示します。つまり，*tube* /ʧuːb/ は /ʧuːb/ または /tjuːb/, *due* /ʤuː/ は /ʤuː/ または /djuː/ と発音されます（本書 4.2.9, *EPPP* 2.14.9 参照）。

8. 語強勢はいずれも（強勢のある音節の直前に）強勢記号［ˈ］を付けて表記します。単語の中に複数の強勢記号がある場合は，最後の強勢記号が第 1 強勢を示し，それ以前の強勢記号は第 2 強勢を表します（例 *communication* /kəˈmjuːnɪˈkeɪʃn̩/）。

   （本書 1.6 では，IPA（国際音声記号）に従って発音辞典や一般的な英英辞典のように第 2 強勢は下付きの強勢記号で示していますが，発音練習教材のトランスクリプションだけは表記法が異なりますから注意してください。しかし，日本のたいていの英和辞典も，強勢記号は違うものの，*óld-fáshioned* のように複合語の第 2 強勢 *óld-* にも第 1 強勢の記号を使っていますからこのルールと同じです。読者がルールを理解していれば，表記は簡略に越したことはありません。）

9. 2 語以上からなる複合語では，第 1 強勢が最後の強勢ではない場合に，二重の強勢記号［ˮ］を使って第 1 強勢を明示します。*plastic bag* /ˈplæstɪk ˈbæg/ は第 1 強勢が語句の最後の *bag* にあるので上記 8 のルールで表記されます。しかし *carrier bag* /ˮkæriə ˈbæg/ では第 1 強勢が *carrier* の第 1 音節に来るので，最後の強勢ではありません。第 1 強勢を二重の強勢記号で記述します。

10. 文と対話文は単縦線［｜］を使って扱いやすいまとまりに分割されます。イントネーション（イントネーション句，IP）境界の可能性を示します（本書 10.1, 10.6.1 参照）。

11. PDF ファイルの脚注に代替発音が記載されます。使用頻度が高い強母音と子音の発音に限ります。

句，文，対話文の発音練習

　本書の練習（「練習 1」～「練習 3」）では句，文，対話文のセクションを省略するので，無声両唇破裂音 /p/（*EPPP* 3.2）を例として句，文，対話文の練習概要を先に説明します。これらの練習は多様な音声環境にある分節音（ここでは /p/）を単語の境界を越えたまとまりで練習するものです。種々雑多な分節音（異音）が組み合わされています。

　また句，文，対話文の発音練習は個々の分節音の発音と同時に，プロソディー（韻律）の習得に有益です。モデル音声にポーズがあればポーズを置いて，ポーズがなければポーズを置かずにそっくりそのまま繰り返してください。強弱（及び母音の長短）のリズムもまねてください。*EPPP* にはイントネーションの章がないため，テキストに核の位置が下線で明示されていません。しかし，本書の読者はピッチ変化を聴いて核の位置を確認し，核音調も練習しましょう。

　イントネーションを模倣すると，学習者の話す英語が教養のあるイギリス人のようになります。*EPPP* の練習教材はすべて使用頻度の高い日常語で作成されています。そしてモデル音声は日常会話のノーマルスピードで吹き込まれています。流暢に再現できるまで練習すると効果てきめんです。

　なお，CW の音声とトランスクリプションのダウンロードには *EPPP* の Chapter とセクション番号を選択してください。以下の「練習」では，セクションタイトルの末尾に *EPPP* のセクション番号を明示します。

　次の説明ではポイントがわかりやすいようにトランスクリプションは精密表記を使用しますが，CW にあるトランスクリプションは簡略表記（音素表記）です。

⑴　**句の練習**（*EPPP* 3.2.6）

put pen to paper [ˈpʰʊt̚ ˈpʰen tə ˈpʰeɪpə]，a profound apology [ə prəˈfaʊnd əˈpʰɒlədʒi]，…

　強勢記号が連続する場合は，最後の強勢記号が第 1 強勢になります（トランスクリプションの凡例 8）。本書第

10章のイントネーションの専門用語を使えば，第1強勢は核と言えます。従ってその音節が核音調（低下降調）を伴います。句を1つのIP（本書10.1参照）として単独で発音する場合には，核音調は低下降調が原則です。また，［ˈpʰʊt］の［t］に引かれた二重下線は同化が生じる可能性を示しています（凡例2）。先行同化した発音は［ˈpʰʊp］となります。

⑵　文の練習（*EPPP* 3.2.7）

1　Pass me the pepper please, Paul.　［ˈpʰɑːs mi ðə ˈpʰepə ˚pliːz ˚pʰɔːl］
2　She wrapped his present in purple paper.　［ʃi ˈræpt ɪz ˈpreznt | ɪn ˈpɜːpl̩ ˈpʰeɪpə］

　1番の文では，pleaseとPaulの強勢は尾部にあるので，アクセントではなくストレス（リズム強勢，本書10.1の注を参照）です。ここではトランスクリプションの強勢記号をリング（小さな丸印）に変更して，尾部内のストレスであることを明示しました。

　どちらの単語も大切な情報（依頼の気持ちと相手の名前）ですからストレスを付けます。しかし最も重要な情報（焦点）は取ってほしいものであるpepperです。このため核がpepperの第1音節に来ます。核音調は下降上昇調です。pepperの第1音節で下降し，尾部の最後の音節であるPaulでやや上昇します。下降上昇調は下降調よりも丁寧に聞こえるため，このような命令文（依頼文）では最も一般的な音調と言えます。

　核音調の態度的機能は複雑なので，文の意味を考えながら，まずはモデル音声のイントネーションを覚えるようにしてください。CWにはモデル音声が男女別で2種類あるので，2人の母語話者が読んだ文のイントネーションが同一であれば，それが最も自然で適切なイントネーションであると判断してください。

　ちなみに正書法ではコンマが付いていても，英語では文末の呼びかけの名前，Paulの前にポーズが入ることはありません。呼びかけの名前の前にポーズを入れると，それは直前の語の言い換え，つまり同格を示すことになります。This is my brother, Paul.という文では，コンマの箇所にポーズを置くと，兄（弟）の名前がポールという意味になってしまいます。そこにポーズを入れなければ，ポールへの呼びかけになります。

　2番の文のトランスクリプションは単縦線を使ってIPが2つに分割されています（凡例10）。核はpresentの第1音節とpaperの第1音節にあります。核音調はともに低下降調です。inは先行同化して［ɪm］となります。この場合（in purple）はオプショナルというよりも日常会話では通常同化します。この例からわかるように，トランスクリプションがなければ，中級レベル以上の発音練習はできません。そうなるとリスニングも上達しません。トランスクリプションを必ず使ってください。

⑶　**対話文の練習**（*EPPP* 3.2.8）

A：　Perhaps Peter could propose a plan.　[pəˈhæps ˈpʰiːtə kʊd prəˈpʰəʊz ə ˈplæn]

B：　But all Peter's previous plans have been completely preposterous.

　　　[bət ˈɔːl ˈpʰiːtəz ˈpriːviəs ˚plænz | əv biːn kəmˈpliːtli prəˈpʰɒstərəs]

A：　Stop picking ….　[ˈstɒp ˈpʰɪkɪŋ …]

　この対話文の音声では A を女性，B を男性が吹き込んでいます。5 行の対話ですが，/p/ をたくさん含んでいます。1 行目は plan に核があり，核音調は低下降調です。could の /d/ は先行同化して，[b] になります。2 行目の男性の発話は IP が 2 つに分けられ，初めの IP の核は previous の第 1 音節にあって，核音調は下降上昇調です。尾部の plans にストレスがあり，その音節で上昇します。主語の修飾語が長いために IP が分けられているだけですが，下降上昇調は非最終性を表します。話がまだ続いているということを示しています。

　後の IP の核は preposterous の第 2 音節にあって，意見を主張しているので核音調は高下降調を使っています。of の /v/ がトランスクリプションではイタリック体になっていますが，脱落可能を示しています（凡例 1）。been の /n/ も先行同化して [ŋ] と発音されています。第 3 文の stop picking では，/p/ が 2 つ連続しています。/p/ の閉鎖と開放は 1 回ずつで，保持の段階がやや長めになります。

　対話文もさまざまな音声環境における分節音を練習するために作成されたものです。しかし，本書の読者は核の位置と核音調に留意してイントネーションの習得にも役立ててください。

練習 1 　　阻害音

　阻害音（本書第3章参照）は閉鎖音と摩擦音の総称です。閉鎖音は破裂音と破擦音に分類できます（本書3.3参照）。阻害音の発音練習は理論編に従って破裂音，破擦音，摩擦音の順になっています。

　以下のトランスクリプションでは，コンパニオン・ウェブサイト（CW）通りの簡略表記（音素表記）には斜線括弧，注意点がわかりやすいように精密表記（補助記号を付加した音声表記）を使用する場合には角括弧を用います。精密表記の補助記号が重要な注意点となります。それぞれの補助記号が示すポイントに注意して練習してください。

　英語では母音は地域方言によってさまざまに変化しますが，子音はあまり変わりません。GB と GA，英米の標準英語を比較しても子音はほとんど共通しています。極端に言えば，母音が日本語であっても，英語の子音さえ習得していれば，その人の英語は英語らしく聞こえます。まず子音の練習をしっかり行いましょう。

閉鎖音

　英語の閉鎖音には6つの破裂音 /p b t d k g/ と2つの破擦音 /ʧ ʤ/ があります。

■破裂音（本書3.3 - 3.8参照）

　破裂音は直後に別の子音が続く場合を除いて，基本的にはじける音（開放音）を伴います。そのはじける音の大きさの違いが練習のポイントになります。

A1.1　無声両唇破裂音 /p/（*EPPP* 3.2）

　図 A1.1 は /p/ の保持の段階を示しています。両唇が合わさって閉鎖を形成し，軟口蓋が持ち上がり，口と鼻の気流の出口を完全に塞いでいます。喉頭に付いているマイナス記号は声帯が開いていて振動していないこと，

つまり無声音を示しています。舌の形状は後続の母音や子音に応じて自由に変化します。

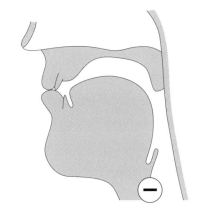

図 A1.1　無声両唇破裂音 /p/（保持の段階）

A1.1.1　帯気音を伴う /p/（*EPPP* 3.2.3）

a)　強勢のある音節の初め

p̬ack [pʰæk]，p̬age [pʰeɪʤ]，p̬ain [pʰeɪn]，p̬aint [pʰeɪnt]，p̬air/pear [pʰeə]，p̬alace [ˈpʰælɪs]，…

　無声音の /p/ は硬音（強い音）なので，強勢のある音節の初め（母音の前）に来ると帯気音 [ʰ] を伴います（本書 3.4 参照）。わかりやすく言えば，息が漏れます。強く発音されるので，帯気音が生じると考えてください。英語の強勢音節頭の /p/ は日本語のパ行音「パ，ピ，プ，ペ，ポ」よりも大きな帯気音を伴います。ここではそれが聞こえるように /p/ を強く発音しましょう。帯気音の補助記号が付いている無声破裂音は強く発音することを心掛けましょう。

　もう 1 点重要なことは両唇が閉鎖している間に後続母音の調音点（舌の位置）を構えることです。漏れる息（帯気音）はその母音が無声化したものです。

b)　/r/ の前（/pr/ の子音連結）

p̬recious [ˈpreʃəs]，p̬resent（名詞）[ˈpreznt]，p̬ress [pres]，p̬retty [ˈprɪti]，p̬rice [praɪs]，p̬ride [praɪd]，…

　無声の破裂音は後続音を無声化させます。帯気音も母音の無声化です。ここでは強勢のある音節の初め（接近音の前）の /p/ は後続の接近音 /r l j/ を無声化（及び摩擦音化）させます。その無声化した接近音は強い摩擦を伴うので，接近音ではなく摩擦音に変わってしまいます。後続音が子音なので精密表記のトランスクリプションでは，帯気音（後続母音の無声化）ではなく，無声音の補助記号を使います。接近音を息だけで発音していることを確かめてください。

/p/ と後続の接近音の間に「ウ」のような母音を入れないように上手に発音するこつは，/p/ の保持の段階で接近音の調音を準備することです。/pr/ の子音連結の場合には，/p/ のために両唇が閉鎖している間に，舌先は /r/ の位置に移動させてください。そしてその後ろの母音までをひとまとまりにして（例えば ['pre]），その母音を長めに発音します。

　下記の /l/ と /j/ が後続する単語でも同じ要領で発音します。/p/ の両唇が閉じている間に，/l/ と /j/ の調音点に舌を移動して，強く摩擦を伴って次の母音までを一息で発音してください。

c) /l/ の前（/pl/ の子音連結）

place [pl̥eɪs], plain/plane [pl̥eɪn], plan [pl̥æn], planet ['pl̥ænɪt], plank [pl̥æŋk], plant [pl̥ɑːnt], …

d) /j/ の前（/pj/ の子音連結）

pew [pj̥uː], pewter ['pj̥uːtə], puberty ['pj̥uːbəti], puce [pj̥uːs], puerile ['pj̥ʊəraɪl], puny ['pj̥uːni], …

A1.1.2　帯気音を伴わない /p/，あるいは弱い帯気音を伴う /p/（EPPP 3.2.4）
a) 音節末

cap [kʰæp], cheap /tʃiːp/, chip /tʃɪp/, chop /tʃɒp/, clap [kl̥æp], clip [kl̥ɪp], …

　音節末の /p/ は母音の間に生じるとき（capital, happy 等）には帯気音がほとんどありません。しかし語末の /p/ では弱い帯気音を伴います。/p/ は硬音なのであくまでも強く発音されます。それでも強勢のある音節の初めに比べれば強さが弱まります。そのために帯気音の補助記号は使いません。モデル音声を聴いて，その強さの違いを確かめましょう。

　語末の /p/ の開放（はじける音）ははっきり聞こえないこともありますが，硬音なので息が強く出ます。強く発音するために強い帯気音を伴ってしまったとしても，英語らしさを損なうことはありません。しかし大切なことは同じ音節内で前にある母音を短くすることです（硬音前短縮，本書 3.2.1 参照）。先行母音の長さに注意して練習してください。

b) /s/ の後（/sp/ の子音連結）

space /speɪs/, spade [speɪd̥], span /spæn/, spaniel ['spænjəl], spare /speə/, spark /spɑːk/, …

　/sp/ の子音連結を発音するときには，まず /s/ を強く長めに発音します。その間にゆっくりと両唇を閉じて /p/ に移行します。両唇を閉じることによって /s/ を終わらせます。そうすれば，たいていの日本人の発音のように /s/ の後に「ウ」が付いた「ス」にはなりません。そしてそのまま後続の母音を発音します。/s/ を強く発音する

ように心掛けてください。

　また /sp/ は強勢のある音節の初めにあっても，帯気音を伴うことは決してありません。/s/ が強いので，/s/ が先行する /p t k/ が非帯気音化するためです（本書 3.4 参照）。/s/ を強めに発音すれば，自然にそうなります。

　spade の語末の [d̥] に無声化の補助記号を付けました。A1.4.4 で練習しますが，語末（ポーズの前）の有声破裂音は弱まるので，声が消えて無声化します。弱めに発音する目印だと思ってください。子音が弱くなるとその前の母音が長くなりますから，併せて気を付けましょう。以下の練習ではターゲットとなる音以外にも，必要に応じてこのように補助記号が付いていますので参考にしてください。

　spaniel の語末の [ɫ] は「暗い /l/」（本書 4.2.2 参照）の記号です。A2.6 以降で集中して練習しますから，ここではあまり気にしなくてもかまいません。

c)　/spr/ の子音連結

sprain /spreɪn/,　sprawl [sprɔːɫ],　spray /spreɪ/,　spread /spred/,　spring /sprɪŋ/,　sprinkle [ˈsprɪŋkɫ], …

　/sp/ に接近音が後続する 3 子音連結では，強勢のある音節の初めでも接近音が無声化することはありません。/s/ のエネルギーが強いために /p/ が非帯気音化します。/p/ が弱められると思えば簡単でしょう。このような接近音は無声化しないので，トランスクリプションに無声化の補助記号が付いていません。

　日本語にはこのような子音連結がないので，日本人にはやや難しいのですが，このような 3 子音連結でも後続の母音がひとまとまり（1 つの音節）になりますから気を付けてください。/s/ を強く発音して，/p/ で両唇を閉じるまで長く伸ばすことを忘れないでください。

d)　/spl/ の子音連結

splash /splæʃ/,　splay /spleɪ/,　spleen /spliːn/,　splendid /ˈsplendɪd/,　splice /splaɪs/,　splinter /ˈsplɪntə/, …

e)　/spj/ の子音連結

spew /spjuː/,　spume /spjuːm/,　spurious /ˈspjʊəriəs/,　sputum /ˈspjuːtəm/

f)　強勢のない音節の初め

particular [pəˈtʰɪkjələ],　peculiar [pəˈkju̥ːliə],　potato [pəˈtʰeɪtəʊ],　police /pəˈliːs/,　pathetic /pəˈθetɪk/,　patrol [pəˈtr̥əʊɫ], …

強勢のない音節の初めにある /p/ では帯気音が弱くなって，非帯気音化します。このような /p/ では日本語のパ行音程度の弱い帯気音を伴ってもちょうど良い具合になります。コミュニケーションに支障を来すことはないので，あまり心配は要りません。

　練習教材の単語には，強勢のある音節の初めに別の無声破裂音 /t k/ を含む単語があります。A1.3.1 と A1.5.1 で練習しますが，上記の説明は無声破裂音 /p t k/ に共通しています。

A1.1.3　雑多な /p/ を含む単語（*EPPP* 3.2.5）

paper [ˈpʰeɪpə]，puppy [ˈpʰʌpi]，popular [ˈpʰɒpjələ]，pipe [pʰaɪp]，proper [ˈprɒpə]，pamper [ˈpʰæmpə]，…

　「雑多な（multiple）/p/ を含む単語」とは，「1 語の中に複数の /p/ が混ざっている単語」という意味です。音節の初めか否か，音節末か否か，強勢がある音節か否か等，上記のまとめとなる総合練習です。

A1.2　有声両唇破裂音 /b/（*EPPP* 3.3）

　/b/ の保持の段階が図 A1.2 に示されています。/p/ と同じように，両唇が合わさって閉鎖を形成し，軟口蓋が持ち上がり，口と鼻の気流の出口を完全に塞いでいます。喉頭に付いているプラス記号は声帯が振動していること，つまり有声音を示しています。舌の形状は後続の母音や子音に応じて自由に変化します。

　/b/ の開放（はじける音）がとても弱いということが大切なポイントです。そしてもう 1 つ注意すべきことは /b/ が必ずしも有声音ではないということです。

　以下の単語の発音練習では，語頭と語末に /b/ をもつ単語が単独で発音されます。つまり前後にポーズがあります。英語の有声音は軟音（弱い音）なので，ポーズの前後では部分的に声が消えて（無声化して）しまいます。それは弱い息だけで発音されることになります。

　/b/ が軟音であるということが注意点です。/b/ には同一音節内の直前の母音を長くする作用があります。英語の有声音はすべてそのような作用をもっていて，日本語とは大きく異なるポイントです。

　英語の有声音の声はほとんど聞こえないことがあります。英語話者は直前の母音が長いことで単語を認識しています。モデル音声の発音をまねて練習する際に，母音の長さもまねてください。A1.1.2 で練習したように，硬音の前では母音は短くします。そして軟音の前では母音を長くします。日本人の発音ではいずれも同じように長くなる傾向があります。それは英語としては不自然です。

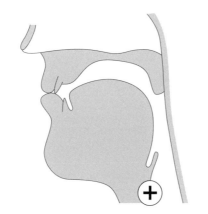

図 A1.2　有声両唇破裂音 /b/（保持の段階）

　以下の単語練習では，無声化の補助記号が付いた有声音では声帯が部分的に，あるいは全く振動していません。ポーズの直後では声帯振動がすぐに開始できないことはわかりやすいと思います。それが語末にも生じます。英語の有声音は弱いので，ポーズの前でも声帯の振動が無くなってしまいます。語末の方が弱まるので，声が消えやすいと言えます。しかし，その代わりに直前の母音がゆっくりと丁寧に発音されます。無声化の補助記号の有無に注意して練習してください。

A1.2.1　**語頭の** /b/（*EPPP* 3.3.3）

back [b̥æk]，bad [b̥æd]，badge [b̥æd͡ʒ]，bag [b̥æɡ̊]，bake [b̥eɪk]，balance [ˈb̥æləns]，⋯

　語頭ではポーズの後なので無声化しますが，厳密に言えば，途中から声帯振動が開始されて声が出ます。つまり back は [b̥bæk] と発音されます。

A1.2.2　**語中の** /b/（*EPPP* 3.3.4）

ability /əˈbɪləti/，above [əˈbʌv]，abroad [əˈbrɔːd]，acrobat /ˈækrəbæt/，alphabet /ˈælfəbet/，cabbage [ˈkʰæbɪd͡ʒ]，⋯

　語中の /b/ は前後に母音があるので，声帯振動が止まることがありません。そのために有声音であり続けます。

A1.2.3　**語末の** /b/（*EPPP* 3.3.5）

club [klʌb̥]，crab [kræb̥]，cube [kju̥ːb̥]，describe [d̥ɪˈskraɪb̥]，dub [d̥ʌb̥]，globe [ɡ̊ləʊb̥]，⋯

　モデル音声を聴けばすぐに，語末の方が語頭よりも無声化が顕著であることがわかると思います。しかし，無声化しても決して硬音の /p/ にはならず，息を強く出すわけではありません。あくまでも軟音なので，ポイント

は弱くはじける音を発音することです。

このはじける音は英語には必須の要素です。開放のない語末の破裂音は正しい英語とはみなされません。モデル音声の無声化した有声破裂音をそっくりまねるようにしてください。/b/ の開放音が聞こえなくなるのは，尾子音で破裂音が連結するときの第1要素になる場合だけです。

A1.2.4　雑多な /b/ を含む単語 （*EPPP* 3.3.6）

hubbub [ˈhʌbʌb̥]，suburb [ˈsʌbɜːb̥]，baby [ˈb̥eɪbi]，barbecue [ˈb̥ɑːbəkjuː]，rhubarb [ˈruːb̥ɑːb̥]，absorb [əb̥ˈzɔːb̥]，…

/b/ は軟音ですから相対的に弱く発音されますが，baby や barbecue の語頭の /b/ は強勢のある音節の初めに来るので，少しだけ強さが増します。それでもポーズの後では出だしが部分的に無声化されます。ポーズの前に当たる語末の /b/ では特に弱くなり，無声化が顕著となるためにはじける音の息だけしか聞こえなくなります。音声環境における音の変化を聴き分けられるように練習してください。

A1.3　無声歯茎破裂音 /t/ （*EPPP* 3.4）

/t d/ の保持の段階が図 A1.3 に示されています。これらの子音の調音点は同じですが，喉頭のプラス・マイナスの記号は，マイナス記号が無声音の /t/ を，プラス記号が有声音の /d/ を表しています。つまりマイナス記号は声帯が振動しないこと，プラス記号は声帯が振動することを示しています。

軟口蓋が持ち上がり，舌尖が上の歯茎の中央に接触します。日本語の「タ，テ，ト，ダ，デ，ド」では舌尖が上歯に接触する傾向があるので，日本人は舌尖を少し上に反らせて，歯から離れた位置（歯茎の隆起した部位）で閉鎖を形成する必要があります。図は正中断面図なので明示されませんが，舌の側面も口蓋と上臼歯に接触して閉鎖を形成しています。それで口と鼻の気流の出口を完全に塞いでいます。唇の丸めの度合いは後続の母音や子音の調音点を準備するように構えます。舌の形状は固定されるために後続音の準備ができません。

閉鎖が開放されると，はじける音と同時に後続の母音や子音に移行します。/t/ は硬音なので強く，/d/ は軟音なので弱く発音します。語末で弱まった軟音の /d/ にも原則としてはじける音があるとみなしてください。それが丁寧な発音につながります。A1.3（硬音）と A1.4（軟音）の練習上の注意点は，調音点（閉鎖の位置）を除いて，A1.1 と A1.2 の両唇破裂音（硬音と軟音）と同様です。

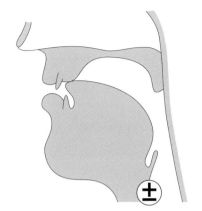

図 A1.3　歯茎破裂音 /t/ と /d/（保持の段階）

A1.3.1　帯気音を伴う /t/（*EPPP* 3.4.3）

a)　強勢のある音節の初め

table [ˈtʰeɪbḷ]，take [ˈtʰeɪk]，tale [ˈtʰeɪł]，tall [ˈtʰɔːł]，tank [ˈtʰæŋk]，tap [ˈtʰæp]，…

/t/ が強く破裂するので，後続母音の声帯振動がすぐに開始できないために母音が無声化し帯気音となります。

b)　/r/ の前（/tr/ の子音連結）

track [tr̥æk]，trade [tr̥eɪd]，traffic [ˈtr̥æfɪk]，train [tr̥eɪn]，trap [tr̥æp]，…

強勢のある音節の初めに /t/ と接近音の連結があると，硬音の /t/ が強いために，接近音が無声化し，同時に摩擦音となります。

c)　/j/ の前（/tj/ の子音連結，あるいは /tʃ/)

tube [tʃuːb̥]，Tuesday /ˈtʃuːzdeɪ/，tuition /tʃuˈɪʃn̩/，tulip /ˈtʃuːlɪp/，tumultuous /tʃuˈmʌltʃuəs/，tumour /ˈtʃuːmə/，…

/tj/ の子音連結はヨッドの融合（本書 4.2.9）が生じて，近年では強勢のある音節の初めにおいても破擦音 /tʃ/ に変わる傾向があります。トランスクリプションに下線を付した破擦音 /tʃ/ は「凡例 7」（本書 p. 148）のように，その発音が /tʃ/ あるいは /tj/ であることを示しています。/tj/ の場合，強勢のある音節では /tj/ は [tj̥] のように接近音の /j/ が無声化します。

CW の練習用モデル音声では，男女ともに現代の GB 話者なので，2 人ともほとんどの単語に /tʃ/ を用いて発音しています。

d)　/w/ の前（/tw/ の子音連結）

twaddle [ˈtwɒdɫ], twang [twæ̥ŋ], tweak [twi̥ːk], tweed [twi̥ːd], tweet [twi̥ːt], tweezers [ˈtwi̥ːzəz], …

A1.3.2　帯気音を伴わない /t/，あるいは弱い帯気音を伴う /t/（*EPPP* 3.4.4）

a)　音節末

beat [bi̥ːt], bet [bet], bite [baɪt], boat [bə̥ʊt], bright [braɪt], cat [kʰæt], …

　音節末（語末）の /t/ は原則として弱い帯気音を伴います。しかし「ト」ではないので，母音を加えないように（舌が「オ」の構えをしないように）注意してください。この帯気音は無声破裂音の開放時に息が強く漏れる音です。後ろに母音も接近音も続かないときには，舌の形状は舌尖だけが少し離れます。

b)　/s/ の後（/st/ の子音連結）

disturb [dɪˈstɜːḅ], status /ˈsteɪtəs/, stab [stæḅ], staff /stɑːf̥/, stage [steɪʤ], stain /steɪn/, …

　/s/ はとても強い無声音なので，後続の無声破裂音を弱めてしまいます。そのため /t/ の帯気音は生じません。/t/ の閉鎖まで /s/ を強く発音し続けてください。

c)　/str/ の子音連結

straight /streɪt/, strain /streɪn/, strand [strænd], strange [streɪnʤ], strangle [ˈstræŋgɫ], strap /stræp/, …

　/st/ では /t/ が弱まって帯気音がなくなりますから，その後の接近音が無声化したり，摩擦音化したりすることはありません。接近音は声を出して発音しましょう。

d)　/stj/ の子音連結

stew /stjuː/, steward [ˈstjuːəd], student /ˈstjuːdn̩t/, studio /ˈstjuːdiəʊ/, studious /ˈstjuːdiəs/, stupefy /ˈstjuːpɪfaɪ/, …

e)　強勢のない音節の初め

today /təˈdeɪ/, towards /təˈwɔːdz/, taboo /təˈbuː/, tobacco /təˈbækəʊ/, tomato /təˈmɑːtəʊ/, tomorrow /təˈmɒrəʊ/

A1.3.3　雑多な /t/ を含む単語（*EPPP* 3.4.5）

institute /ˈɪnstɪtʃuːt/, teetotal [ˈtiːˈtʰəʊtɫ], tent [tʰent], test [tʰest], text [tʰekst], ticket [tʰɪkɪt], …

　institute の /tʃ/ に下線が付いていない（「凡例 7」に該当しない）理由は，GB ではこの単語の発音は /tʃ/ が標準

となったためです。前世紀の RP のような /tj/ ではありません。ちなみに GA では /t/（/ˈɪnstɪtuːt/）です。

teetotal の発音記号に強勢記号が 2 つ付いていますが，「凡例 8」（本書 p. 148）の通り，後の強勢記号が第 1 強勢を示し，前の強勢記号は第 2 強勢を表しています。

A1.4　有声歯茎破裂音 /d/（*EPPP* 3.5）

/d/ の調音点（保持の段階）は図 A1.3 に示されています。喉頭の記号はプラス記号に該当しますが，前後に母音や有声子音があるときに声帯が振動して有声音になる可能性があるだけです。ポーズの前後で無声化すると，声帯は一時的に振動を停止します。それは軟音であるためです。要点は弱く発音することです。

A1.4.1　語頭の /d/（*EPPP* 3.5.3）

damage [ˈd̥æmɪʤ]，damp [d̥æmp]，dance [d̥ɑːns]，dare [d̥eə]，dark [d̥ɑːk]，data [ˈd̥eɪtə]，…

語頭ではポーズの後なので無声化しますが，厳密に言えば，途中から声帯振動が開始されて声が出ます。

A1.4.2　語中の /d/（*EPPP* 3.5.4）

adopt /əˈdɒpt/，audition /ɔːˈdɪʃn̩/，body [ˈbɒdi]，comedy [ˈkʰɒmədi]，corridor [ˈkʰɒrɪdɔː]，credit [ˈkredɪt]，…

母音間では声帯振動が継続するので初めから有声音となります。

A1.4.3　/r/ の前（/dr/ の子音連結）（*EPPP* 3.5.5）

address /əˈdres/，drab [d̥ræb]，draft [d̥rɑːft]，drag [d̥ræg̊]，dragon [ˈd̥rægən]，drain [d̥reɪn]，…

address では /dr/ が語中にあるので，初めから声が出ていますが，語頭の /dr/ は /d/ の出だしが無声化します。それでもすぐに声帯振動が開始されるので，/r/ が無声化することはありません。

A1.4.4　語末の /d/（*EPPP* 3.5.6）

abroad [əˈbrɔːd̥]，add [æd̥]，afford [əˈfɔːd̥]，afraid [əˈfreɪd̥]，aid [eɪd̥]，award [əˈwɔːd̥]，…

語末の /d/ は弱まって無声化しますが，開放時のはじける音は発音してください。それでも「ド」のように母音を付けないように注意しましょう。語末の開放は舌尖を少し離すだけにしましょう。またその直前の母音は長く発音されます。

A1.4.5 雑多な /d/ を含む単語 （*EPPP* 3.5.7）

dead [de̥d], decide [di̥ˈsaɪd], daffodil [ˈdæ̥fədɪl], decade [ˈde̥keɪd], dedicate [ˈde̥dɪkeɪt], deed [di̥ːd], …

A1.2.4 の有声両唇破裂音 /b/ の注意事項が有声破裂音 /b d g/ に共通して当てはまります。dead や deed は 1 音節語なので，強勢記号が付いていませんが，これらの語頭の /d/ は強勢のある音節の初めにあるのでやや強くなります。それでも出だしは部分的に無声化しています。

A1.5 無声軟口蓋破裂音 /k/ （*EPPP* 3.6）

/k g/ の調音点（保持の段階）が図 A1.4 に示されています。/k/ は硬音（無声音），/g/ は軟音（有声音）です。軟口蓋が持ち上がり，後舌と軟口蓋で閉鎖を形成します。断面図では表せない舌の側面についても，舌の両側の後部が上臼歯に密着するので，口と鼻の気流の出口は完全に塞がれます。唇と舌の前部の形状は後続の母音や子音に応じて，保持の段階のうちにその調音点を準備します。

A1.5（硬音）と A1.6（軟音）の練習上の注意点は，調音点（閉鎖の位置）を除いて，両唇破裂音（A1.1 と A1.2）や歯茎破裂音（A1.3 と A1.4）と同じです。

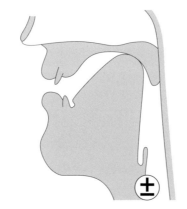

図 A1.4　軟口蓋破裂音 /k/ と /g/ （保持の段階）

A1.5.1 帯気音を伴う /k/ （*EPPP* 3.6.3）

a) 強勢のある音節の初め

cab [kʰæ̥b], café [ˈkʰæ̥feɪ], cake [kʰeɪk], call [kʰɔːɫ], calm [kʰɑːm], camp [kʰæmp], …

b) /r/ の前 (/kr/ の子音連結)

crab [kr̥æb̥], crack [kr̥æk], craft [kr̥ɑːft], crash [kr̥æʃ], cream [kr̥iːm], crease [kr̥iːs], …

c) /l/ の前 (/kl/ の子音連結)

claim [kl̥eɪm], clap [kl̥æp], class [kl̥ɑːs], claw [kl̥ɔː], clay [kl̥eɪ], clean [kl̥iːn], …

d) /j/ の前 (/kj/ の子音連結)

cube [kj̥uːb̥], cucumber [ˈkj̥uːkʌmbə], cue/queue [kj̥uː], cumulative [ˈkj̥uːmjələtɪv̥], cumin [ˈkj̥uːmɪn], cure [kj̥ʊə], …

e) /w/ の前 (/kw/ の子音連結)

quack [kw̥æk], quaint [kw̥eɪnt], qualification [ˈkw̥ɒlɪfɪˈkʰeɪʃn̩], qualify [ˈkw̥ɒlɪfaɪ], quality [ˈkw̥ɒləti], quantity [ˈkw̥ɒntəti], …

qualification の第 1 音節 /ˈkwɒl/ の強勢は第 2 強勢（強勢記号が 2 つ付いている場合は後の方が第 1 強勢）なので, その /k/ は /w/ が無声化するほど強くは発音されません。一方で第 1 強勢を担う第 4 音節の /ˈkeɪʃ/ の /k/ が強くなり, 母音が後続するために帯気音を伴って [ˈkʰeɪʃ] と発音されます。

A1.5.2　帯気音を伴わない /k/, あるいは弱い帯気音を伴う /k/ (*EPPP* 3.6.4)

a)　音節末

attack [əˈtʰæk], awake /əˈweɪk/, back [b̥æk], basic [ˈb̥eɪsɪk], bike [b̥aɪk], black [b̥læk], …

音節末（語末）の /k/ は, 音節末の /p t/ と同様に弱い帯気音を伴います。しかしポーズの前では, 軟口蓋閉鎖が開放されるときの舌の動きが小さいので, 母音が後続することはありません。「ク」のように舌を「ウ」の形状にしないように気を付けましょう。

b)　/s/ の後 (/sk/ の子音連結)

discussion [d̥iˈskʌʃn̩], escape /ɪˈskeɪp/, scale [skeɪɫ], scarce /skeəs/, scatter /ˈskætə/, scheme /skiːm/, …

c)　/skj/ の子音連結

skew /skjuː/, skewer /ˈskjuːə/

d) /skw/ の子音連結

squabble [ˈskwɒbl̩], squad [skwɒd], squalid [ˈskwɒlɪd], squalor /ˈskwɒlə/, squander /ˈskwɒndə/, square /skweə/, …

e) /skr/ の子音連結

scrap /skræp/, scrape /skreɪp/, scratch /skrætʃ/, scrawl /skrɔːl/, scream /skriːm/, screen /skriːn/, …

f) 強勢のない音節の初め

career /kəˈrɪə/, command [kəˈmɑːnd̥], complete /kəmˈpliːt/, condition /kənˈdɪʃn̩/, canal [kəˈnæl̩], canoe /kəˈnuː/, …

A1.5.3　雑多な /k/ を含む単語（*EPPP* 3.6.5）

academic /ˈækəˈdemɪk/, acoustic [əˈkʰuːstɪk], architect /ˈɑːkɪtekt/, backpack [ˈbækpæk], bookcase [ˈbʊkkeɪs], bookmark [ˈbʊkmɑːk], …

A1.6　有声軟口蓋破裂音 /g/（*EPPP* 3.7）

/g/ の調音点は図 A1.4 に示すように /k/ の調音点と同じです。しかし軟音なので弱く発音されます。ポーズの前後では部分的に無声化します。語中では無声化しませんが，決して強く発音しないようにしましょう。

A1.6.1　語頭の /g/（*EPPP* 3.7.3）

gain [g̊eɪn], gallery [ˈg̊æləri], gamble [ˈg̊æmbl̩], game [g̊eɪm], gap [g̊æp], garden [ˈg̊ɑːdn̩], …

A1.6.2　語中の /g/（EPPP 3.7.4）

again /əˈgen/, aghast /əˈgɑːst/, agony /ˈægəni/, arrogant /ˈærəgənt/, asparagus /əˈspærəgəs/, …

A1.6.3　語末の /g/（EPPP 3.7.5）

bag [b̥æg̊], beg [b̥eg̊], big [b̥ɪg̊], dig [d̥ɪg̊], dog [d̥ɒg̊], drag [d̥ræg̊], …

語末の /g/ は弱く発音されるので無声化が顕著ですが，語末の破裂音は弱まって無声化しても，破裂させないと正しい英語ではありません。それでも母音が後続して「グ」にはなりません。モデル音声の無声化した破裂音をそっくりまねるようにしてください。

/g/ の開放音が聞こえないのは，尾子音で破裂音が連結するときの第 1 要素になる場合だけです。

A1.6.4　雑多な /g/ を含む単語（*EPPP* 3.7.6）

gag [ĝæĝ]，gargle ['ĝɑːgɫ̩]，giggle ['ĝɪgɫ̩]

gargle と giggle の語末には /gl/ という子音連結があって，/l/ には音節主音の補助記号が付いています。/gl/ が側面開放（本書 3.7 参照）することを示します。シュワー（母音）の代わりに /l/ が音節主音になる場合には，シュワーの分だけ /l/ が長くなります。側面開放のこつは /g/ の保持の段階で，舌尖は歯茎に密着させて /l/ の準備をしておくことです。

また，音節主音の /l/ を伴う /gl/ は語末に生じるため，後舌が軟口蓋に近付いて暗い /l/ となります。それを精密表記では [gɫ̩] と書き表します。

■破擦音（本書 3.9 参照）

英語の音素としての（音素的）破擦音は /tʃ dʒ/ の 2 つだけです。完全な閉鎖の後に同器官的な摩擦が続く音です。破裂音とは違って，閉鎖の開放がややゆっくりと行われ，その間だけ摩擦音が聞こえます。ですから全体的には短く詰まった感じの音になります。摩擦音が引き伸ばされることはありません。

A1.7　無声硬口蓋歯茎破擦音 /tʃ/（*EPPP* 3.8）

硬口蓋歯茎破擦音 /tʃ/ と /dʒ/ の調音点は，保持の段階と開放直後の摩擦の段階が図 A1.5 に表示されています。/tʃ/ が無声音（硬音），/dʒ/ が有声音（軟音）です。日本人は「チ」/tɕ/ や「ジ」/dʑ/ のように歯茎硬口蓋破擦音（閉鎖の位置が前寄り）で発音してしまうので，英語の硬口蓋歯茎破擦音は次の指示に従って正確に練習する必要があります。

まず他の閉鎖音（破裂音）と同じように，軟口蓋を持ち上げて鼻への気流の通路を塞ぎます。次に舌尖を歯茎の後部（隆起部より後ろ）に付けて，唇は丸めて突き出します（ラッパ状円唇にします）。舌尖を歯茎後部に接触させるのは，開放時の摩擦音の調音点に近づけて，その準備を整えるためです。

同時に舌端と前舌も硬口蓋の前部に接触させます。図 A1.5 の左の図のようになります。舌の両側は口蓋と上臼歯に密着して，口からの気流の出口も完全に塞いでいます。気流の流れを少し閉じ込めた後で，図 A1.5 の右の図のように，閉鎖をゆっくりと少しだけ開放して同器官的な摩擦音 /ʃ ʒ/ に移行します。この摩擦音が短いことにも注意してください。

/tʃ/ は硬音ですが，摩擦音を伴っているので，帯気音は生じません。また，/dʒ/ は軟音なので，ポーズの前後では部分的に無声化します。

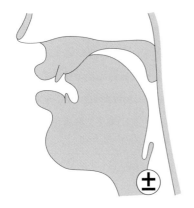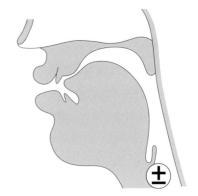

図 A1.5　硬口蓋歯茎破擦音 /ʧ/ と /ʤ/
（左：保持の段階　　右：同器官的摩擦を伴う開放の段階）
（ラッパ状円唇に注意）

A1.7.1　語頭の /ʧ/（*EPPP* 3.8.3）

chain /ʧeɪn/,　chair /ʧeə/,　chalk /ʧɔːk/,　challenge [ˈʧælɪnʤ],　chamber /ˈʧeɪmbə/,　champion /ˈʧæmpjən/, …

　語頭（強勢のある音節の初め）でも帯気音はありませんが，/ʧ/ は硬音なので強く発音しましょう。またモデル音声をよく聴いて，摩擦があまり長くならないように練習してください。閉鎖の開放を破裂音の代わりに，摩擦音にするということですから，ほんの少しのすき間が作られるだけです。そして摩擦は閉鎖がゆっくりと開放されている間だけ生じて，すぐに後続母音に移行すると考えれば，英語らしく発音できます。

A1.7.2　語中の /ʧ/（*EPPP* 3.8.4）

achieve [əˈʧiːv̥],　adventurous /ədˈvenʧərəs/,　bachelor [ˈbæʧələ],　butcher [ˈbʊ̥ʧə],　feature /ˈfiːʧə/,　fortune /ˈfɔːʧuːn/, …

　語中の /ʧ/ は語頭の /ʧ/ ほど強く発音されませんが，硬音なので弱まることはありません。A1.7.1 と A1.7.2 ではモデル音声の強さの程度を聴き比べてください。

　adventurous の第 3 音節のシュワーがイタリック体で表記されています。「凡例 1」（本書 p. 147）のようにイタリック体は脱落可能な音を表すので，このシュワーは発音されない場合があります。しかし，モデル音声では男女 2 人ともこのシュワーを発音しています。単語の単独発話なので，テンポが比較的遅いためです。

A1.7.3　語末の /ʧ/（*EPPP* 3.8.5）

aitch /eɪʧ/,　approach [əˈpr̥əʊʧ],　arch /ɑːʧ/,　attach [əˈtʰæʧ],　batch [b̥æʧ],　beach [b̥iːʧ], …

語末の /ʧ/ も硬音なので，比較的強く発音します。そして要点は直前の母音を短くすること，硬音前短縮です。

A1.7.4　雑多な /ʧ/ を含む単語（*EPPP* 3.8.6）

church /ʧɜːʧ/

2つの /ʧ/ を伴う単語はこの 1 語だけしか掲載されていません。語頭の /ʧ/ は強勢のある音節の初めに当たるので，語末の /ʧ/ よりも強いことを確かめながら練習してください。

A1.8　有声硬口蓋歯茎破擦音 /ʤ/（*EPPP* 3.9）

A1.7 で説明したように調音点が図 A1.5 に示されています。発音の仕方は /ʧ/ と同じですが，違いは調音の強さにあります。/ʤ/ は軟音なので弱く発音され，ポーズの前後では部分的に無声化されます。また母音に後続するときは（語末では），その母音を長くします。

A1.8.1　語頭の /ʤ/（*EPPP* 3.9.3）

jail [ʤeɪɫ]，general [ˈʤenrəɫ]，gentle [ˈʤentɫ]，genuine [ˈʤenjuɪn]，geography [ʤiˈɒgrəfi]，giant [ˈʤaɪənt]，…

A1.8.2　語中の /ʤ/（*EPPP* 3.9.4）

agenda /əˈʤendə/，agent /ˈeɪʤənt/，agile [ˈæʤaɪl]，allergy /ˈæləʤi/，allergic /əˈlɜːʤɪk/，analogy /əˈnæləʤi/，…

A1.8.3　語末の /ʤ/（*EPPP* 3.9.5）

allege [əˈleʤ]，badge [bæʤ]，baggage [ˈbægɪʤ]，barge [bɑːʤ]，beverage [ˈbevərɪʤ]，bridge [brɪʤ]，…

モデル音声を聴けばすぐに気づきますが，破擦音であっても /ʤ/ は軟音ですから，語末では非常に弱まって無声化します。

A1.8.4　雑多な /ʤ/ を含む単語（*EPPP* 3.9.6）

George [ˈʤɔːʤ]，ginger [ˈʤɪnʤə]，judge [ʤʌʤ]

語頭の /ʤ/ は強勢音節にあるために，語末の /ʤ/ よりも無声化の程度は小さくなります。A1.7.4 の硬音の /ʧ/ を伴う church と比較しながら練習するとわかりやすくなります。

摩擦音（本書 3.10 参照）

　英語には 9 つの摩擦音 /f v θ ð s z ʃ ʒ h/ があります。声門摩擦音は音素としては無声音（/h/）だけで，有声音はありません。摩擦音の練習で重要なことは，摩擦が生じる調音点を身に付けるためにまず摩擦の音をはっきりと発音できるようにすることです。しかし実際には軟音（有声音）はほとんど聞こえなくなる場合があります。また硬音（無声音）も調音点によって強さが異なります。/s/ はとても強く，TH 音である /θ/ は弱い音です。トランスクリプションを見ながら，モデル音声をまねるように練習してください。

　もう 1 つのポイントは，閉鎖音と同じように摩擦音にも硬音前短縮が生じます。同じ音節内で先行する母音と共鳴音の長さにも注意してください。硬音の前の母音は短く，軟音の前の母音は長くなります。ちなみに音節末の母音の長さはテンポによっても変わりますが，硬音前と軟音前の中間，やや長めです。硬音前短縮はすべての阻害音（閉鎖音・摩擦音）に共通ですから常に意識してください。

A1.9　無声唇歯摩擦音 /f/（*EPPP* 3.11）

　軟口蓋を持ち上げて鼻への気流の通路を塞ぎます。下唇の内側を上の前歯（切歯）の先に軽く接触させます。そのすき間から気流が押し出されるときに摩擦音が生じます。その調音点が図 A1.6 に表示されています。喉頭のプラス・マイナスの記号は，マイナス記号が /f/ を，プラス記号が /v/ を表しています。しかし，/v/ が有声音になるのは前後に有声音があるときだけで，それも弱く短いので，あまり声が聞こえません。またすべての有声摩擦音は前後に無声音があると，無声化される傾向があります。舌の形状は後続の母音や子音に応じて変化します。

　/f/ と /v/ の主な違いは強さです。/f/ は硬音で，強い息で長く発音されます。/v/ は軟音で，弱く短く発音されます。/v/ の摩擦音がはっきりと聞こえることはありません。これらの子音は日本語にはないので，「フ」や「バ」で代用しないようにしましょう。自分で発音できない音をリスニングで聴き取ることはできませんから，適切な摩擦音が出せるまで練習してください。

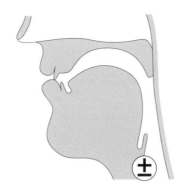

図 A1.6　唇歯摩擦音 /f/ と /v/

A1.9.1　語頭の /f/（*EPPP* 3.11.3）

fabric /ˈfæbrɪk/,　fabulous /ˈfæbjələs/,　face /feɪs/,　fact /fækt/,　factory /ˈfæktəri/,　fade /feɪd/, …

　語頭の /f/ は比較的強いので，摩擦音がはっきりと聞こえるように発音しましょう。factory は第 2 音節のシュワーがイタリック体になっていますが，/ˈfæktri/ でも /ˈfæktəri/ でもよいという意味です。モデル音声では女性は /ˈfæktri/ とシュワーを発音していませんが，男性は /ˈfæktəri/ とかすかなシュワーを発音しています。しかし，/kt/ の間には母音がありませんから，別の閉鎖音 /t/ が後続する /k/ は閉鎖だけで開放されません。/k/ の開放の前に，/t/ の閉鎖が形成されるためです。

A1.9.2　語中の /f/（*EPPP* 3.11.4）

afford [əˈfɔːd̥],　before [b̥iˈfɔː],　benefit [ˈbenəfɪt],　buffalo [ˈb̥ʌfələʊ],　coffee [ˈkʰɒfi],　coffin [ˈkʰɒfɪn], …

A1.9.3　語末の /f/（*EPPP* 3.11.5）

beef [b̥iːf],　belief [b̥iˈliːf],　brief [b̥riːf],　chief /tʃiːf/,　cliff [klɪf],　cough [kʰɒf], …

A1.9.4　雑多な /f/ を含む単語（*EPPP* 3.11.6）

faithful [ˈfeɪθfl̩],　falafel [fəˈlæfl̩],　falsify /ˈfɔːlsɪfaɪ/,　fanfare /ˈfænfeə/,　fearful [ˈfɪəfl̩],　fifteen [ˈfɪfˈtʰiːn], …

A1.10　有声唇歯摩擦音 /v/（*EPPP* 3.12）

　図 A1.6 に調音点が示されています。喉頭にプラス記号を付けて図示する /v/ は有声音として発音される場合もあります。しかし語中の母音間に生じても，弱く短い音なので，はっきりと声を出す必要はありません。それ

でも調音点は間違えないようにしてください。

A1.10.1　語頭の /v/（*EPPP* 3.12.3）

v̥ague [v̥eɪɡ̊], v̥ain [v̥eɪn], v̥aliant [ˈv̥æliənt], v̥alid [ˈv̥ælɪd], v̥alue [ˈv̥æljuː], v̥ampire [ˈv̥æmpaɪə], …

A1.10.2　語中の /v/（*EPPP* 3.12.4）

activ̥ate /ˈæktɪveɪt /, aggrav̥ate /ˈæɡrəveɪt/, allev̥iate /əˈliːvieɪt/, ambiv̥alent /æmˈbɪvələnt/, anchov̥y /ˈæntʃəvi/, anniv̥ersary /ˈænɪˈvɜːsəri/, …

A1.10.3　語末の /v/（*EPPP* 3.12.5）

abov̥e [əˈbʌv̥], achiev̥e [əˈtʃiːv̥], activ̥e [ˈæktɪv̥], aliv̥e [əˈlaɪv̥], approv̥e [əˈpruːv̥], arriv̥e [əˈraɪv̥], …

A1.10.4　雑多な /v/ を含む単語（*EPPP* 3.12.6）

inv̥olve [ɪnˈvɒlv̥], inv̥entive [ɪnˈventɪv̥], ov̥eractive [ˈəʊvərˈæktɪv̥], ov̥erview /ˈəʊvəvjuː/, pervasiv̥e [pəˈveɪsɪv̥], reviv̥e [rɪˈvaɪv̥], …

A1.11　無声歯摩擦音 /θ/（*EPPP* 3.13）

　軟口蓋を持ち上げて鼻への気流の通路を塞ぎます。舌尖が前歯の先（裏側）に軽く接触して狭いすき間を形成し，そのすき間から気流が通過するときに生じる摩擦音です。鏡で口の正面を見ると，舌尖が上下の前歯の間に見えます。その調音点が図 A1.7 に示されていますが，正中断面図には表示されない舌の両側は上の歯に密着しています。喉頭記号のマイナス（無声音）は /θ/，プラス（有声音）は /ð/ です。

　よく「舌先（舌尖）を噛む」と言われますが，気流は舌の上面を通過するので，舌を長めに出して噛んだとしても音は変わりません。強く噛まずに軽く当てるだけで十分です。実際の会話の中で this や that というときには，舌尖を噛んでいる暇はありません。

　これらの歯摩擦音 /θ ð/ の摩擦はあまり強くありません。上記の唇歯摩擦音 /f v/ と比べると，硬音の /θ/ と /f/ はほぼ同じ強さで，軟音の /ð/ は /v/ よりもやや強い程度です。しかし，歯茎摩擦音 /s z/ と比べるとずっと弱いと言えます。ところが歯摩擦音は日本語にはない子音なので，強調される傾向がありますから気を付けましょう。この強さ加減はモデル音声を聴いて身に付けてください。

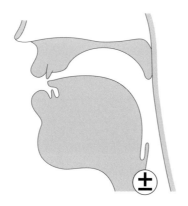

図 A1.7　歯摩擦音 /θ/ と /ð/

A1.11.1　**語頭の /θ/**（*EPPP* 3.13.3）

thank /θæŋk/,　thaw /θɔ:/,　theatre /ˈθɪətə/,　theft /θeft/,　theme /θi:m/,　theory /ˈθɪəri/, …

A1.11.2　**語中の /θ/**（*EPPP* 3.13.4）

anything /ˈeniθɪŋ/,　apathy /ˈæpəθi/,　authentic /ɔ:ˈθentɪk/,　author /ˈɔ:θə/,　authority /ɔ:ˈθɒrəti/,　cathedral /kəˈθi:drəl/, …

A1.11.3　**語末の /θ/**（*EPPP* 3.13.5）

ba̱th [bɑ:θ],　benea̱th [biˈni:θ],　biṟth [bɜ:θ],　bo̱th [bəʊθ],　brea̱th [breθ],　bro̱th [brɒθ], …

A1.11.4　**雑多な /θ/ を含む単語**（*EPPP* 3.13.6）

forthwith /ˈfɔ:θˈwɪθ/,　thirteenth [ˈθɜ:ˈtʰi:nθ],　thirtieth /ˈθɜ:tiəθ/

A1.12　**有声歯摩擦音 /ð/**（*EPPP* 3.14）

　調音点は図 A1.7 に示されています。喉頭のプラス記号の方ですが，軟音の摩擦音なので，/ð/ は弱めに発音することを心掛けましょう。語末ではほぼ完全に無声化されて，声は消えてしまいます。特別な場合以外では，英語話者はだれも声を出して（有声音としては）発音していません。しかし，先行母音を長く伸ばすことで有声歯摩擦音であることがわかります。mouth の名詞と動詞の違いは母音の持続時間で判断できます。動詞のときには母音を長く発音します。

A1.12.1　**語頭の /ð/**（*EPPP* 3.14.3）

the [ð̥i:],　this [ð̥ɪs],　that [ð̥æt],　these [ð̥i:z],　those [ð̥əʊz],　they [ð̥eɪ], …

171

A1.12.2 語中の /ð/（*EPPP* 3.14.4）

another /əˈnʌðə/，bother [bɒ̯ðə]，brother [br̩ʌðə]，clothing [ˈkləʊðɪŋ]，dither [ˈdɪðə]，either /ˈiːðə, ˈaɪðə/，…

either の発音は，前世紀の RP では /ˈaɪðə/ が主流でしたが，現在の GB では若い世代は /ˈiːðə/ が優勢になりつつあります。モデル音声は男女 2 人とも /ˈiːðə/ と発音しています。

A1.12.3 語末の /ð/（*EPPP* 3.14.5）

bathe [bẹɪð]，breathe [br̩iːð]，mouth（動詞）[maʊ̯ð]，scythe [saɪð]，sheathe [ʃiːð]，smooth [smuːð]，…

※雑多な /ð/ を含む単語（1 語に 2 つ以上の /ð/ を含む単語）はありません。

/ð/ には最小対がほとんどないので，発音が崩れても，同化して /d/ や /n/ に変わっても，その単語であることは問題なく通じます。ちなみにロンドンの地域方言であるコックニーなどでは，mother の /ð/ を /v/ で発音します。「TH 音の前方化」（TH-fronting）と呼びますが，無声音の /θ/ は /f/ になります（think /fɪŋk/）。

A1.13 無声歯茎摩擦音 /s/（*EPPP* 3.15）

軟口蓋を持ち上げて鼻への気流の通路を塞ぎます。舌尖を歯茎に近づけます。歯茎摩擦音の能動調音器官は舌端の場合もありますが，英語ではたいていは舌尖です。従って能動調音器官の名称も含めれば「舌尖歯茎摩擦音」（apico-alveolar fricative）と言えます。日本人が気を付けることは舌尖を前歯から離して，歯茎の中央に軽く接触させることです。

舌の両側を上の臼歯に密着させて，強く息を吐くと /s/ になります。声を出せば /z/ になります。この時，強く発音することによって舌端と前舌の辺りにくぼみができます。図 A1.8 の左の調音点の図にはそのくぼみが描かれていませんが，MRI 画像などを見ると，くぼみが写っています。図 A1.8 の右の図はデフォルメしてありますが，長手方向に（前から後ろにかけて）このような溝ができます。この溝が耳障りな歯擦音（本書 3.10.1 参照）を作ります。溝は気流に激しい勢いを与え，舌尖と歯茎のすき間を通った出口で前歯に当たるときに乱気流を発生します。

図 A1.8 の左の調音点の図ではマイナス記号の無声音（硬音）が /s/ で，プラス記号の有声音（軟音）が /z/ です。無声歯茎摩擦音 /s/ は英語の摩擦音の中で最もエネルギーが強い音です。語頭の /s/ では，日本語の「サ，ス，セ，ソ」の /s/ よりも強く，かつ長く発音してください。摩擦音ですから強くても「聞こえ度」（sonority）は高くありません。母音のように遠くまで聞こえる音ではないのですが，調音のエネルギーは大切なポイントです。

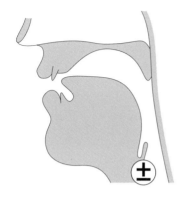 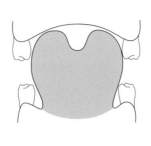

図 A1.8　左：歯茎摩擦音 /s/ と /z/　　右：縦（長手方向）に溝のある /s/ と /z/ の舌（前面）

A1.13.1　語頭の /s/（*EPPP* 3.15.3）

ceiling /ˈsiːlɪŋ/,　cellar /ˈselə/,　centre /ˈsentə/,　certain /ˈsɜːtn̩/,　cigar /sɪˈɡɑː/,　circle [ˈsɜːkɫ],　…

ceiling や cigar のように /s/ の後に /iː/ や /ɪ/ が続くと，日本語の「シ」のように摩擦音の調音点が変わってしまう人が多々見られます。/s/ が歯茎摩擦音であることを意識してください。

A1.13.2　語中の /s/（*EPPP* 3.15.4）

basic [ˈbeɪsɪk],　bicycle [ˈbaɪsɪkɫ],　bossy [ˈbɒsi],　classic [ˈklæsɪk],　conversation /ˈkɒnvəˈseɪʃn/,　decide [dɪˈsaɪd],　…

A1.13.3　語末の /s/（*EPPP* 3.15.5）

across [əˈkrɒs],　address /əˈdres/,　advice /ədˈvaɪs/,　atlas /ˈætləs/,　base /beɪs/,　bliss /blɪs/,　…

A1.13.4　雑多な /s/ を含む単語（*EPPP* 3.15.6）

access /ˈækses/,　ancestor /ˈænsestə/,　assassin /əˈsæsɪn/,　assess /əˈses/,　assistant /əˈsɪstənt/,　basis [ˈbeɪsɪs],　…

A1.14　有声歯茎摩擦音 /z/（*EPPP* 3.16）

調音点は図 A1.8 で見た通りです。/z/ は軟音なので，硬音の /s/ ほどは強く発音しません。しかし，有声歯摩擦音 /ð/ の摩擦よりはエネルギーが幾分強くなります。/z/ もポーズの前後では無声化します。その無声化の度合いは他の軟音と相違がありません。無声化された息の強さが /v ð/ よりも若干強いということです。モデル音声をよく聴いて模倣してください。

有声歯茎摩擦音 /z/ も日本人が苦手な子音の１つです。練習のために /z/ を長く伸ばすように（/zː/）と学生に指示すると，たいていは「ズウー」と，途中から母音の「ウ」に変わってしまいます。舌尖・舌端と歯茎によって形成されるすき間（溝）を維持する必要があります。是非この練習もやってみてください。

A1.14.1　語頭の /z/（*EPPP* 3.16.3）

zealous [ˈzeləs]，zed [zed]，zest [zest]，zinc [zɪŋk]，zip [zɪp]，zone [zəʊn]，…

A1.14.2　語中の /z/（*EPPP* 3.16.4）

adviser /ədˈvaɪzə/，amazing /əˈmeɪzɪŋ/，bizarre [bɪˈzɑː]，blazer [ˈbleɪzə]，bulldozer [ˈbʊldəʊzə]，busy [ˈbɪzi]，…

A1.14.3　語末の /z/（*EPPP* 3.16.5）

accuse [əˈkjuːz]，advise [ədˈvaɪz]，always [ˈɔːweɪz]，amaze [əˈmeɪz]，amuse [əˈmjuːz]，apologise [əˈpʰɒlədʒaɪz]，…

always の /l/ はしばしば省略されます。モデル音声では男女２人とも発音していません。

A1.14.4　雑多な /z/ を含む単語（*EPPP* 3.16.6）

disease [dɪˈziːz]，measles [ˈmiːzl̩z]，mesmerise [ˈmezməraɪz]，trousers [ˈtraʊzəz]，advisers [ədˈvaɪzəz]，disasters [dɪˈzɑːstəz]，…

A1.15　無声硬口蓋歯茎摩擦音（無声後部歯茎摩擦音）/ʃ/（*EPPP* 3.17）

硬口蓋歯茎摩擦音は本書 2.2.5 の注に記したように，IPA チャートでは肺気流の子音の表に含めるために後部歯茎摩擦音となっています。また英語の硬口蓋歯茎摩擦音は一般に舌端を後部歯茎から硬口蓋にかけて接近させます（図 A1.9）。調音点を明確にする際には，能動調音器官の名称も含めて「舌端硬口蓋歯茎摩擦音」（lamino-palato(-)alveolar fricative）とします（本書 2.2.2 の注）。/ʃ/ は「無声舌端硬口蓋歯茎摩擦音」，/ʒ/ は「有声舌端硬口蓋歯茎摩擦音」と呼びます。

硬口蓋歯茎摩擦音も歯擦音なので，舌の両側を上の臼歯に密着させて強く発音するために舌に溝を形成します。その溝（浅いくぼみ）は前舌と中舌の辺りにできます。その溝は /s z/ の溝よりも浅いのですが，そのことからもわかるように調音のエネルギーは /s z/ よりもやや弱めです。それでも摩擦音の中では，硬音の /ʃ/ は /s/ に次いで，軟音の /ʒ/ は /z/ に次いで強く発音されます。唇を丸めて突き出す（ラッパ状円唇にする）ことも，この子音の副次調音として重要なポイントです。

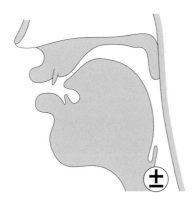

図 A1.9　硬口蓋歯茎摩擦音 /ʃ/ と /ʒ/　（ラッパ状円唇に注意）

A1.15.1　語頭の /ʃ/ （*EPPP* 3.17.3）

chauffeur /ˈʃəufə/,　chef /ʃef/,　shade [ʃe̥ɪd],　shadow /ˈʃædəu/,　shake /ʃeɪk/,　shallow /ˈʃæləu/,　…

A1.15.2　語中の /ʃ/ （*EPPP* 3.17.4）

assure /əˈʃɔː/,　audacious /ɔːˈdeɪʃəs/,　auspicious /ɔːˈspɪʃəs/,　bishop [ˈbɪʃə̥p],　delicious [dɪˈlɪʃəs],　issue /ˈɪʃuː/,　…

assure の /ɔː/（下線付き）はトランスクリプションの「凡例6」（本書 p. 148）に示されているように，その母音が /ɔː/ または /ʊə/ と発音されます。モデル音声では女性が /ɔː/，男性が /ʊə/ と発音しています。

A1.15.3　語末の /ʃ/ （*EPPP* 3.17.5）

gash [ɡ̊æʃ],　gush [ɡ̊ʌʃ],　hush /hʌʃ/,　leash /liːʃ/,　niche /niːʃ/,　quiche [kʰiːʃ],　…

A1.15.4　雑多な /ʃ/ を含む単語 （*EPPP* 3.17.6）

appreciation /əˈpriːʃiˈeɪʃn̩/,　initiation /iˈnɪʃiˈeɪʃn̩/,　negotiation /nəˈɡəuʃiˈeɪʃn̩/,　sheepish /ˈʃiːpɪʃ/,　shellfish /ˈʃelfɪʃ/,　shush /ʃuʃ/

A1.16　有声硬口蓋歯茎摩擦音 （有声後部歯茎摩擦音） /ʒ/ （*EPPP* 3.18）

　図 A1.9 に調音点が示されています。喉頭のプラス記号，有声音が軟音である /ʒ/ を表します。軟音ですが歯擦音なのではっきりと発音されます。語末では無声化しますが，それが無声摩擦音のように聞こえます。/ʒ/ の分布は限定的で語頭に生じる単語は近年のフランス語からの外来語だけです。

A1.16.1 語頭の /ʒ/ （*EPPP* 3.18.3）

genre [ˈʒ̊ɒnrə]

A1.16.2 語中の /ʒ/ （*EPPP* 3.18.4）

illusion /ɪˈluːʒn̩/, intrusion [ɪnˈtruːʒn̩], invasion /ɪnˈveɪʒn̩/, occasion [əˈkʰeɪʒn̩], persuasion /pəˈsweɪʒn̩/, precision /prɪˈsɪʒn̩/, …

A1.16.3 語末の /ʒ/ （*EPPP* 3.18.5）

barrage [ˈb̥ærɑːʒ̊], beige [b̥eɪʒ̊], camouflage [ˈkʰæməflɑːʒ̊], collage [ˈkʰɒlɑːʒ̊], entourage [ˈɒntərɑːʒ̊], espionage [ˈespiənɑːʒ̊], …

※雑多な /ʒ/ を含む単語（1 語に 2 つ以上の /ʒ/ を含む単語）はありません。

A1.17 無声声門摩擦音 /h/ （*EPPP* 3.19）

/h/ は声門摩擦音ですから，声帯を狭めて声門で摩擦音を出します。/h/ には調音点を示す図がありません。舌の形状が後続母音の数だけ存在するからです。/h/ は単語の中で後続母音の出だしが無声化した無声音とみなせます。ちなみに /h/ を脱落させた発音はイギリスでは教養のない人の典型的な特徴となっています。/h/ をはっきりと発音しましょう。しかし母音の間では息が漏れて気息音（本書 3.10.2 参照）にしてもかまいません。モデル音声では女性話者がそうしています。男性話者はかなりはっきりと無声音で発音しています。

A1.17.1 語頭の /h/ （*EPPP* 3.19.3）

habit /ˈhæbɪt/, hail [heɪɫ], hair /heə/, half /hɑːf/, hall [hɔːɫ], ham /hæm/, …

A1.17.2 語中の /h/ （*EPPP* 3.19.4）

abhor /əbˈhɔː/, abhorrent /əbˈhɒrənt/, alcohol [ˈælkəhɒɫ], alcoholic /ˈælkəˈhɒlɪk/, apprehend [ˈæprɪˈhend̥], apprehensive [ˈæprɪˈhensɪv], …

※語末に /h/ をもつ単語はありません。

A1.17.3 雑多な /h/ を含む単語 （*EPPP* 3.19.5）

half-hearted [ˈhɑːfˈhɑːtɪd], hand-holding /ˈhændhəʊldɪŋ/, haphazard [ˈhæpˈhæzəd̥], headhunter /ˈhedhʌntə/, heavy-handed [ˈheviˈhændɪd], heart-to-heart /ˈhɑːt tə ˈhɑːt/, …

対比練習

　対比練習では上記の個別子音の注意事項に気を付けて練習してください。A1.18 から A1.25 までは硬音と軟音，つまり，子音の強さや母音の長さを比較してください。トランスクリプションの補助記号も参考にしましょう。また，A1.26 から A1.29，及び A1.36 から A1.39 は調音点と調音法が異なるものの，紛らわしい子音の対比練習です。そして，A1.30 から A1.35 は調音点だけが異なる組み合わせです。

　図 A1.10 から図 A1.14 の断面図の対比はとても有益です。英語教員を目指す人は断面図も覚えて，フリーハンドで黒板やホワイトボードに描けるようにしておくと便利でしょう。

A1.18　無声両唇破裂音 /p/　対　有声両唇破裂音 /b/（*EPPP* 4.1）

A1.18.1　最小対（*EPPP* 4.1.1）

a)　語頭

　pack [pʰæk] 対 back [b̥æk]，pad [pʰæd] 対 bad [b̥æd̥]，pair [pʰeə] 対 bare [b̥eə]，…

b)　語末

　cap [kʰæp] 対 cab [kʰæb̥]，cup [kʰʌp] 対 cub [kʰʌb̥]，hop /hɒp/ 対 hob [hɒb̥]，…

c)　語中

　ample /ˈæmpl̩/ 対 amble /ˈæmbl̩/，crumple [ˈkrʌmpl̩] 対 crumble [ˈkrʌmbl̩]，dapple [ˈdæpl̩] 対 dabble [ˈdæbl̩]，…

A1.18.2　/p/ と /b/ の両方を含む単語（*EPPP* 4.1.2）

　acceptable /əkˈseptəbl̩/，capable [ˈkʰeɪpəbl̩]，clipboard [ˈklɪpbɔːd]，…

A1.19　無声歯茎破裂音 /t/　対　有声歯茎破裂音 /d/（*EPPP* 4.2）

A1.19.1　最小対（*EPPP* 4.2.1）

a)　語頭

　tail [tʰeɪɫ] 対 dale [d̥eɪɫ]，tame [tʰeɪm] 対 dame [d̥eɪm]，tangle [ˈtʰæŋɡɫ] 対 dangle [ˈd̥æŋɡɫ]，…

b) 語末

bat [bæt] 対 bad [bæd̥], beat [b̥iːt] 対 bead [b̥iːd̥], bent [bent] 対 bend [bend̥], …

c) 語中

centre /ˈsentə/ 対 sender /ˈsendə/, title [ˈtʰaɪtɬ] 対 tidal [ˈtʰaɪdɬ], traitor [ˈtreɪtə] 対 trader [ˈtreɪdə], …

A1.19.2　/t/ と /d/ の両方を含む単語（*EPPP* 4.2.2）

attitude [ˈætɪtʃuːd̥], antidote /ˈæntidəʊt/, astounding /əˈstaʊndɪŋ/, …

A1.20　無声軟口蓋破裂音 /k/　対　有声軟口蓋破裂音 /g/（*EPPP* 4.3）

A1.20.1　最小対（*EPPP* 4.3.1）

a) 語頭

cage [kʰeɪdʒ] 対 gauge [ɡ̊eɪdʒ], calorie [ˈkʰæləri] 対 gallery [ɡ̊æləri], came [kʰeɪm] 対 game [ɡ̊eɪm], …

b) 語末

back [b̥æk] 対 bag [b̥æɡ̊], buck [b̥ʌk] 対 bug [b̥ʌɡ̊], clock [klɒk] 対 clog [klɒɡ̊], …

c) 語中

anchor /ˈæŋkə/ 対 anger /ˈæŋɡə/, ankle [ˈæŋkɬ] 対 angle [ˈæŋɡɬ], bicker [ˈb̥ɪkə] 対 bigger [ˈb̥ɪɡə], …

A1.20.2　/k/ と /g/ の両方を含む単語（*EPPP* 4.3.2）

backgammon [ˈb̥ækɡæmən], backlog [ˈb̥æklɒɡ̊], cardigan [ˈkʰɑːdɪɡən], …

A1.21　無声硬口蓋歯茎破擦音 /tʃ/　対　有声硬口蓋歯茎破擦音 /dʒ/（*EPPP* 4.4）

A1.21.1　最小対（*EPPP* 4.4.1）

a) 語頭

chain /tʃeɪn/ 対 Jane [dʒeɪn], char /tʃɑː/ 対 jar [dʒɑː], cheer /tʃɪə/ 対 jeer [dʒɪə], …

b) 語末

batch [b̥ætʃ] 対 badge [b̥æ‌ʤ]，cinch [sɪntʃ] 対 singe [sɪnʤ]，etch /etʃ/ 対 edge [eʤ]，…

c) 語中

lecher /ˈletʃə/ 対 ledger /ˈleʤə/

A1.21.2　/tʃ/ と /ʤ/ の両方を含む単語（*EPPP* 4.4.2）

challenge [ˈtʃælɪnʤ]，charge [tʃɑːʤ]，congestion /kənˈʤestʃən/，…

A1.22　**無声唇歯摩擦音** /f/　**対　有声唇歯摩擦音** /v/（*EPPP* 4.5）

A1.22.1　**最小対**（*EPPP* 4.5.1）

a) 語頭

fairy /ˈfeəri/ 対 vary [ˈv̥eəri]，fail [feɪɬ] 対 veil [v̥eɪɬ]，fan /fæn/ 対 van [væn]，…

b) 語末

belief [b̥iˈliːf] 対 believe [b̥iˈliːv]，calf [kʰɑːf] 対 calve [kʰɑːv]，grief [g̊riːf] 対 grieve [g̊riːv̥]，…

c) 語中

deafen [ˈdef̩n̩] 対 Devon [ˈdev̩n̩]，infantry /ˈɪnfəntri/ 対 inventory /ˈɪnvəntri/，reference /ˈrefrəns/ 対 reverence /ˈrevrəns/，…

A1.22.2　/f/ と /v/ の両方を含む単語（*EPPP* 4.5.2）

aftershave [ˈɑːftəʃeɪv̥]，defective [diˈfektɪv̥]，defensive [diˈfensɪv̥]，…

A1.23　**無声歯摩擦音** /θ/　**対　有声歯摩擦音** /ð/（*EPPP* 4.6）

A1.23.1　**最小対**（*EPPP* 4.6.1）

a) 語頭

thigh /θaɪ/ 対 thy [ð̥aɪ]

b) 語末

loath /ləʊθ/ 対 loathe [ləʊð]，mouth（名詞）/maʊθ/ 対 mouth（動詞）[maʊð]，wreath /riːθ/ 対 wreathe [riːð]，…

※語中の音素が異なる最小対，及び /θ/ と /ð/ の両方を含む単語はありません。

A1.24 無声歯茎摩擦音 /s/ 対 有声歯茎摩擦音 /z/（*EPPP* 4.7）

A1.24.1 最小対（*EPPP* 4.7.1）
a) 語頭

said [sed] 対 Z (zed) [zed̥]，sink [sɪŋk] 対 zinc [zɪŋk]，sip /sɪp/ 対 zip [zɪp]，…

b) 語末

abuse（名詞）/əˈbjuːs/ 対 abuse（動詞）[əˈbjuːz̥]，advice /ədˈvaɪs/ 対 advise [ədˈvaɪz̥]，bus [bʌs] 対 buzz [bʌz̥]，…

c) 語中

looser /ˈluːsə/ 対 loser /ˈluːzə/，muscle [ˈmʌsɬ] 対 muzzle [ˈmʌzɬ]，precedent /ˈpresɪdənt/ 対 president /ˈprezɪdənt/

A1.24.2 /s/ と /z/ の両方を含む単語（*EPPP* 4.7.2）

Caesar /ˈsiːzə/，capsize [ˈkʰæpsaɪz]，centralise [ˈsentrəlaɪz]，…

A1.25 無声硬口蓋歯茎摩擦音 /ʃ/ 対 有声硬口蓋歯茎摩擦音 /ʒ/（*EPPP* 4.8）

A1.25.1 最小対（*EPPP* 4.8.1）
語中のみ

Aleutian /əˈluːʃn̩/ 対 allusion /əˈluːʒn̩/，Confucian /kənˈfjuːʃn̩/ 対 confusion /kənˈfjuːʒn̩/，dilution [diˈluːʃn̩] 対 delusion [diˈluːʒn̩]

※最小対は語中の音素が異なるものだけで，/ʃ/ と /ʒ/ の両方を含む単語はありません。

A1.26　無声歯茎破裂音 /t/　対　無声硬口蓋歯茎破擦音 /tʃ/（*EPPP* 4.9）

A1.26.1　最小対（*EPPP* 4.9.1）

a)　語頭

t̪alk [tʰɔːk] 対 chalk /tʃɔːk/,　tap [tʰæp] 対 chap /tʃæp/,　t̪art [tʰɑːt] 対 chart /tʃɑːt/, …

b)　語末

art /ɑːt/ 対 arch /ɑːtʃ/,　bat [b̥æt] 対 batch [b̥ætʃ],　beat [b̥iːt] 対 beach [b̥iːtʃ], …

c)　語中

artery /ˈɑːtəri/ 対 archery /ˈɑːtʃəri/,　jester /ˈdʒestə/ 対 gesture /ˈdʒestʃə/

A1.26.2　/t/ と /tʃ/ の両方を含む単語（*EPPP* 4.9.2）

artichoke /ˈɑːtɪtʃəʊk/,　attach [əˈtʰætʃ],　teacher [ˈtʰiːtʃə], …

A1.27　有声歯茎破裂音 /d/　対　有声硬口蓋歯茎破擦音 /dʒ/（*EPPP* 4.10）

A1.27.1　最小対（*EPPP* 4.10.1）

a)　語頭

d̥ab [d̥æb] 対 jab [dʒæb],　d̥am [d̥æm] 対 jam [dʒæm],　d̥ay [d̥eɪ] 対 jay [dʒeɪ], …

b)　語末

aid [eɪd̥] 対 age [eɪdʒ],　bad [b̥æd̥] 対 badge [b̥ædʒ],　chained [tʃeɪnd̥] 対 change [tʃeɪndʒ], …

c)　語中

murder /ˈmɜːdə/ 対 merger /ˈmɜːdʒə/,　buddy [ˈbʌdi] 対 budgie [ˈbʌdʒi]

A1.27.2　/d/ と /dʒ/ の両方を含む単語（*EPPP* 4.10.2）

adage [ˈædɪdʒ],　advantage [ədˈvɑːntɪdʒ],　appendage [əˈpʰendɪdʒ], …

A1.28　無声硬口蓋歯茎破擦音 /tʃ/　対　無声硬口蓋歯茎摩擦音 /ʃ/（*EPPP* 4.11）

A1.28.1　最小対（*EPPP* 4.11.1）

a)　語頭

chair /tʃeə/ 対 share /ʃeə/，chatter /ˈtʃætə/ 対 shatter /ˈʃætə/，cheer /tʃɪə/ 対 sheer /ʃɪə/，…

b)　語末

batch [b̥ætʃ] 対 bash [b̥æʃ]，butch [b̥ʊtʃ] 対 bush [b̥ʊʃ]，catch [kʰætʃ] 対 cash [kʰæʃ]，…

※語中の音素が異なる最小対はありません。

A1.28.2　/tʃ/ と /ʃ/ の両方を含む単語（*EPPP* 4.11.2）

archbishop /ˈɑːtʃˈbɪʃəp/，championship /ˈtʃæmpjənʃɪp/，cherish /ˈtʃerɪʃ/，…

A1.29　有声硬口蓋歯茎摩擦音 /ʒ/　対　有声硬口蓋歯茎破擦音 /dʒ/（*EPPP* 4.12）

A1.29.1　最小対（*EPPP* 4.12.1）

語中のみ

lesion /ˈliːʒn̩/ 対 legion /ˈliːdʒn̩/，leisure /ˈleʒə/ 対 ledger /ˈledʒə/

※最小対は語中の音素が異なるものだけで，/dʒ/ と /ʒ/ の両方を含む単語はありません。

A1.30　無声唇歯摩擦音 /f/　対　無声歯摩擦音 /θ/（*EPPP* 4.13）

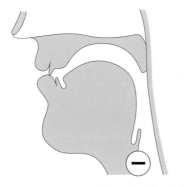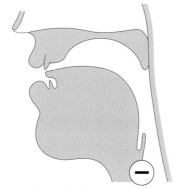

図 A1.10　左：無声唇歯摩擦音 /f/　　右：無声歯摩擦音 /θ/

A1.30.1　最小対（*EPPP* 4.13.1）

a)　語頭

first /fɜːst/ 対 thirst /θɜːst/，　fin /fɪn/ 対 thin /θɪn/，　four /fɔː/ 対 thaw /θɔː/，…

b)　語末

deaf [def] 対 death [deθ]，　half /hɑːf/ 対 hearth /hɑːθ/，　oaf /əʊf/ 対 oath /əʊθ/，…

c)　語中

infuse [ɪnˈfjuːz̥] 対 enthuse [ɪnˈθjuːz̥]

A1.30.2　/f/ と /θ/ の両方を含む単語（*EPPP* 4.13.2）

afterbirth /ˈɑːftəbɜːθ/，　aftermath /ˈɑːftəmæθ, ˈɑːftəmɑːθ/，　afterthought /ˈɑːftəθɔːt/，…

※ aftermath はモデル音声では男性話者が /ˈɑːftəmæθ/，女性話者が /ˈɑːftəmɑːθ/ で発音しています。

A1.31　有声唇歯摩擦音 /v/　対　有声歯摩擦音 /ð/（*EPPP* 4.14）

A1.31.1　最小対（*EPPP* 4.14.1）

a)　語頭

Vs（vees）[viːz̥] 対 these [ðiːz̥]，　vale [veɫ] 対 they'll [ðeɪɫ]，　van [væn] 対 than [ðæn]，…

b) 語末（尾子音連結内のものを含む）

loaves [ləʊv̥z] 対 loathes [ləʊð̥z], clove [kl̥əʊv] 対 clothe [kl̥əʊð]

c) 語中

fervour /ˈfɜːvə/ 対 further /ˈfɜːðə/, Ivor /ˈaɪvə/ 対 either /ˈaɪðə/

A1.31.2 /v/ と /ð/ の両方を含む単語（*EPPP* 4.14.2）

nevertheless /ˈnevəðə'les/, themselves [ðəm'seɫv̥z], weathervane /ˈweðəveɪn/

A1.32 無声歯茎摩擦音 /s/ 対 無声歯摩擦音 /θ/（*EPPP* 4.15）

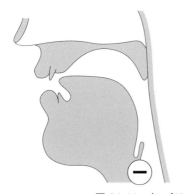 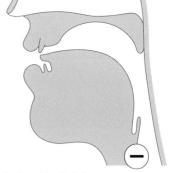

図 A1.11 左：無声歯茎摩擦音 /s/ 右：無声歯摩擦音 /θ/

A1.32.1 最小対（*EPPP* 4.15.1）

a) 語頭

symbol [ˈsɪmbɫ] 対 thimble [ˈθɪmbɫ], sank /sæŋk/ 対 thank /θæŋk/, saw /sɔː/ 対 thaw /θɔː/, …

b) 語末

eights /eɪts/ 対 eighth /eɪtθ/, face /feɪs/ 対 faith /feɪθ/, force /fɔːs/ 対 forth /fɔːθ/, …

c) 語中

Essex /ˈesɪks/ 対 ethics /ˈeθɪks/, ensues [ɪn'sjuːz] 対 enthuse [ɪn'θjuːz̥],
unsinkable [ʌn'sɪŋkəbɫ] 対 unthinkable [ʌn'θɪŋkəbɫ]

A1.32.2　/s/ と /θ/ の両方を含む単語（*EPPP* 4.15.2）

absinthe /ˈæbsɪnθ/，anaesthetic /ˈænəsˈθetɪk/，facecloth /ˈfeɪsklɒθ/，…

A1.33　有声歯茎摩擦音 /z/　対　有声歯摩擦音 /ð/（*EPPP* 4.16）

A1.33.1　最小対（*EPPP* 4.16.1）

a)　語頭

Zen [z̥en] 対 then [ð̥en]

b)　語末

bays [b̥eɪz̥] 対 bathe [b̥eɪð̥]，breeze [b̥riːz̥] 対 breathe [b̥riːð̥]，close（動詞）[kləʊz̥] 対 clothe [kləʊð̥]，…

c)　語中

wizard [ˈwɪz̥əd̥] 対 withered [ˈwɪð̥əd̥]

A1.33.2　/z/ と /ð/ の両方を含む単語（*EPPP* 4.16.2）

otherwise [ˈʌðəwaɪz̥]，theirs [ð̥eəz̥]，these [ð̥iːz̥]，…

A1.34　無声歯茎摩擦音 /s/　対　無声硬口蓋歯茎摩擦音 /ʃ/（*EPPP* 4.17）

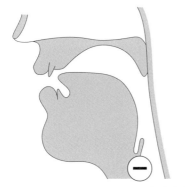 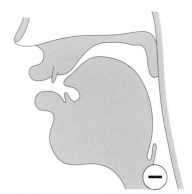

図 A1.12　左：無声歯茎摩擦音 /s/　　右：無声硬口蓋歯茎摩擦音 /ʃ/

A1.34.1　最小対（*EPPP* 4.17.1）

a)　語頭

said [sed̥] 対 shed [ʃed̥]，　sake /seɪk/ 対 shake /ʃeɪk/，　sale /seɪl/ 対 shale /ʃeɪl/，…

b)　語末（尾子音連結内のものを含む）

accomplice /əˈkʌmplɪs/ 対 accomplish /əˈkʌmplɪʃ/，　ass /æs/ 対 ash /æʃ/，　fist /fɪst/ 対 fished /fɪʃt/，…

c)　語中

seesaw /ˈsiːsɔː/ 対 seashore /ˈsiːʃɔː/

A1.34.2　/s/ と /ʃ/ の両方を含む単語（*EPPP* 4.17.2）

ambitious /æmˈbɪʃəs/，　anxious /ˈæŋkʃəs/，　assurance /əˈʃɔːrəns, əˈʃʊərəns/，…

　assurance は CW のトランスクリプションでは /əˈʃɔːrəns/ と「凡例6」（本書 p. 148）に従って下線の付いた /ɔː/ で表記されています。現在の GB では CURE 母音が /ɔː/ で発音されることが増えているためです。厳密に言えば，実際はもっと前舌化した [ɵː] ですが，モデル音声では女性話者がその母音で発音しています。男性話者はまだ保守的な /ʊə/ を使っています。

A1.35　有声歯茎摩擦音 /z/　対　有声硬口蓋歯茎摩擦音 /ʒ/（*EPPP* 4.18）

A1.35.1　最小対（*EPPP* 4.18.1）

a)　語末

baize [b̥eɪz̥] 対 beige [b̥eɪʒ̊]，　ruse [ruːz̥] 対 rouge [ruːʒ̊]

b)　語中

Caesar /ˈsiːzə/ 対 seizure /ˈsiːʒə/，　composer /kəmˈpəʊzə/ 対 composure /kəmˈpəʊʒə/，
eraser /ɪˈreɪzə/ 対 erasure /ɪˈreɪʒə/

※語頭の音素が異なる最小対，及び /z/ と /ʒ/ の両方を含む単語はありません。

A1.36 無声両唇破裂音 /p/ 対 無声唇歯摩擦音 /f/（*EPPP* 4.19）

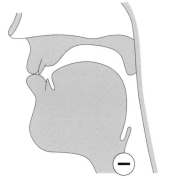

図 A1.13 左：無声両唇破裂音 /p/（保持の段階） 右：無声唇歯摩擦音 /f/

A1.36.1 最小対（*EPPP* 4.19.1）

a） 語頭

pace [pʰeɪs] 対 face /feɪs/, pad [pʰæd̥] 対 fad [fæd̥], paid [pʰeɪd̥] 対 fade [feɪd̥], …

b） 語末

carp [kʰɑːp] 対 calf [kʰɑːf], cheap /tʃiːp/ 対 chief /tʃiːf/, clip [klɪp] 対 cliff [klɪf], …

c） 語中

copy [ˈkʰɒpi] 対 coffee [ˈkʰɒfi], puppy [ˈpʰʌpi] 対 puffy [ˈpʰʌfi], reputation [ˈrepjuˈtʰeɪʃn̩] 対 refutation [ˈrefjuˈtʰeɪʃn̩], …

A1.36.2 /p/ と /f/ の両方を含む単語（*EPPP* 4.19.2）

amplify /ˈæmplɪfaɪ/, apostrophe [əˈpʰɒstrəfi], campfire [ˈkʰæmpfaɪə], …

A1.37 有声両唇破裂音 /b/ 対 有声唇歯摩擦音 /v/（*EPPP* 4.20）

A1.37.1 最小対（*EPPP* 4.20.1）

a） 語頭

bee [biː] 対 V (vee) [viː], bail [beɪl] 対 veil [veɪl], banish [ˈbænɪʃ] 対 vanish [ˈvænɪʃ], …

b)　語末

curb [kʰɜːb̥] 対 curve [kʰɜːv]

c)　語中

cupboard [ˈkʰʌbəd̥] 対 covered [ˈkʰʌvəd̥], dribble [ˈdrɪbl̩] 対 drivel [ˈdrɪvl̩], fibre /ˈfaɪbə/ 対 fiver /ˈfaɪvə/, …

A1.37.2　/b/ と /v/ の両方を含む単語（*EPPP* 4.20.2）

abbreviate /əˈbriːvieɪt/, above [əˈbʌv] , abusive [əˈbjuːsɪv] , …

A1.38　無声歯茎破裂音 /t/　対　無声歯摩擦音 /θ/（*EPPP* 4.21）

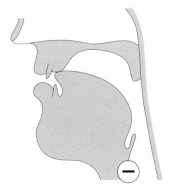 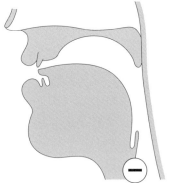

図 A1.14　左：無声歯茎破裂音 /t/（保持の段階）　右：無声歯摩擦音 /θ/

A1.38.1　最小対（*EPPP* 4.21.1）

a)　語頭

tank [tʰæŋk] 対 thank /θæŋk/, taught [tʰɔːt] 対 thought /θɔːt/, team [tʰiːm] 対 theme /θiːm/, …

b)　語末

boat [bəʊt] 対 both [bəʊθ], debt [det] 対 death [deθ], fate /feɪt/ 対 faith /feɪθ/, …

※語中の音素が異なる最小対はありません。

A1.38.2 /t/ と /θ/ の両方を含む単語 (*EPPP* 4.21.2)

afterbirth /ˈɑːftəbɜːθ/, aftermath /ˈɑːftəmæθ, ˈɑːftəmɑːθ/, afterthought /ˈɑːftəθɔːt/, …

※ aftermath はモデル音声では男性話者が /ˈɑːftəmæθ/, 女性話者が /ˈɑːftəmɑːθ/ で発音しています。

A1.39 有声歯茎破裂音 /d/ 対 有声歯摩擦音 /ð/ (*EPPP* 4.22)

A1.39.1 最小対 (*EPPP* 4.22.1)

※使用頻度が高い単語の最小対が13組しかないので, EPPP ではこのセクションは生起位置によって分類されていません。
本書では録音音声の初めの2組を a) 語末, b) 語頭として, また11番目のペアを c) 語中として, 生起位置を明示します。

a) 語末 breed [briːd] 対 breathe [briːð]

b) 語頭 Ds (dees) [diːz] 対 these [ðiːz]

c) 語中 header /ˈhedə/ 対 heather /ˈheðə/

A1.39.2 /d/ と /ð/ の両方を含む単語 (*EPPP* 4.22.2)

creditworthy [ˈkredɪtwɜːði], dither [ˈdɪðə], godfather [ˈɡɒdfɑːðə], …

練習 2　　共鳴音

　共鳴音は声道をあまり狭めることなく，声帯振動によって生じた声（の音波）が母音のように口腔や鼻腔で共鳴して作られる音のことです。共鳴音（本書第4章参照）には鼻音と接近音があります。

鼻音（本書 4.1 参照）

　鼻音は軟口蓋が下がって，鼻腔へ呼気が流入し，口腔のみならず鼻腔でも声の共鳴が生ずる音です。英語には3つの鼻音 /m n ŋ/ があります。いずれの鼻音も口腔からの呼気の流出が遮られ，口腔における閉鎖の位置が鼻音の調音点となります。また日本語でも「ナ行音」「マ行音」に対応する清音（無声音）がないように，鼻音はすべて有声音です。

A2.1　有声両唇鼻音 /m/（*EPPP* 3.21）

　図 A2.1 のように両唇を閉じて口腔からの呼気の流出を閉ざします。口腔と鼻腔で共鳴した声が鼻から出されます。日本語のマ行音も調音点は同じですが，日本語の /m/ はとても弱いので，英語では強めに発音するように心掛けましょう。

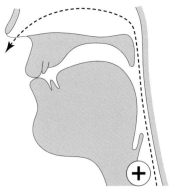

図 A2.1　有声両唇鼻音 /m/

A2.1.1　語頭の /m/（*EPPP* 3.21.3）

machine /məˈʃiːn/,　magnet /ˈmæɡnət/,　magic /ˈmæʤɪk/,　mail/male [meɪl],　main /meɪn/,　major /ˈmeɪʤə/, …

鼻音は軟音ではないので，語頭や語末で無声化することはありません。しっかりと声を出してください。

A2.1.2　語中の /m/（*EPPP* 3.21.4）

amateur /ˈæmətə/, amazing /əˈmeɪzɪŋ/, among /əˈmʌŋ/, amount /əˈmaʊnt/, blemish [ˈblemɪʃ], charming /ˈtʃɑːmɪŋ/, …

A2.1.3　語末の /m/（*EPPP* 3.21.5）

aim /eɪm/, alarm /əˈlɑːm/, assume /əˈsjuːm/, atom /ˈætəm/, autumn /ˈɔːtəm/, beam [biːm], …

語末の /m/ も鼻からはっきりと声を出しましょう。意識的に長めに発音すれば，日本人の発音でもよく通じるようになります。

assume は CW のトランスクリプションでは /əˈsjuːm/ とヨッドがイタリック体になっています。「凡例 1」（本書 p. 147）のようにイタリック体は脱落可能を示します（ヨッドの脱落，本書 4.2.8 参照）。モデル音声の女性話者は /əˈsjuːm/ を使っていて，ヨッドの脱落はありません。しかし男性話者は /əˈsjuːm/, /əˈsuːm/ のどちらでもなく，/əˈʃuːm/ と発音しています。この発音は前世紀の RP では「非標準」とみなされていました。

「ヨッドの融合」（本書 4.2.9 参照）には言及されていませんが，現在では一部の GB 話者は語中においてのみ，/sj/ を /ʃ/（assume /əˈʃuːm/, pursue /pəˈʃuː/），/zj/ を /ʒ/（presume /prɪˈʒuːm/）と融合同化（ヨッドの融合）させるようになっています。GB を理解する上での格好の例です。GB の別名が標準イギリス南部英語（本書 1.7 参照）であることからも容易に判断できますが，GB がイングランド南東部英語の地域方言を取り込んでいる一例と言えます。

a)　硬音前短縮される /m/

amp /æmp/, blimp [bl̥ɪmp], bump [b̥ʌmp], champ /tʃæmp/, chimp /tʃɪmp/, chomp /tʃɒmp/, …

共鳴音は後続する硬音の影響を受けて，持続時間が短くなります。この時，その直前の母音も一緒に短縮されますからモデル音声をよく聴いて練習してください。

b)　短縮されない /m/　対　短縮される /m/

cam [kʰæm] 対 camp [kʰæmp], clam [kl̥æm] 対 clamp [klæmp], cram [kr̥æm] 対 cramp [kr̥æmp], …

硬音前短縮されると先行する母音もともに短縮されるので，単語の長さが短くなるように発音してください。それでも /m/ が無声化されることはないので，はっきりと鼻から声を出しましょう。またポーズの前や軟音の前

の /m/ は長めに発音してください。

A2.1.4　雑多な /m/ を含む単語（*EPPP* 3.21.6）

accomplishment [əˈkʰʌmplɪʃmənt]，amusement /əˈmjuːzmənt/，commitment /kəˈmɪtmənt/，

compartment [kəmˈpʰɑːtmənt]，compliment（名詞）[ˈkʰɒmplɪmənt]，compromise [ˈkʰɒmprəmaɪz]，…

commitment と compartment の発音記号にある /t/（二重下線）は「凡例 2」（本書 p.147）にあるように同化が生じる可能性を示します。どちらも /t/ が [p] になります。

A2.2　有声歯茎鼻音 /n/（*EPPP* 3.22）

　舌尖を歯茎に付けて，舌の両側も口蓋と上臼歯に密着させます。図 A2.2 は正中断面図ですから舌の両側が描かれていませんが，口腔内の空間は小さくなっています。それでも鼻腔とともに口腔も共鳴体となって，/n/ の音色を決定づける要因となります。

　日本語の「ナ，ヌ，ネ，ノ」を発音するときに，舌尖が上歯の裏側に触れている人は，舌尖を少し反らせて歯茎の奥の方に接触させるようにしてください。英語の /n/ は歯音ではありません。

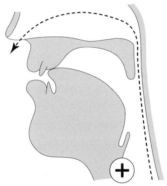

図 A2.2　有声歯茎鼻音 /n/

A2.2.1　語頭の /n/（*EPPP* 3.22.3）

knee /niː/，knife /naɪf/，knob [nɒb]，knock /nɒk/，knot /nɒt/，know /nəʊ/，…

　舌尖を歯茎に付けて，/n/ を長めに発音すると効果的です。舌にやや力を込めて，鼻から声を出しましょう。

A2.2.2　語中の /n/（*EPPP* 3.22.4）

animal [ˈænɪmɫ]，corner [ˈkʰɔːnə]，dinner [ˈdɪnə]，funny /ˈfʌni/，honey /ˈhʌni/，honour /ˈɒnə/，…

A2.2.3　語末の /n/（*EPPP* 3.22.5）

again /əˈgen/, balloon [b̥əˈluːn], bargain [ˈbɑːgɪn], bean [biːn], begin [bɪˈgɪn], bin [bɪn], …

　語末の /n/ は日本人が最も苦手とする発音の 1 つです。日本語の語末の「ン」にならないように，単語の発音が終わるまで舌尖を歯茎から離さないでください。

a)　硬音前短縮される /n/

amount /əˈmaʊnt/, aren't/aunt /ɑːnt/, blunt [blʌnt], can't [kʰɑːnt], cent/sent /sent/, client [ˈklaɪənt], …

b)　短縮されない /n/　対　短縮される /n/

burned [b̥ɜːnd̥] 対 burnt [b̥ɜːnt], complained [kəmˈpleɪnd] 対 complaint [kəmˈpleɪnt], dawned [d̥ɔːnd̥] 対 daunt [d̥ɔːnt], …

A2.2.4　雑多な /n/ を含む単語（*EPPP* 3.22.6）

abandon /əˈbændən/, accountant [əˈkʰaʊntənt], announce /əˈnaʊns/, banana [b̥əˈnɑːnə], cannon [ˈkʰænən], canteen [ˈkænˈtʰiːn], …

A2.3　有声軟口蓋鼻音 /ŋ/（*EPPP* 3.23）

　破裂音 /g/ と同じように後舌と軟口蓋で閉鎖を作ります。それでも軟口蓋を下げるので，声は鼻腔で共鳴してから流出します。舌尖を持ち上げることはありません。

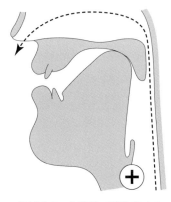

図 A2.3　有声軟口蓋鼻音 /ŋ/

A2.3.1　語末の /ŋ/（*EPPP* 3.23.3）

a)　短縮されない /ŋ/

along /əˈlɒŋ/, among /əˈmʌŋ/, bang [b̥æŋ], beginning [b̥ɪˈgɪnɪŋ], belong [b̥ɪˈlɒŋ], boomerang [ˈb̥uːməræŋ], …

語末の /ŋ/ では単語の発音が終わっても閉鎖を続けることがこつと言えます。また鼻から声を長めに出すと練習になります。万一 /ŋg/ と発音してしまっても問題はありません。17 世紀までは皆そのように発音していましたし，今でもイングランド北部の一部では /ŋg/ と発音されますから十分に通じます。日本語の干渉で問題なのは，カタカナの「グ」のように母音の「ウ」を発音してしまうことです。そうなると通じなくなりますから注意しましょう。

b)　短縮されない /ŋ/　対　短縮される /ŋ/

bang [b̥æŋ] 対 bank [b̥æŋk]，bring [b̥rɪŋ] 対 brink [b̥rɪŋk]，bung [b̥ʌŋ] 対 bunk [b̥ʌŋk]，…

A2.3.2　語中の /ŋ/（*EPPP* 3.23.4）
a)　/k/ の前の（短縮される）/ŋ/

anchor /ˈæŋkə/，ankle [ˈæŋk̩]，bank [b̥æŋk]，banquet [ˈb̥æŋkwɪt]，blank [b̥læŋk]，blanket [ˈb̥læŋkɪt]，…

　同器官的な破裂音が後続する発音は容易ですが，無声音が後続する場合でも，/ŋ/ は無声化しませんから声を出すようにしてください。声を出しながらの硬音前短縮はモデル音声のリズムを模倣するようにしてください。

b)　/g/ の前の（短縮されない）/ŋ/

anger /ˈæŋgə/，angle [ˈæŋg̩]，angora /æŋˈgɔːrə/，angry /ˈæŋgri/，anguish /ˈæŋgwɪʃ/，bingo [ˈb̥ɪŋgəʊ]，…

A2.3.3　雑多な /ŋ/ を含む単語（*EPPP* 3.23.5）

angling /ˈæŋglɪŋ/，long-running /ˈlɒŋˈrʌnɪŋ/，long-standing /ˈlɒŋˈstændɪŋ/，long-suffering /ˈlɒŋˈsʌfərɪŋ/，ping-pong /ˈpɪŋpɒŋ/，singsong /ˈsɪŋsɒŋ/，…

接近音（本書 4.2 参照）

　口腔における調音点となる狭めが摩擦音の生じない程度に広い音が接近音です。英語には 4 つの接近音があって，*EPPP* の練習編では，子音として機能するわたり音的母音である「半母音」と摩擦のない継続音である「非半母音」に分けています。

　接近音も鼻音と同様にポーズの前後で無声化することはありませんが，練習 1 で見たように，強勢音節の初めで無声破裂音に後続するときだけは無声化，かつ摩擦音化します。

■半母音

英語の半母音は /j w/ の 2 つです。

A2.4　有声硬口蓋接近音 /j/ (*EPPP* 3.25)

/j/ は長く伸ばして発音すれば，母音 /iː/ になります。図 A2.4 の /jæ/ のように子音として機能しますが，[i] から開始されるわたり音です。日本語のヤ行拗音などと同じです（本書 4.2 の注を参照）。また /j/ の呼び名は「ヨッド」です（本書 4.2.8 参照）。

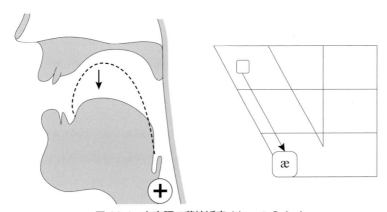

図 A2.4　有声硬口蓋接近音 /j/：*yak* の /jæ/
(/j/ は半母音なので，右の母音図に舌の調音位置のおおよその変化を示す。また，矢印は /j/ のわたり（移行）を表す。)

A2.4.1　語頭の /j/ (*EPPP* 3.25.3)

ewe /juː/,　UK /ˈjuːˈkeɪ/,　ukulele /ˈjuːkəˈleɪli/,　Ukraine [juˈkreɪn],　unanimous /juˈnænɪməs/,　unicorn /ˈjuːnɪkɔːn/, …

　上記の単語では注目点（語頭の /j/）として <ew> と <u> に下線を付けましたが，これらは /juː/ のように母音 /uː/ も含んだ綴り字です。同様に <ue>（value），<eu>（feud），<eau>（beautiful）も /juː/ を表します。単語の綴り字で /j/ だけを表す文字には，<y>（you）と <i>（behaviour）があります。

A2.4.2　/p t k/ 以外の子音（/sp st sk/ を含む）+ /j/ の子音連結 (*EPPP* 3.25.4)

beauty [ˈb̥juːti],　bugle [ˈb̥juːɡɬ],　bureaucrat [ˈb̥jɔːrəkræt],　steward [ˈstjuːəd],　student /ˈstjuːdn̩t/,　studio /ˈstjuːdiəʊ/, …

　ヨッドは無声破裂音以外の子音に後続するときには無声化しません。bureaucrat の発音記号 /ɔː/（下線付き）は，*EPPP* のトランスクリプションのルール「凡例 6」（本書 p. 148）の通り，GB では CURE 母音 /ʊə/ か THOUGHT 母音 /ɔː/ のどちらかで発音されることを示します。

A2.4.3 無声化・摩擦音化される /j/ （/p (t) k/ + /j/ の 2 子音連結）（*EPPP* 3.25.5）

p̲e̲w [pj̊uː]，p̲e̲wter [ˈpj̊uːtə]，p̲u̲berty [ˈpj̊uːbəti]，p̲u̲ce [ˈpj̊uːs]，p̲u̲erile [ˈpj̊ɔːraɪl]，p̲u̲ny [ˈpj̊uːni]，…

　練習 1 の A1.1.1 （d）で練習したように，強勢のある音節の初めの無声破裂音は後続する接近音を無声化（及び摩擦音化）させます。ヨッドを息で強く発音しましょう。

A2.4.4 /tj/ あるいは /t͡ʃ/ （*EPPP* 3.25.6）

t̲u̲be /t͡ʃuːb/，T̲u̲esday /ˈt͡ʃuːzdeɪ/，t̲u̲ition /t͡ʃuˈɪʃn̩/，t̲u̲lip /t͡ʃuːlɪp/，t̲u̲mour /ˈt͡ʃuːmə/，t̲u̲na /ˈt͡ʃuːnə/，…

　下線を付けた綴り字の <tu> には母音 /uː/ も含まれます。また「凡例 7」（本書 p. 148）の通り，下線の付いた /t͡ʃ/ はその発音が /t͡ʃ/ あるいは /tj/ であることを示します。前世紀からイングランドでは破擦音の /t͡ʃ/ を用いる人が多数いましたが，RP では標準的とは認められていませんでした。それが GB では標準的となり，さらに広まっています。

　/tj/ の場合，強勢のある音節の初めでは，上記 A2.4.3 のように無声化かつ摩擦音化されて [t͡ʃ] となります。

A2.4.5 /dj/ あるいは /d͡ʒ/ （*EPPP* 3.25.7）

d̲e̲w/d̲u̲e /d͡ʒuː/，d̲u̲al/d̲u̲el [ˈd͡ʒuːəl]，d̲u̲bious /ˈd͡ʒuːbiəs/，d̲u̲ke /d͡ʒuːk/，d̲u̲ne /d͡ʒuːn/，d̲u̲ring /ˈd͡ʒɔːrɪŋ/，…

下線の付いた /d͡ʒ/ は「凡例 7」（本書 p. 148）の通り，現在の GB では /d͡ʒ/ あるいは /dj/ のどちらかで発音されることを示します。また /dj/ は [d̥j]，/d͡ʒ/ は [d̥͡ʒ] と出だしが若干無声化します。

　during は母音にも注意してください。下線の付いた /ɔː/ は CURE 母音か THOUGHT 母音です。モデル音声では 2 人とも CURE 母音の [ʊə] です。ちなみに GA では子音は /d/ ですが，母音が近年は /ɝː/（/ˈdɝːɪŋ/）が優勢となっています。

A2.4.6 雑多な /j/ を含む単語 （*EPPP* 3.25.8）

acc̲u̲m̲u̲late [əˈkjuːmjəleɪt]，t̲u̲bular /ˈt͡ʃuːbjələ/，u̲v̲u̲la /ˈjuːvjələ/，y̲oy̲o /ˈjəʊjəʊ/

　この現在の tubular の発音はまだ英和辞典にはほとんど掲載されていませんから気を付けましょう。

A2.5　有声両唇軟口蓋接近音 /w/（*EPPP* 3.26）

/w/ は短い [u] から始まるわたり音です。ポイントは最初の [u] を発音するときに唇を突き出すことです。日本語の「ワ」では現在は唇を全く丸めないので，日本人の /w/ の発音は全然通じません。この発音の初めでは唇をしっかりと丸めましょう。WH 疑問詞の where や why が通じなければ，外国では本当に困ることになります。

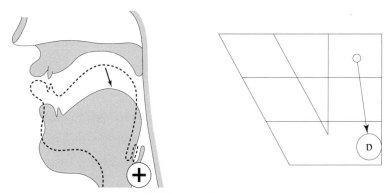

図 A2.5　有声両唇軟口蓋接近音 /w/：*wash* の /wɒ/
（/w/ は半母音なので，右の母音図に舌の調音位置のおおよその変化を示す。また，矢印は /w/ のわたり（移行）を表す。）

A2.5.1　語頭の /w/（*EPPP* 3.26.3）

one /wʌn/,　wafer /ˈweɪfə/,　wage [weɪʤ],　wagon /ˈwægən/,　waist/waste /weɪst/,　wait /weɪt/,　…

one には /w/ を表す綴り字は含まれないので，下線は付いていません。one を /wʌn/ と発音するようになったのは，16 世紀以降に数字「1」の綴り字として用いられるようになってからです。

/w/ から始まる単語では最初に短い [u] を唇を突き出して発音してみましょう。きちんと発音できるようにならなければ，リスニングにも支障を来します。

A2.5.2　語中の /w/（*EPPP* 3.26.4）

awake /əˈweɪk/,　award [əˈwɔːd],　aware /əˈweə/,　away /əˈweɪ/,　awoke /əˈwəʊk/,　backward [ˈbækwəd],　…

A2.5.3　無声化・摩擦音化される /w/（/t k/ + /w/ の 2 子音連結）（*EPPP* 3.26.5）

twaddle [ˈtwɒdl̩],　twang [twæŋ],　tweak [twiːk],　tweed [twiːd],　tweet [twiːt],　tweezers [twiːzəz],　…

語頭の子音連結 /tw/ は A1.3.1（b）で，/kw/ は A1.5.1（e）ですでに練習しました。英語の無声破裂音には /p/ もありますが，英単語には /pw/ から始まる単語は存在しません。ちなみに音の単語における分布（distribution）の研究は「音素配列論」（phonotactics）と呼ばれます。

子音に後続する /w/ では，先行子音を発音する前から唇を丸めるように心掛けてください。これがとても大切なことです。

A2.5.4　雑多な /w/ を含む単語（*EPPP* 3.26.6）

westward [ˈwestwəd]，one-to-one /ˈwʌn tə ˈwʌn/，one-way /ˈwʌnˈweɪ/，quick-witted [ˈkwɪkˈwɪtɪd]，swimwear /ˈswɪmweə/，twenty-one [ˈtwentiˈwʌn]，…

■非半母音

　短い母音から始まるわけではない（摩擦のない継続音である）接近音が非半母音になります。英語には側面接近音の /l/ と正中面接近音の /r/ の 2 つがあります（本書 4.2.1 参照）。

A2.6　有声歯茎側面接近音 /l/（*EPPP* 3.27）

　側面接近音は口腔の正面中央が舌尖と歯茎によって閉ざされているために，気流がバイパスとしての中央の側面（サイド）から流出される共鳴音です。調音点は閉鎖を形成している歯茎です。側面音というのは閉鎖（障害）の側面を気流が通過するという意味です。

　難しく考えるとなかなか発音できませんが，舌の側面は下げるのではなく，ただ上げないだけです。自然な状態では舌の側面は下がっていますから，この発音が難しいはずはありません。日本語には側面音がないので，日本人は慣れていないだけです。自分で正しく発音できるように練習すれば，L と R も聴き分けられるようになります。

　まずは舌に力を入れて，中央の閉鎖を形成し，/l/ を長く伸ばして発音する練習をしてみてください。/l/ を発音するときに声を出せるようになります。それから図 A2.6 の右側に図示されている暗い /l/ も，舌尖を歯茎に強く押し付けてから [u] と発音するように後舌を持ち上げれば，暗い音色が出せるようになります。

　実際には暗い音色が出せなくても側面音であれば十分に通じます。ウェールズ英語やアイルランド英語には暗い /l/ はありません。GB や GA のリスニングのために暗い /l/ の練習をしてください。

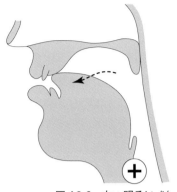
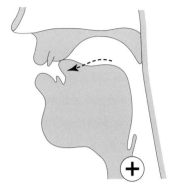

図 A2.6　左：明るい /l/　　　　右：暗い /l/（軟口蓋化した [ɫ]）

A2.6.1　母音の前の /l/（明るい /l/）（*EPPP* 3.27.3）

alarm /əˈlɑːm/, alert /əˈlɜːt/, alien /ˈeɪliən/, allergy /ˈælədʒi/, allow /əˈlaʊ/, alone /əˈləʊn/, …

A2.6.2　子音の前の /l/（暗い /l/）（*EPPP* 3.27.4）

album [ˈælbəm], balcony [ˈbælkəni], bald [bɔːɫd], belt [beɫt], bold [bəʊɫd], build [bɪɫd], …

暗い /l/ は軟口蓋化を表す補助記号を付けて [ɫ] と表記します。これまでにもすべての暗い /l/ にこの補助記号を付けましたが，ここからは特に注意して練習してください。

A2.6.3　ポーズの前（語末）の /l/（暗い /l/）（*EPPP* 3.27.5）

aisle [aɪɫ], all [ɔːɫ], appeal [əˈpiːɫ], ball [bɔːɫ], bell [beɫ], bill [bɪɫ], …

A2.6.4　硬音前短縮される /l/（暗い /l/）（*EPPP* 3.27.6）

alp [æɫp], gulp [gʌɫp], help [heɫp], kelp [keɫp], pulp [pʌɫp], scalp [skæɫp], …

A2.6.5　短縮されない /l/　対　短縮される /l/（*EPPP* 3.27.7）

bold [bəʊɫd] 対 bolt [bəʊɫt], billed [bɪɫd] 対 built [bɪɫt], culled [kʌɫd] 対 cult [kʌɫt], …

A2.6.6　無声化・摩擦音化される /l/（/p k/ + /l/ の語頭の 2 子音連結）（*EPPP* 3.27.8）

place [pleɪs], plain/plane [pleɪn], plan [plæn], planet [plænɪt], plank [plæŋk], plant [plɑːnt], …

A2.6.7　雑多な /l/ を含む単語（*EPPP* 3.27.9）

absolutely /ˈæbsəˈluːtli/, alcohol [ˈæɫkəhɒɫ], calculate [ˈkæɫkjuleɪt], fulfil [fʊɫˈfɪɫ], legal [ˈliːgɫ], leaflet /ˈliːflət/, …

A2.7 有声後部歯茎接近音 /r/ (*EPPP* 3.28)

　/r/ は短い母音から始まるわけではないので，半母音ではありませんが，まず，わたり音であることに注意してください。舌の動きに合わせて音色が変わります。調音点は後部歯茎に近付けますが，こつは舌尖の向きを硬口蓋（口の天井の中心）に向けることです。そうすれば自然と舌尖が後方へ反らされることになり，英語の発音ができるようになります。唇を丸めることも忘れないでください。この開始点からゆっくりと後続の母音へ移行すれば完璧な GB の /r/ になります。

　しかし，/r/ は日本語のラ行子音で代用しても通じます。今でもイギリス各地の地域方言にラ行子音と同じたたき音（tap）があります。だから /r/ は大丈夫です。ところが上記 A2.6 の /l/ はそうはいきません。側面音でなければ通じないのです。いずれにしても /l/ と /r/ の両方をしっかりと発音できるように練習すれば，リスニングで苦労することはなくなります。

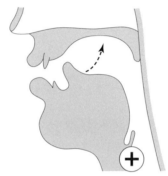

図 A2.7　有声後部歯茎接近音 /r/
（矢印は舌の両側が臼歯に向かって上昇することを示す。）

A2.7.1 語頭の /r/ (*EPPP* 3.28.3)

　rabbit /ˈræbɪt/，radio /ˈreɪdiəʊ/，rain /reɪn/，raise [reɪz]，random /ˈrændəm/，rare /reə/，…

A2.7.2 語中の /r/ (*EPPP* 3.28.4)

　appearance [əˈpʰɪərəns]，area /ˈeəriə/，arid [ˈærɪd]，arrange [əˈreɪndʒ]，arrest /əˈrest/，arrive [əˈraɪv]，…

　語中の /r/ では GB 話者もあまり唇を丸めません。語中でもあえて唇を丸めようとすると発音しづらくなりますから覚えておいてください。

A2.7.3 無声化・摩擦音化される /r/ (/p k/ + /r/ の語頭の 2 子音連結) (*EPPP* 3.28.5)

　precious [ˈpreʃəs]，present（名詞）[ˈpreznt]，press [pres]，pretty [ˈprɪti]，price [praɪs]，pride [praɪd]，…

A2.7.4　音声学的破擦音 /tr dr/（*EPPP* 3.28.6）

trace [tr̥eɪs]，track [tr̥æk]，trade [tr̥eɪd]，traffic [ˈtr̥æfɪk]，tragic [ˈtr̥ædʒɪk]，trail [tr̥eɪt]，…

draft [dr̥ɑːft]，drag [dr̥æg̊]，dragon [ˈdr̥ægən]，drain [dr̥eɪn]，draw [dr̥ɔː]，dread [dr̥ed]，…

「音声学的破擦音」（本書 3.9 参照）/tr dr/ を発音するときには，/r/ の準備として，/t d/ の閉鎖は後部歯茎（硬口蓋の前方）で形成します。実際には，硬口蓋歯茎破擦音と呼ばれる /tʃ dʒ/ よりも閉鎖を形成する位置が奥になります。

語頭の /tr/ では /r/ が無声化しますが，/t/ の閉鎖を硬口蓋の前方で形成すれば，発音が容易になりますから試してみてください。

A2.7.5　雑多な /r/ を含む単語（*EPPP* 3.28.7）

abracadabra /ˈæbrəkəˈdæbrə/，appropriate（形容詞）[əˈprəʊpriət]，aristocrat /ˈærɪstəkræt/，bridegroom [ˈbraɪdgruːm]，characteristic /ˈkærəktəˈrɪstɪk/，dreary [ˈdr̥ɪəri]，…

bridegroom の発音記号の中の /d/（二重下線）は「凡例 2」（本書 p. 147）にあるように同化が生じる可能性を示します。この場合は，[-dg-] が [-gg-] になる可能性を表しています。モデル音声では女性話者がその発音を使っています。[-gg-] は [g] の閉鎖時間（保持の段階）が長くなるだけで，[g] を 2 つ発音するわけではありません。男性話者の発音は同化せずに発音記号通りに読んでいます。

　これまでの個別子音の練習で習得した英語らしさを維持したまま，以下の対比練習に臨んでください。随時，個別子音の練習や理論編の本文中の図も参照して，音声のメカニズムを確認しながら練習してください。以下の対比練習は紛らわしい子音の組み合わせになっています。

　A2.10 では /l/ と /r/ の対比練習があります。A2.11 の /v/ と /w/ の対比練習では，ドイツ人やオランダ人がとても苦労するものです。これらの子音は日本人の場合，区別が付かないというよりも，/v/ が /b/ になってしまうことの方が問題です。/w/ については，A2.5 で詳述したように，唇を丸めないために英語話者には全く通じないエキゾチックな音を発音しています。ですから実際にはドイツ人やオランダ人よりも日本人の方が重症なのです。以下の抜粋はほんの一部ですが，一通りやってみると効果があります。

A2.8　有声歯茎鼻音 /n/　対　有声軟口蓋鼻音 /ŋ/（*EPPP* 4.23）

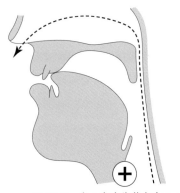 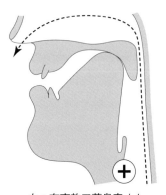

図 A2.8　左：有声歯茎鼻音 /n/　　　右：有声軟口蓋鼻音 /ŋ/
（矢印は気流が鼻腔を通って放出することを示す。）

A2.8.1　最小対（*EPPP* 4.23.1）

a)　語末

　ban [b̥æn] 対 bang [b̥æŋ]，bun [b̥ʌn] 対 bung [b̥ʌŋ]，clan [klæn] 対 clang [klæŋ]，…

b)　語中

　banner [ˈb̥ænə] 対 banger [ˈb̥æŋə]，hand [hænd] 対 hanged [hæŋd̥]，wind [wɪnd] 対 winged [wɪŋd̥]

A2.9　有声後部歯茎接近音 /r/　対　有声両唇軟口蓋接近音 /w/（*EPPP* 4.24）

A2.9.1　最小対（*EPPP* 4.24.1）

a)　語頭

rage [reɪʤ] 対 wage [weɪʤ]，raid [reɪd] 対 wade [weɪd̥]，rail [reɪɫ] 対 wail [weɪɫ]，…

b)　語中

array /əˈreɪ/ 対 away /əˈweɪ/

A2.9.2　/r/ と /w/ の両方を含む単語（*EPPP* 4.24.2）

brainwash [ˈb̥reɪnwɒʃ]，brainwave [ˈb̥reɪnweɪv]，breadwinner [ˈb̥redwɪnə]，…

A2.10　有声歯茎側面接近音 /l/　対　有声後部歯茎接近音 /r/（*EPPP* 4.25）

A2.10.1　最小対（*EPPP* 4.25.1）

a)　語頭

lace /leɪs/ 対 race /reɪs/，lack /læk/ 対 rack /ræk/，lake /leɪk/ 対 rake /reɪk/，…

b)　語中

belly [ˈb̥eli] 対 berry [ˈb̥eri]，palate [ˈpʰælət] 対 parrot [ˈpʰærət]，pilot [ˈpʰaɪlət] 対 pirate [ˈpʰaɪrət]，…

A2.10.2　/l/ と /r/ の両方を含む単語（*EPPP* 4.25.2）

accelerate /əkˈseləreɪt/，blackberry [ˈb̥lækbəri]，bleary [ˈb̥lɪəri]，…

A2.11　有声唇歯摩擦音 /v/　対　有声両唇軟口蓋接近音 /w/（*EPPP* 4.26）

A2.11.1　最小対（*EPPP* 4.26.1）

語頭のみ

V (vee) [v̥iː] 対 we /wiː/，vale [v̥eɪɫ] 対 wail [weɪɫ]，vary [ˈv̥eəri] 対 wary /ˈweəri/，…

A2.11.2　/v/ と /w/ の両方を含む単語（*EPPP* 4.26.2）

cavewoman [ˈkʰeɪvwʊmən]，driveway [ˈd̥raɪvweɪ]，everyone /ˈevriwʌn/，…

A2.12 有声硬口蓋歯茎破擦音 /ʤ/ 対 有声硬口蓋接近音 /j/（*EPPP* 4.27）

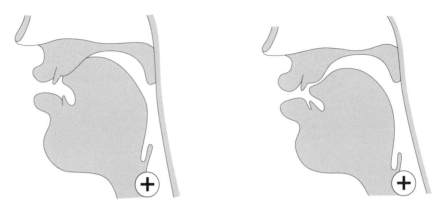

図 A2.9　有声硬口蓋歯茎破擦音 /ʤ/

（左：保持の段階　　右：同器官的摩擦を伴う開放の段階）

（ラッパ状円唇に注意）

A2.12.1　最小対（*EPPP* 4.27.1）

語頭のみ

Jew [ʤuː] 対 you /juː/，Jews [ʤuːz] 対 use（動詞）[juːz]，juice [ʤuːs] 対 use（名詞）/juːs/，…

A2.12.2　/ʤ/ と /j/ の両方を含む単語（*EPPP* 4.27.2）

genuine [ˈʤenjuɪn]，ingenuity /ˈɪnʤɪˈnjuːəti/，jaguar [ˈʤægjuə]，…

A2.13　無声声門摩擦音 /h/ 対 ゼロ子音（/h/ なし）（*EPPP* 4.28）

A2.13.1　最小対（*EPPP* 4.28.1）

語頭のみ

had [hæd] 対 add [æd]，hair /heə/ 対 air /eə/，hake /heɪk/ 対 ache /eɪk/，…

A2.14　有声軟口蓋鼻音 + 軟口蓋破裂音（/ŋk ŋg/）　対　有声軟口蓋鼻音 /ŋ/（*EPPP* 4.29）

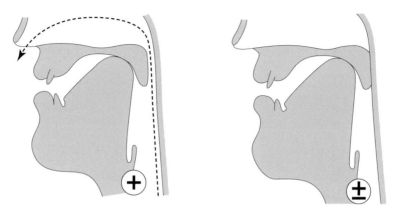

図 A2.10　左：有声軟口蓋鼻音 /ŋ/（矢印は気流が鼻腔を通って放出することを示す。軟口蓋が下がっている。）
右：軟口蓋破裂音 /k g/ の閉鎖（/ŋ/ に後続するときには軟口蓋が上がって，軟口蓋背面閉鎖を形成する。鼻腔への気流の通路を遮断する。）

A2.14.1　最小対（*EPPP* 4.29.1）

a)　語末：/ŋk/　対　/ŋ/

think /θɪŋk/ 対 thing /θɪŋ/, brink [br̥ɪŋk] 対 bring [br̥ɪŋ], rink /rɪŋk/ 対 ring /rɪŋ/, …

b)　語中：/ŋk/　対　/ŋ/

banker [ˈb̥æŋkə] 対 banger [ˈb̥æŋə], hanker /ˈhæŋkə/ 対 hanger /ˈhæŋə/, sinker /ˈsɪŋkə/ 対 singer /ˈsɪŋə/, …

c)　語中：/ŋg/　対　/ŋ/

Bangor [ˈb̥æŋgə] 対 banger [ˈb̥æŋə], clangour [ˈklæŋgə] 対 clanger [ˈklæŋə]

<table>
<tr><td style="background:black;color:white;">A-3
練習3</td><td># 母音</td></tr>
</table>

　英語の母音（本書第6章参照）は方言差が大きいものです。スコットランド英語もアイルランド英語もオーストラリア英語も母音はそれぞれ異なります。英語教育のモデルとなっている2つの標準英語，GB と GA でも相当違います。しかし，GB の母音で英語を話せば，将来世界中どこへ行ってもその英語が通じますから，日本語発音からの脱却を目指して GB をモデルに母音の発音練習をしてください。

　現代の GB が前世紀（20年前頃まで）の RP と最も大きく変わったのも母音です（本書6.6参照）。Lindsey (2019, pp. 17–21) はより大局的な視点からここ数十年に生じた GB の母音変化を「反時計回りの母音推移」(the anti-clockwise vowel shift) と呼んでいます。

　英語の母音を習得するためには，参照母音を基準に設定された母音四辺形（本書5.1.1）による各母音図によって，その母音の調音位置（舌の最も高い位置）を確認しながら，モデル音声の発音をよく聴いて模倣するしか方法がありません。そこで参照母音に不慣れな読者のための参考として，現在の日本語（共通語）5母音の調音位置を訳者の観察と分析に基づいて図 A3.1 に表示します。この図を随時参照しながら GB の母音練習に励んでください。日本語母音の調音位置をどのように移動すれば（前へ，後ろへ，上へ，下へ）GB の母音に近付くかがわかります。唇の形状も大切ですから，各英語母音の唇の形状を表す図形（非円唇母音が四角，本書6.1.2参照）にも注意してください。

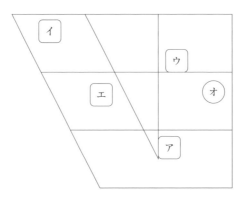

図 A3.1　日本語の5母音

■抑止単一母音

　GB の抑止単一母音は 6 つ，KIT 母音 /ɪ/，FOOT 母音 /ʊ/，DRESS 母音 /e/，LOT 母音 /ɒ/，TRAP 母音 /æ/，STRUT 母音 /ʌ/ です。閉音節にのみ生起します。比較的短いので短母音と呼ばれることもありますが，軟音の前では長くなり，特に TRAP 母音は長めです。

A3.1　KIT 母音 /ɪ/（*EPPP* 6.2）：非円唇前舌後方半狭母音（close-mid front-central unrounded）

　日本語の「イ」よりも中舌寄りで口の開きが広い母音です。英語の抑止母音（短母音）はすべて弛緩母音なので（本書 6.6.3 の注を参照），舌の力を抜いて，軽く「イ」と発音すればよいでしょう。そして母音の長さ（硬音前短縮），つまり後続の子音が硬音か軟音かに気を付けてください。

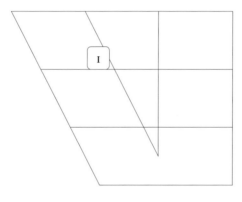

図 A3.2　KIT 母音 /ɪ/

A3.1.1　短縮されない /ɪ/　対　短縮される /ɪ/（*EPPP* 6.2.5）

　bi̲d [bɪ̥d] 対 bit [bɪt]，gri̲d [g̊rɪ̥d] 対 grit [g̊rɪt]，hi̲d [hɪd] 対 hit /hɪt/, …

　長さの違いは硬音前短縮によるものなので，音価（音質）は同じです。「長い 対 短い」，「軟音前 対 硬音前」の順になっています。

　次の「暗い /l/ の前」では，母音の調音位置が後方化するために音価が少し変わります。しかし暗い /l/ が発音できれば，母音の調音位置は自然に連動しますからあまり心配する必要はありません。以下のすべての英語母音が暗い /l/ の影響（本書 6.4 参照）を受けます。暗い /l/ そのものが日本語にはないので，暗い /l/ を意識して練習してください。

A3.1.2　暗い /l/ の前の（後方化される）/ɪ/（*EPPP* 6.2.6）

bill [b̥ɪɫ], chill [tʃɪɫ], drill [d̥rɪɫ], fill [fɪɫ], grill [g̊rɪɫ], hill [hɪɫ], …

/l/ は軟音（有声音）なので，母音が硬音前短縮されることはありません。常に長めに発音されます。

A3.2　FOOT 母音 /ʊ/（*EPPP* 6.3）：弱円唇中舌半狭母音（close-mid central weakly-rounded）

調音位置は日本語の「ウ」よりも前寄り，つまり中舌が高くなります。また唇を軽く丸めます。唇を丸めると，自然に舌が後ろに引かれますので，中舌の調音位置を維持するように注意してください。この母音の調音点を示す正確な発音記号は [ɵ] です。発音記号はなじみのある前世紀の後舌母音の記号を使っていますが，現在の発音は前舌化しています。

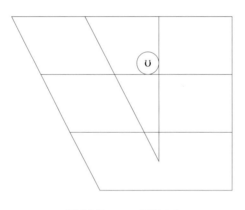

図 A3.3　FOOT 母音 /ʊ/

A3.2.1　短縮されない /ʊ/　対　短縮される /ʊ/（*EPPP* 6.3.5）

could [kʰʊd] 対 cook [kʰʊk], hood [hʊd] 対 hook /hʊk/, should [ʃʊd] 対 shook /ʃʊk/, …

A3.2.2　暗い /l/ の前の（後方化される）/ʊ/（*EPPP* 6.3.6）

bull [b̥ʊɫ], full [fʊɫ], pull [pʰʊɫ], wool [wʊɫ], wolf [wʊɫf]

A3.3　DRESS 母音 /e/（*EPPP* 6.4）：非円唇前舌半広母音（open-mid front unrounded）

DRESS 母音は RP よりも口の開きが大きくなっています。日本語の「エ」も多少広母音化していますが，DRESS 母音ほどではありません。何よりも「エ」は中舌よりです。DRESS 母音は母音領域の境界まで調音点が前になります。

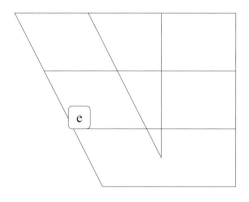

図 A3.4 　DRESS 母音 /e/

A3.3.1　短縮されない /e/　対　短縮される /e/（*EPPP* 6.4.4）

bed [be̥d] 対 bet [be̥t]，led [led] 対 let /let/, dead [de̥d] 対 debt [de̥t]，…

A3.3.2　暗い /l/ の前の（後方化される）/e/（*EPPP* 6.4.5）

bell [beɫ]，sell/cell [seɫ]，fell [feɫ]，gel [dʒeɫ]，hell [heɫ]，shell [ʃeɫ]，…

A3.4　TRAP 母音 /æ/（*EPPP* 6.5）：非円唇前舌広母音（open front unrounded）

　TRAP 母音は今世紀に入ってからの変化が最も顕著な母音です。第一次基本母音の第 4 番 [a] の位置まで調音点が下がりました（本書 5.1.1 の注を参照）。日本語の「ア」とはかけ離れていますから，モデル音声をよく聴いて繰り返し練習してください。しかし，日本語の「ア」で発音しても通じますから安心してください。ウェールズ英語なら TRAP 母音は「ア」に近い母音です。発音練習はリスニングのために行うと思ってください。自分で発音できない音を聴き取ることはできませんから発音練習は大切です。

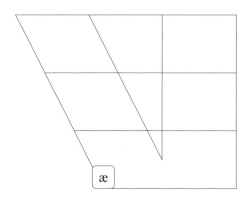

図 A3.5 　TRAP 母音 /æ/

209

A3.4.1 短縮されない /æ/ 対 短縮される /æ/ (*EPPP* 6.5.5)

add [æd̪] 対 at /æt/, bad [b̥æd̪] 対 bat [b̥æt], badge [b̥æʤ] 対 batch [b̥æʧ], …

A3.4.2 暗い /l/ の前の（後方化される）/æ/ (*EPPP* 6.5.6)

canal [kəˈnæɫ], pal [pʰæɫ], talc [tʰæɫk], scalp [skæɫp], shall [ʃæɫ]

A3.5 STRUT 母音 /ʌ/ (*EPPP* 6.6)：非円唇中舌半広・広母音 (between open-mid and open, central unrounded)

STRUT 母音は 20 世紀末の RP では前舌化していましたが，GB では上記の TRAP 母音が下がってきたために，間隔を取るように後方に移動しつつあります。現在の調音位置は日本語の「ア」とほとんど同じですが，人によっては GA のように後方化しています。

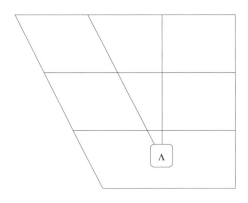

図 A3.6　STRUT 母音 /ʌ/

A3.5.1 短縮されない /ʌ/ 対 短縮される /ʌ/ (*EPPP* 6.6.5)

bud [b̥ʌd̪] 対 but [b̥ʌt], bug [b̥ʌg̊] 対 buck [b̥ʌk], buzz [b̥ʌz] 対 bus [b̥ʌs], …

A3.5.2 暗い /l/ の前の（後方化される）/ʌ/ (*EPPP* 6.6.6)

cull [kʰʌɫ], dull [d̥ʌɫ], gull [g̊ʌɫ], hull [hʌɫ], lull [lʌɫ], skull [skʌɫ], …

lull は GB では明るい /l/ から始まり，暗い /l/ で終わります。女性話者のモデル音声をよく聴いて，これらの /l/ を聴き分けてください。しかし男性話者の発音では語頭も暗い /l/ になっています。短い単語なので，直後の母音の調音位置が後方化すれば，それに同化するのも自然です。

A3.6　LOT 母音 /ɒ/（*EPPP* 6.7）：円唇後舌半広・広母音（between open-mid and open, back rounded）

　LOT 母音は顎を下げるように口を大きく開かなければ発音できません。円唇母音とは言っても唇を丸めると口の開きが小さくなってしまいます。唇の丸めは小さめにしましょう。そして GA の LOT 母音 /ɑ:/ を短めに発音するようなつもりがちょうどよいでしょう。

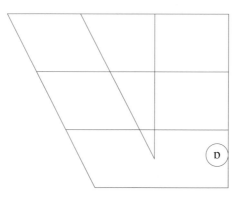

図 A3.7　LOT 母音 /ɒ/

A3.6.1　短縮されない /ɒ/　対　短縮される /ɒ/（*EPPP* 6.7.5）

　clog [klɒ̬ɡ̊] 対 clock [klɒk]，cod [kʰɒ̬d̥] 対 cot [kʰɒt]，dog [dɒ̬ɡ̊] 対 dock [d̥ɒk]，…

A3.6.2　暗い /l/ の前の（後方化される）/ɒ/（*EPPP* 6.7.6）

　alcohol [ˈæɫkəhɒɫ]，doll [dɒɫ]，dolphin [ˈd̥ɒɫfɪn]，golf [ɡ̊ɒɫf]，absolve [əbˈzɒɫv̥]，dissolve [d̥ɪˈzɒɫv̥]，…

■自由単一母音

　現在の自由単一母音は 6 つです。FLEECE 母音 /i:/，GOOSE 母音 /u:/，THOUGHT 母音 /ɔ:/，PALM 母音 /ɑ:/，NURSE 母音 /ɜ:/ に加えて，GB では SQUARE 母音 /eə/ も単一母音になりました。音素記号が普及している二重母音の記号，つまり昔の発音記号になっています（本書 6.1.3 参照）。現在の正確な音素記号は SQUARE 母音 /ɛ:/ です。また自由単一母音は長母音と呼ばれることがありますが，硬音が後続するときには短めになりますから注意しましょう。また自由母音はすべて緊張母音（本書 6.6.3 の注を参照）ですから，舌に力を込めて発音してください。

A3.7　FLEECE 母音 /i:/（*EPPP* 6.9）：非円唇ほぼ前舌ほぼ狭母音（a little lower than close, a little backer than front, unrounded）

　理論編の本文中（本書 6.1.2）には説明がありませんでしたが，自由単一母音の /i:/ と /u:/ はしばしば二重母音

化して，/iː/ は [ɪi]，/uː/ は [ʊu] と発音されます。図 A3.8 には [ɪi] の調音位置も含めて，単一母音 [iː] と二重母音 [ɪi] の 2 つの異音が表示されています。矢印は [ɪi] のわたりを示しています。これらの異音は自由変異（本書 1.2 参照）の関係にあります。

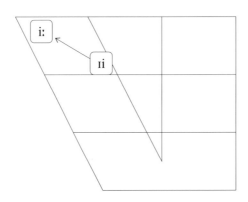

図 A3.8　FLEECE 母音 /iː/：2 つの異音（単一母音と二重母音）

A3.7.1　短縮されない /iː/　対　短縮される /iː/（*EPPP* 6.9.7）

bead [b̥iːd̥] 対 beat [b̥iːt]，　seize [siːz̥] 対 cease /siːs/，　seed [siːd̥] 対 seat /siːt/，…

　自由母音の場合には母音が語末（音節末）に来ることがあります（本書 6.1.2 参照）。従って「軟音前（あるいは語末）対 硬音前」の順になります。

A3.7.2　暗い /l/ の前に割れが生じる（シュワーが添加される）/iː/（*EPPP* 6.9.5）

deal [d̥iːəɫ]，　feel [fiːəɫ]，　field [fiːəɫd]，　heal/heel [hiːəɫ]，　kneel [niːəɫ]，　meal [miːəɫ]，…

　FLEECE 母音 /iː/ 及び前舌方向へのわたりをもつ狭母音化二重母音（FACE 母音 /eɪ/，PRICE 母音 /aɪ/，CHOICE 母音 /ɔɪ/）は，暗い /l/ が後続すると「/l/ の前の割れ」（本書 6.5 参照）が生じます。/iː/ が [iːə] と割れ（二重母音化し）ます。しかし，そのシュワーは舌が前舌母音から軟口蓋化する暗い /l/ に移動する間に生じるわたり音ですから，シュワーがはっきりと長く発音されるわけではありません。暗い /l/ が発音できれば，自然にそうなります。

A3.8　GOOSE 母音 /uː/（*EPPP* 6.10）：弱円唇中舌狭母音（close central weakly-rounded）

　図 A3.9 の単一母音の調音位置からわかるように，GOOSE 母音の前舌化（本書 6.6.1 参照）が進んでいます。現在の /uː/ は中舌母音です。GOOSE 母音の前舌化は GB のみならず，イギリス全土に広がっています。日本人は唇を丸めないことが多いので，この母音では唇を若干丸めましょう。唇を丸めると後舌母音になってしまいますが，

日本語の「ウ」を伸ばすような発音よりもずっとよく通じるようになります。

　図 A3.9 には別の異音も表示されています。GOOSE 母音をゆっくりと発音すれば自然に二重母音化します。通常単一母音とみなされるのはテンポが速いからです。日本語でも「ウ」の発音は会話のときには唇を丸めませんが，単独で丁寧に発音しようとすると日本人は無意識に唇を丸めます。それと同じです。

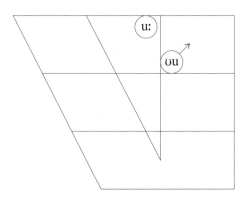

図 A3.9　　GOOSE 母音 /uː/：2 つの異音（単一母音と二重母音）

A3.8.1　短縮されない /uː/　対　短縮される /uː/（*EPPP* 6.10.6）

rude [ruːd̥]　対 root /ruːt/,　sued [suːd̥]　対 suit /suːt/,　prove [pr̥uːv̥]　対 proof [pr̥uːf],　…

A3.8.2　暗い /l/ の前の（後方化される）/uː/（*EPPP* 6.10.7）

cool [kʰuːɫ],　fool [fuːɫ],　ghoul [g̊uːɫ],　mule [mjuːɫ],　pool [pʰuːɫ],　rule [ruːɫ],　…

A3.9　NURSE 母音 /ɜː/（*EPPP* 6.11）：非円唇中舌中段母音（mid central unrounded）

　中舌中段母音は日本語にはないので NURSE 母音は難しいでしょう。調音位置はシュワーと同じです。強母音なので音素記号が異なっているだけです。中舌を少し上げて，力を込めてシュワーを発音するようにしてください。モデル音声と同じ音色になるまで練習しましょう。

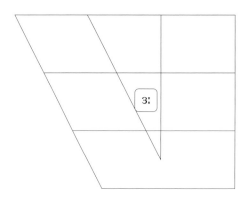

図 A3.10　NURSE 母音 /ɜː/

A3.9.1　短縮されない /ɜː/　対　短縮される /ɜː/（*EPPP* 6.11.6）

heard [hɜːd] 対 hurt /hɜːt/，purrs [pʰɜːz] 対 purse [pʰɜːs]，serve [sɜːv̥] 対 surf /sɜːf/，…

A3.9.2　暗い /l/ の前の（後方化される）/ɜː/（*EPPP* 6.11.7）

curl [kʰɜːɫ]，earl [ɜːɫ]，girl [ɡ̊ɜːɫ]，hurl [hɜːɫ]，pearl [pʰɜːɫ]，twirl [tw̥ɜːɫ]，…

A3.10　PALM 母音 /ɑː/（*EPPP* 6.12）：非円唇後舌前方広母音（open back-central unrounded）

　GB で図 A3.11 に示されている PALM 母音を用いて発音される単語は，<a> で綴られ，「鼻音＋子音」あるいは摩擦音が後続するものが多く，GA ではそれらを TRAP 母音で発音するという特徴があります。それらの単語は「BATH 語群」（the BATH words）と呼ばれます。例えば *staff, path, dance, half* などです。しかし例外もあって，*gas, pant* 等は GB でも TRAP 母音で発音されます。

　また，PALM 母音と綴り字の関係には紛らわしいものが含まれています。中英語の <er> は初期近代英語（16–17 世紀）では一部の単語で発音が <ar> に変わりました。しかし日常語や地名の綴り字には昔のものが残りました。そのために clerk, Derby, sergeant 等は PALM 母音で発音されます。ちなみに GA は 17 世紀のイングランド南西部（ブリストルやプリマス等）の（清教徒の）方言から別の発達をしたので，これらの（<er> で綴られる）単語には PALM 母音ではなく「シュワール」（schwar, R 音性を伴うシュワー）を用います。ちなみに GA では，*hot* が [hɑːt]，Tom が [tɑːm] のように PALM 母音が LOT 母音として発音されます。

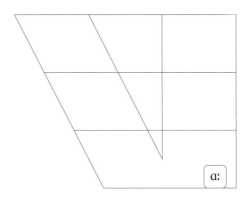

図 A3.11　PALM 母音 /ɑː/

A3.10.1　短縮されない /ɑː/　対　短縮される /ɑː/（*EPPP* 6.12.5）

  bras [b̥rɑːz̥] 対 brass [b̥rɑːs], carve [kʰɑːv̥] 対 calf [kʰɑːf], card [kʰɑːd̥] 対 cart [kʰɑːt], …

A3.10.2　暗い /l/ の前の（後方化される）/ɑː/（*EPPP* 6.12.6）

  banal [b̥əˈnɑːɫ], gnarl [nɑːɫ], morale [məˈrɑːɫ], snarl [snɑːɫ]

A3.11　THOUGHT 母音 /ɔː/（*EPPP* 6.13）：**円唇後舌ほぼ半狭母音**（below close-mid, back rounded）

  THOUGHT 母音の音素記号が第一次基本母音の第 6 番（半広母音）の記号を使っていることから容易に理解できますが，GB では現在 THOUGHT 母音に上げが生じていて（本書 6.6.1 参照），半狭母音に近付いています。記号を /oː/ に変更する方が適切であると言えます。日本語の「オ」と舌の調音点が近いので，日本人は舌をやや後ろに引くような気持ちで発音すれば容易に習得できます。

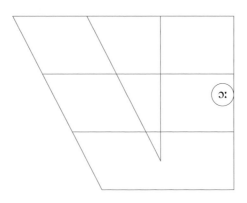

図 A3.12　THOUGHT 母音 /ɔː/

A3.11.1　短縮されない /ɔː/　対　短縮される /ɔ/（*EPPP* 6.13.5）

board [bo̞ːd] 対 bought [bo̞ːt]，broad [bro̞ːd] 対 brought [bro̞ːt]，cord [kʰo̞ːd] 対 caught [kʰo̞ːt]，…

A3.11.2　暗い /l/ の前の（後方化される）/ɔ/（*EPPP* 6.13.6）

appal [əˈpʰo̞ːɫ]，ball/bawl [bo̞ːɫ]，brawl [bro̞ːɫ]，call [kʰo̞ːɫ]，crawl [kro̞ːɫ]，drawl [dro̞ːɫ]，…

A3.12　SQUARE 母音 /eə/（/ɛː/）（*EPPP* 6.14）：非円唇前舌半広母音（open-mid front unrounded）

　現在では単一母音 [ɛː] として発音される SQUARE 母音の音素表記は，辞書や英語教材ではいまだに前世紀の二重母音の発音記号が使われています（本書 6.1.3 参照）。しかしモデル音声では男女 2 人とも単一母音で発音していますので，下記の発音練習用のトランスクリプションは発音通りに書き換えます。

　SQUARE 母音の調音位置は図 A3.13 が示す通りです。つまり DRESS 母音と調音点が同じです。日本語の「エ」よりも広く前寄りです。DRESS 母音に力を込めて発音しましょう。また /eə/ には硬音前短縮の有無による母音の長さを比較できるような（語末の音素が異なる）最小対はありません。また暗い /l/ がこの母音の直後に続くような単語もありません。

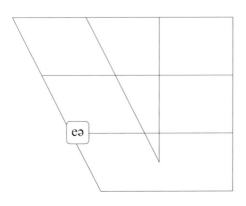

図 A3.13　SQUARE 母音 /eə/

A3.12.1　短縮されない /eə/（/ɛː/）（*EPPP* 6.14.3）

a）開音節

air /ɛː/，bare/bear [bɛː]，blare [bl̥ɛː]，care [kʰɛː]，chair /tʃɛː/，dare [d̥ɛː]，…

b）閉音節（軟音の前）

laird [lɛːd]，cairn [kʰɛːn]，airs [ɛːz]，aired [ɛːd̥]，bears [bɛːz]，blares [bl̥ɛːz]，…

216

A3.12.2　硬音前短縮される /eə/（/ɛː/）（*EPPP* 6.14.4）

scarce /skɛːs/

A3.12.3　/r/ の前（語中）（*EPPP* 6.14.5）

aerial [ˈɛːriəɫ]，aeroplane /ˈɛːrəpleɪn/，aquarium /əˈkwɛːriəm/，area /ˈɛːriə/，barbarian [b̥ɑːˈbɛːriən]，canary /kəˈnɛːri/，…

SQUARE 母音及び中舌化二重母音（NEAR 母音，CURE 母音）等は，他の母音で始まる音節が後続するときのみ，語中の綴り字 <r> を発音する連結母音（本書 9.4 参照）です。上記の単語では /r/ は母音に含まれないものとして，<r> には下線を付けてありません。著者がセクションのタイトルを「/r/ の前（語中）」before /r/（medial）としていることを尊重しました。

■狭母音化二重母音

狭母音化二重母音には前舌化二重母音が 3 つ（FACE 母音 /eɪ/，PRICE 母音 /aɪ/，CHOICE 母音 /ɔɪ/），及び後舌化二重母音が 2 つ（MOUTH 母音 /aʊ/，GOAT 母音 /əʊ/）あります。各セクションの母音図で二重母音の開始位置とわたり（矢印）の長さ（舌の移動の範囲）をよく確認して，モデル音声と同じ二重母音が発音できるまで練習しましょう。二重母音はいずれも開始点の第 1 要素の母音が比較的長めに発音されます。

A3.13　FACE 母音 /eɪ/（*EPPP* 6.16）

FACE 母音の開始点は今世紀に入って中段母音まで下がりました。また，わたりの方向である第 2 要素も [ɪ] から [i] へと変化しています。そのため日本人には第 2 要素が日本語の「イ」のようにはっきり聞こえます。図 A3.14 を見ながら，モデル音声の 2 人の発音をよく聴いて下さい。

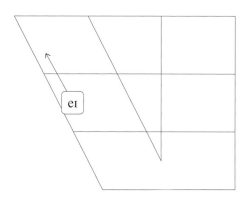

図 A3.14　FACE 母音 /eɪ/

A3.13.1 短縮されない /eɪ/ 対 短縮される /eɪ/ (*EPPP* 6.16.5)

fade [feɪd̥] 対 fate /feɪt/, phase [feɪz] 対 face /feɪs/, grade [g̊reɪd̥] 対 great /g̊reɪt/, …

A3.13.2 暗い /l/ の前に割れが生じる（シュワーが添加される）/eɪ/ (*EPPP* 6.16.3)

mail [meɪəɫ], rail [reɪəɫ], sail/sale [seɪəɫ], snail [sneɪəɫ], tail/tale [tʰeɪəɫ], fail [feɪəɫ], …

A3.14 PRICE 母音 /aɪ/ (*EPPP* 6.17)

　PRICE 母音も 20 年前の発音とは大きく変化しています。A3.17 の MOUTH 母音とも関係しています。*EPPP* の著者たちは本文中でしばしば英語教育の教材との整合性を保つために以前の音素記号を使用すると述べています。その考え方が母音図にも反映しているように感じられます。

　1990 年代までの RP では，PRICE 母音の開始点は前寄り [aɪ]，MOUTH 母音では後寄り [ɑʊ] でした。MOUTH 母音の音素記号は印刷上の便宜を考慮して以前から /aʊ/ が用いられています。ところが現在では開始点の位置が前後に逆転しています。PRICE 母音は [ɑɪ]，MOUTH 母音は [æʊ] に変わりました。モデル音声もそのように発音されています。GA には見られない GB の母音特徴なので，英語教育の混乱を避けるために著者の判断が控えめになっていると思われます。母音図の開始点がどちらの母音も同一の位置に図示されています。しかし BBC News を視聴するためにはこの調音位置の逆転を知っておく必要があります。モデル音声で耳を慣らしてください。

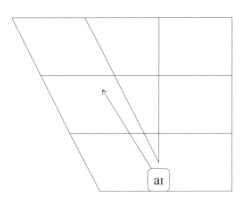

図 A3.15　PRICE 母音 /aɪ/

A3.14.1　短縮されない /aɪ/　対　短縮される /aɪ/（*EPPP* 6.17.6）

bride [b̥ɹaɪd̥] 対 bright [b̥ɹaɪt], lies [laɪz̥] 対 lice /laɪs/, dies [d̥aɪz̥] 対 dice [d̥aɪs], …

A3.14.2　暗い /l/ の前に割れが生じる（シュワーが添加される）/aɪ/（*EPPP* 6.17.4）

aisle [aɪəɫ], child [tʃaɪəɫd̥], file [faɪəɫ], mild [maɪəɫd̥], mile [maɪəɫ], pile [pʰaɪəɫ], …

A3.15　CHOICE 母音 /ɔɪ/（*EPPP* 6.18）

CHOICE 母音は比較的わたりが長い二重母音です。開始点は THOUGHT 母音ほど狭くありませんが，以前よりは開始点がやや狭くなりました。

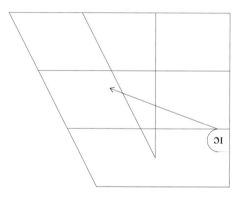

図 A3.16　CHOICE 母音 /ɔɪ/

A3.15.1　短縮されない /ɔɪ/　対　短縮される /ɔɪ/（*EPPP* 6.18.6）

spoiled [spɔɪəɫd̥] 対 spoilt /spɔɪɫt/, joined [d͡ʒɔɪnd̥] 対 joint [d͡ʒɔɪnt], joys [d͡ʒɔɪz̥] 対 Joyce [d͡ʒɔɪs], …

A3.15.2　暗い /l/ の前に割れが生じる（シュワーが添加される）/ɔɪ/（*EPPP* 6.18.4）

boil [b̥ɔɪəɫ], broil [b̥ɹɔɪəɫ], coil [kʰɔɪəɫ], foil [fɔɪəɫ], oil [ɔɪəɫ], soil [sɔɪəɫ], …

A3.16　GOAT 母音 /əʊ/（*EPPP* 6.19）

GOAT 母音の 2 つの異音は相補分布（本書 1.2 参照）します。[ɒʊ] は暗い /l/ の前だけに生じ，その他の音声環境では [əʊ] となります。[əʊ] は非円唇の中舌母音，つまりシュワーから開始されます。中舌母音が「ア」にならないように気を付けてください。後方化，かつ広母音化された [ɒʊ] は GB の特徴的な異音です（本書 6.4 参照）。

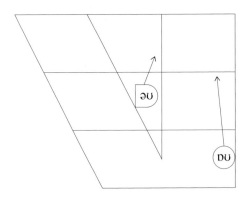

図 A3.17　GOAT 母音 /əʊ/：2 つの異音
（[ɒʊ] は暗い /l/ の前で後方化・広母音化された異音）

A3.16.1　短縮されない /əʊ/　対　短縮される /əʊ/（*EPPP* 6.19.6）

close（動詞）[kl̥əʊ̥z] 対 close（形容詞）[kl̥əʊs]，code [kʰəʊd] 対 coat [kʰəʊt]，doze [dəʊ̥z] 対 dose [dəʊs]，…

A3.16.2　暗い /l/ の前の（後方化される）/əʊ/（[ɒʊ]）（*EPPP* 6.19.4）

bowl [b̥ɒʊɫ]，coal [kʰɒʊɫ]，mole [mɒʊɫ]，pole [pʰɒʊɫ]，roll/role [rɒʊɫ]，stole [stɒʊɫ]，…

A3.17　MOUTH 母音 /aʊ/（*EPPP* 6.20）

A3.14 の PRICE 母音で説明したように，現在では開始点がもう少し前寄りになっています。以前（RP）の TRAP 母音から始めるとモデル音声のような発音になります。

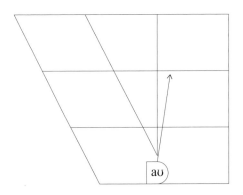

図 A3.18　MOUTH 母音 /aʊ/

A3.17.1　短縮されない /aʊ/　対　短縮される /aʊ/（*EPPP* 6.20.5）

cloud [kl̥aʊd] 対 clout [kl̥aʊt̥]，house（動詞）[haʊz̥] 対 house（名詞）/haʊs/，bowed [b̥aʊd] 対 bout [b̥aʊt̥]，…

A3.17.2　暗い /l/ の前の（後方化される）/aʊ/（*EPPP* 6.20.6）

cowl [kʰaʊɫ]，foul/fowl [faʊɫ]，growl [g̊raʊɫ]，howl [haʊɫ]，jowl [d̥ʒaʊɫ]，owl [aʊɫ]，…

■中舌化二重母音

中舌化二重母音は現在では NEAR 母音 /ɪə/ と CURE 母音 /ʊə/ の2つです。どちらも単一母音化が進行しています。20 世紀末まで中舌化二重母音だった SQUARE 母音は A3.12 に練習したように，GB ではすでにほぼ完全に単一母音に変わりました。

A3.18　NEAR 母音 /ɪə/（*EPPP* 6.22）

GB の NEAR 母音はわたりがほとんどなくなって，KIT 母音を伸ばして [ɪː] のように発音される傾向が強くなっています。モデル音声の女性話者の発音がまさにそうなっています。この発音を模倣することを勧めます。それは図 A3.19 の左の図よりもわたりが小さい（矢印が短い）と言えます。

一方，図 A3.19 の右に示されている図のように，[iə] と開始点が狭母音になって，FLEECE 母音から始まる二重母音で発音する話者も見られます。男性話者の発音がそのようにわたりが大きくなっています。ちなみに FLEECE 母音を長く伸ばしてからシュワーを連結する，つまり 2 音節に分けて発音するのはイングランド中部や北部の地域方言です。

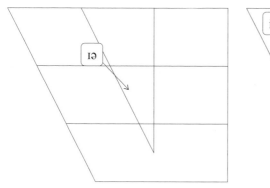
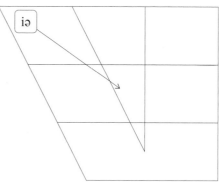

図 A3.19　NEAR 母音 /ɪə/：2 つの異音
（左：KIT 母音から開始する二重母音　　右：FLEECE 母音から開始する二重母音）

221

A3.18.1　短縮されない /ɪə/　対　短縮される /ɪə/（*EPPP* 6.22.5）

fears [fɪəz̥] 対 fierce /fɪəs/, piers [pʰɪəz̥] 対 pierce [pʰɪəs]

A3.18.2　/r/ の前（語中）（*EPPP* 6.22.6）

appearance [əˈpʰɪərəns], bleary [ˈbl̥ɪəri], cereal/serial [ˈsɪəriəɬ], clearance [ˈkl̥ɪərəns], coherent /kəˈhɪərənt/, delirious [d̥ɪˈlɪəriəs], …

A3.19　CURE 母音 /ʊə/（*EPPP* 6.23）

　CURE 母音は前世紀には THOUGHT 母音と融合（合流）するかのように見えました。現在は中舌化二重母音 /ʊə/ が自由単一母音（円唇中舌半狭母音 [ɵː]）に変わりつつある過渡期です（本書 6.6.2 参照）。そのために CURE 母音の異音分布は複雑です。図 A3.20 には 2 つの異音が示されています。左は伝統的な発音がやや前舌化したもので，右は一部の話者の発音です。しかし，GB で最も一般的になりつつある母音は本文中に書かれているように [ɵː] です。シュワーを円唇にして（FOOT 母音を）伸ばしたような母音ですが，この母音の発音練習をしておかないと，BBC World News が聴き取れなくなります。それほど一般的になりつつあります。モデル音声の女性話者がこの母音を cure, lure, pure に使っていますからよく聴いてください。また，CURE 母音には硬音が後続する単語がないので，硬音前短縮されることはありません。

　トランスクリプションの「凡例 6」（本書 p. 148）には CURE 母音 /ʊə/ か THOUGHT 母音 /ɔː/ のどちらかで発音されるときには，下線を付した THOUGHT 母音 /ɔː/ を用いると書かれていますが，このセクションの CW のトランスクリプションにはそのルールが適用されていません。CURE 母音のセクションなのですべて /ʊə/ で音素表記されています。

　このセクションでは下記の単語についてモデル音声の発音を丁寧に見てみましょう。各トランスクリプションは「女性話者，男性話者」の順に表記します。2 人の発音が同じ場合には発音記号は 1 つだけとします。

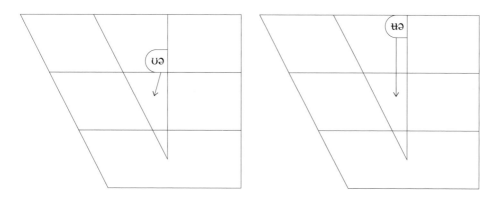

図 A3.20　CURE 母音 /ʊə/：2 つの異音
（左：FOOT 母音から開始する二重母音　　　右：GOOSE 母音から開始する二重母音）

A3.19.1　短縮されない /ʊə/（*EPPP* 6.23.3）

a)　開音節

cure [kj̊ə̈ː, kj̊ʊə]（女性，男性の順），lure [lə̈ː, ljʊə]，moor /mɔː/, poor [pʰɔː], pure [pj̊ə̈ː, pjʊə], sure /ʃɔː, ʃʊə/, …

moor と poor には 2 人の話者が THOUGHT 母音を使っています。その他の単語にはばらつきがありますが，女性話者が新しい GB の発音 [ə̈ː] を用いる傾向があります。そして /ʊə/ は発音していません。また男性話者の lure ではヨッドが挿入されています。皆さんが練習の後で実際に話すときには，中舌化二重母音 /ʊə/ か THOUGHT 母音のどちらか好きな方を使ってください。

b)　閉音節

cures [kj̊ə̈ːz̥, kj̊oːz̥], cured [kj̊ə̈ːd̥, kj̊ʊəd̥], lures [lə̈ːz̥, ljʊəz̥], lured [lə̈ːd̥, ljʊəd̥], moors [mɔːz̥], moored [mɔːd̥], …

男性話者の cures の後舌母音は THOUGHT 母音よりも狭い母音 [oː] になっています。

A3.19.2　/r/ の前（語中）（*EPPP* 6.23.4）

alluring [əˈlʊərɪŋ, əˈljʊərɪŋ], assurance /əˈʃʊərəns/, bureau [ˈbj̊ʊərəʊ], curious [ˈkj̊ʊəriəs], during [d̥ʒʊərɪŋ], endurance /ɪnˈd̥ʒʊərəns/, …

EPPP では Chapter 7 が母音の対比練習になっています。練習教材が 34 ページにわたって印刷されています。ここでは初めのセクションだけを取り上げて，DRESS 母音と KIT 母音の対比練習の一部を紹介します。

A3.20　DRESS 母音 /e/　対　KIT 母音 /ɪ/（*EPPP* 7.1）

EPPP の対比練習セクションには比較の対象となる 2 つの母音が 1 つの母音図で示されています。とても便利です。音声環境における母音の長さの違いに注意しながら，2 つの母音の違いが明確になるまで，つまり，全く別の母音であると感じられるまで練習しましょう。「イ」と「エ」の発音とも違うことを実感してください。

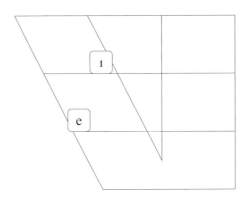

図 A3.21　DRESS 母音 /e/ と KIT 母音 /ɪ/

A3.20.1　最小対（*EPPP* 7.1.1）

a)　短縮されない /e/ と /ɪ/

bed [bed̥] 対 bid [bɪd̥]，beg [beɡ̊] 対 big [bɪɡ̊]，dead [ded̥] 対 did [dɪd̥]，…

b)　硬音前短縮される /e/ と /ɪ/

crept [krept] 対 crypt [krɪpt]，bet [bet] 対 bit [bɪt]，let /let/ 対 lit /lɪt/，…

c)　2 音節以上の単語

lesson /ˈlesn̩/ 対 listen /ˈlɪsn̩/，letter /ˈletə/ 対 litter /ˈlɪtə/，medal [ˈmedɫ] 対 middle [ˈmɪdɫ]，…

224

　音節数が増えると母音の長さは短くなります。厳密に言えば，強勢音節の後に弱音節が続くとき，強勢音節の母音は短縮されます。弱音節が 2 つ後続すれば，さらに母音の持続時間が短くなります。このような現象は「リズム短縮」(rhythmic clipping) と呼ばれます。リズム短縮は気が付きにくいので，*EPPP* では母音の対比練習のセクションすべてに「2 音節以上の単語」(longer words) の練習が用意されています。日本人は注意しないとリズム短縮には全く気付きませんから，英語らしい発音を目指して練習しましょう。

A3.20.2　/e/ と /ɪ/ の両方を含む単語（*EPPP* 7.1.2）

big-headed [ˌbɪɡ ˈhedɪd]，bridgehead [ˈbrɪdʒhed]，cigarette /ˌsɪɡəˈret/，…

おわりに

　「練習編の活用法」(p. 144) でも言及しましたが，*EPPP* の練習編には「弱母音と弱形の発音練習」(Chapter 9) と「子音連結の発音練習」(Chapter 11) もあり，それぞれとても有益です。「母音の対比練習」「弱母音と弱形の発音練習」「子音連結の発音練習」に興味があれば，*EPPP* を入手してください。また「練習編の活用法」の末尾，「句，文，対話文の発音練習」(pp. 149 – 151) で紹介したように，本書では省略したそれらの練習がイントネーションの練習にも効果的です。是非 *EPPP* にチャレンジしてください。

　本書で学習してきた皆さんはもうお気付きのことと思いますが，英語の発音を習得するためには音声学の理論が大切です。基礎的な理論体系を理解して精密な発音記号に習熟するまでの 3 か月間，辛抱して努力を続けて下さい。そうすれば音声学の理論がとてもシンプルで易しいことがわかります。その後は練習に応じて上達します。

　ご健闘とご発展を祈ります。

推薦図書

　さらに音声学を学習したい人のために以下の図書を推薦します。加えて国際音声学会（IPA）のウェブサイトの利用を勧めます。

　　　https://www.internationalphoneticassociation.org

　サイト上部の Education タブをクリックするとさまざまな教材や学習サイトにアクセスできます。また Exam タブをクリックすれば，IPA が実施する「英語音声学技能検定試験」の情報が得られます。この検定試験のための準備コースはロンドン大学ユニバーシティー・カレッジ（UCL）の英語音声学夏期講座（SCEP）にも用意されています（SCEP 終了後の翌週に行われる検定の受験者が少ない場合には検定コース（IPA Exam Strand）は開講されません）。

　　　https://www.ucl.ac.uk/pals/summer-course-english-phonetics

発音辞典

Jones, Daniel, Peter Roach, John Esling, and Jane Setter（2011）*Cambridge English Pronouncing Dictionary*. Eighteenth edn. Cambridge: Cambridge University Press.

Wells, John C.（2008）*Longman Pronunciation Dictionary*. Third edn. Harlow: Pearson Education.

英語音声学

Collins, Beverley, Inger M. Mees, and Paul Carley（2019）*Practical English Phonetics and Phonology*. Fourth edn. Abingdon: Routledge.

Cruttenden, Alan（2014）*Gimson's Pronunciation of English*. Eighth edn. Abingdon: Routledge.

Roach, Peter（2009）*English Phonetics and Phonology: A Practical Course*. Fourth edn. Cambridge: Cambridge University Press.

Wells, John C.（1982）*Accents of English 1: Introduction*. Cambridge: Cambridge University Press.

音声表記法

Lecumberri, M. Luisa García, and John Maidment（2000）*English Transcription Course*. London: Arnold.

Tench, Paul（2011）*Transcribing the Sound of English*. Cambridge: Cambridge University Press.

一般音声学

Ashby, Michael, and John Maidment（2005）*Introducing Phonetic Science*. Cambridge: Cambridge University Press.

Ashby, Patricia（2005）*Speech Sounds*. Second edn. London: Routledge.

Ashby, Patricia（2011）*Understanding Phonetics*. Abingdon: Routledge.

Catford, J. C.（2001）*A Practical Introduction to Phonetics*. Second edn. Oxford: Oxford University Press.

Knight, Rachael-Anne（2012）*Phonetics: A Coursebook*. Cambridge University Press.

Ladefoged, Peter（2005）*Vowels and Consonants: An Introduction to the Sounds of Language*. Second edn. Oxford: Blackwell.

Ladefoged, Peter, and Keith Johnson（2014）*A Course in Phonetics*. Seventh edn. Boston: Thomson Wadsworth.

Roach, Peter（2001）*Phonetics*. Oxford: Oxford University Press.

参考文献（訳者）

Carley, Paul, and Inger M. Mees（2020）*American English Phonetics and Pronunciation Practice*. Abingdon: Routledge.

Carley, Paul, and Inger M. Mees（2021a）*British English Phonetic Transcription*. Abingdon: Routledge.

Carley, Paul, and Inger M. Mees（2021b）*American English Phonetic Transcription*. Abingdon: Routledge.

服部義弘（編）（2012）『音声学』（朝倉日英対照言語学シリーズ 2）東京：朝倉書店.

Jones, Daniel（1917）*An English Pronouncing Dictionary*. First edn. London: Dent.

Jones, Daniel（1918）*An Outline of English Phonetics*. First edn. Leipzig: Teubner.

Jones, Daniel（1926）*An English Pronouncing Dictionary*. Third edn. London: Dent.

城生佰太郎（2008）『一般音声学講義』東京：勉誠出版.

Lindsey, Geoff（2019）*English After RP: Standard British Pronunciation Today*. London: Palgrave Macmillan.

三浦弘（2017）「フィールドワークの試行錯誤」『実験音声学・言語学研究』9, pp. 131−138.
　　（アクセス http://www.jels.info/REPL09.html）

三浦弘（2020）「イングランド北部英語における母音の諸特徴」『実践英語音声学』1, pp. 19−41.
　　（アクセス http://pepsj.org/chap_journal.html）

O'Connor, J. D.（1980）*Better English Pronunciation*. Second edn. Cambridge: Cambridge University Press.

Pullum, Geoffrey K., and William A. Ladusaw（1996）*Phonetic Symbol Guide.* Second edn. Chicago: University of Chicago Press.

Roach, Peter（1991）*English Phonetics and Phonology: A Practical Course*. Second edn. Cambridge: Cambridge University Press.

ローチ，ピーター（1996）『英語音声学・音韻論』（島岡丘・三浦弘訳）東京：大修館書店.

竹林滋（1996）『英語音声学』東京：研究社.

寺澤芳雄（編集主幹）（1997）『英語語源辞典』東京：研究社.

Wells, John C.（1990）*Longman Pronunciation Dictionary*. First edn. Harlow: Longman.

Wells, John C.（2006）*English Intonation: An Introduction.* Cambridge: Cambridge University Press.

ウェルズ，ジョン C.（2009）『英語のイントネーション』（長瀬慶來監訳）東京：研究社.

索引

231

233

[著者紹介]

ポール・カーリー（Paul Carley）
英語発音トレーナー，文筆家，日本実践英語音声学会（PEPSJ）顧問，ロンドン大学英語音声学夏期講座（SCEP）講師。ユトレヒト応用科学大学・ベッドフォードシャー大学・リーズ大学・ファキー医科大学講師を歴任。
【共著】 *Practical English Phonetics and Phonology*（Routledge, 2019），*American English Phonetics and Pronunciation Practice*（Routledge, 2020），*British English Phonetic Transcription*（Routledge, 2021），*American English Phonetic Transcription*（Routledge, 2021）他

インガ・M.・メイス（Inger M. Mees）
コペンハーゲン経営学大学院名誉准教授，コペンハーゲン大学非常勤講師，ロンドン大学英語音声学夏期講座（SCEP）講師。ライデン大学・コペンハーゲン大学講師を歴任。
【共著】 *The Real Professor Higgins: The Life and Career of Daniel Jones*（Mouton de Gruyter, 1998），*Practical English Phonetics and Phonology*（Routledge, 2019），*American English Phonetics and Pronunciation Practice*（Routledge, 2020），*British English Phonetic Transcription*（Routledge, 2021），*American English Phonetic Transcription*（Routledge, 2021）他

ビバリー・コリンズ（Beverley Collins）（1938 – 2014）
ランカスター大学・ライデン大学講師，ゲント大学客員教授，ロンドン大学英語音声学夏期講座（SCEP）講師を歴任。
【共著】 *The Real Professor Higgins: The Life and Career of Daniel Jones*（Mouton de Gruyter, 1998），*Practical English Phonetics and Phonology*（Routledge, 2019）他

[訳者紹介]

三浦　弘（みうら　ひろし）
専修大学 文学部／文学研究科 教授，日本実践英語音声学会（PEPSJ）会長。ロンドン大学東洋アフリカ研究学部（SOAS）非常勤講師，東京女学館短期大学助教授，ダブリン大学トリニティー・カレッジ客員教授等を歴任。
【共著】『音声学（日英対照言語学シリーズ2）』（朝倉書店, 2012），『現代音声学・音韻論の視点』（金星堂, 2012）他
【共訳】ピーター・ローチ著『英語音声学・音韻論』（大修館書店, 1996）

イギリス英語音声学
©Hiroshi Miura, 2021

NDC831／x, 233p／26cm

初版第 1 刷——2021 年 4 月 10 日

著　者———ポール・カーリー／インガ・M.・メイス／ビバリー・コリンズ
訳　者———三浦　弘
発行者———鈴木一行
発行所———株式会社 大修館書店
　　　　　〒 113-8541 東京都文京区湯島 2-1-1
　　　　　電話 03-3868-2651（販売部）03-3868-2292（編集部）
　　　　　振替 00190-7-40504
　　　　　［出版情報］https://www.taishukan.co.jp

装丁者———CCK
印刷所———広研印刷
製本所———ブロケード

ISBN 978-4-469-24645-2　　Printed in Japan

実践音声学入門

★様々な言語音の発音と聞きとりの勘所を解明
J.C. キャットフォード　著　竹林滋、設楽優子、内田洋子　訳

21306-5　A5 判・308 頁　定価 2,750 円（本体 2,500 円 + 税 10%）

新装版　英語音声学入門　ＣＤ付

★CD が付いていっそう使いやすくなった英語音声学の入門書
竹林滋、斎藤弘子 著

24530-1　A5 判・242 頁　定価 2,640 円（本体 2,400 円 + 税 10%）

新装版 英語の音声を科学する　ＣＤ付

★理屈がわかると進歩が早い、英語の音の事実を知る一冊
川越いつえ 著

24531-8　A5 判・208 頁　定価 2,640 円（本体 2,400 円 + 税 10%）

日本人のための英語音声学レッスン　ＣＤ付

★日本語との比較で学ぶ英語の発音
牧野武彦　著

24503-5　A5 判・178 頁　定価 2,530 円（本体 2,300 円 + 税 10%）

英語音声学・音韻論

★理論よりも実際の音を重視した現代英語の音声学・音韻論テキスト
ピーター・ローチ　著　島岡丘、三浦弘　訳

24392-5　A5 判・306 頁　定価 4,180 円（本体 3,800 円 + 税 10%）